머리말

동유럽 모라비아에서 유대인으로 출생한 프로이트의 세계는 한마디로 난해 그 자체이다. 심리학의 이론들 가운데 프로이트 정신분석과 같이 그토록 맹렬하고 또 빈번히 신랄한 비평의 대상이 되었던 이론은 달리 또 없을 것이다. 모든 방향과 상상될 수 있는 이유에서 프로이트와 그의 이론은 공격을 받았으며, 수모를 당하였고, 그 위에 조롱과 터무니없는 오해를 사기도 하였다. 근대과학에 있어서 이론과 이론가가 공히 그토록 신랄한 비방을 받았던 분야로서 유일하게 견줄 수 있는 경우는 찰스 다윈의 예를 들 수 있는데, 그의 진화론 은 빅토리아(Victoria) 왕조시대 영국 온 국민에게 커다란 충격을 주었다.

프로이트가 가장 사람들의 눈살을 찌푸리게 한 문제점들은 탐욕적이고도 파괴적인 소망들을 영아의 속성으로 돌렸다는 점과, 근친상간과 동성애를 모든 인간의 특징으로 돌렸다는 점, 그리고 인간의 행위를 성적 동기화의 견지에서 설명하였다는 점 등으로 나타난다. '점잖은' 사람들은 프로이트의 인간에 대한 관념에 의하여 격분하였으며, 프로이트를 건달이나 탕아라고 불렀다.

그러나 프로이트의 이념은 도전적이고, 인간에 대한 그의 개념이 모두 폭이 넓고 깊이가 있으며, 그의 이론이 우리의 시대에 적절하기 때문이라는 것은 주지의 사실이다. 프로이트는 엄밀히 과학자가 아니었을지도 모르며, 역시 이론가도 아니었을는지 모른다. 그러나 그는 참을성이 많으며, 투시할 능력이 있는 관찰자였을 뿐만 아니라, 끈기가 있고 교양이 있으며, 용감하고 독창적인 사상가였다.

프로이트의 이론이 누리고 있는 모든 장점들보다 훌륭한 점은, 한편으로 현상의 세계에서 삶을 영위하며, 한편으로 거짓으로 꾸며진 세계에 서 살고 있는 개인–감동과 내면적 모순에 괴로움을 당하면서도 합리적인 사고와 행동의 능력을 갖추고 있으며, 프로이트가 거의 모르다시피 하는 세력과 그가 미칠 수 없는 피안의 열망에 움직이는 철두철미한 개인–을 직시하려고 노력하였던 사실을 내세울 수 있다.

프로이트의 특징은 수많은 임상경험을 토대로 자신의 이론을 발전시킨다는 점이다. 당시에 유행하던 최면요법 대신, 프로이트는 수많은 환자들과의 면대면 대화를 통하여 그의 무의식 이론체계의 핵심이 될 개념을 도출했고, 개별적인 치료가 아닌 보편적인 무의식 이론으로 발전시켰다. 그는 미숙한 인간이 성인으로 성장해 가는 과정에서 무의식이 생성되며, 꿈과 환상은 기억 조각 사이의 공백을 메워주는 중요한 요소라는 확신을 가지고 있었다. 따라서, 과거를 객관적으로 복원하는 일은 불가능하며, 언제나 기억은 환상이나 욕망에의해 왜곡된다는 결론을 얻게 되었다.

20세기의 사상가로 프로이트만큼 큰 영향을 끼친 인물은 없다고 평가되며, 심리학 · 정신의학에서 뿐만 아니라, 사회학 · 사회심리학 · 문화인류학 · 교육학 · 범죄학 · 문예비평에도 큰 영향을 끼쳤다.

프로이드가 사망한 이후로 정신분석이론에는 많은 변화가 일어났다. 20세기 중반에 이르러서는 병리적인 발달과정뿐만 아니라, 정상적인 발달과정, 특히 신생아의 발달에 많은 관심이 모아져 정신분석이론을 발전시키는 데 큰 공헌올 하였다. 또한 정신분석의 임상 현장이 지난 30~40년 동안에 많은 변화를 보이고 있다. 프로이드 당시의 고전적인 신경증을 보이는 사람이 줄어들고 있는 반면, 자기애적 성격장애나 경계선적 성격장애와 같은 소위 구조적 결함을 가진 내담자가 부쩍 늘어나고 있는 추세이다.

이 책을 역으면서 저자로서 가장 고민했던 점의 하나는 과연 저자 자신이 프로이트를 얼마나 이해하고 있는가였다. 아니 프로이트를 일천한 학문실력으로 접한다는 자체가 불가능한 일이다. 그만큼 프로이트의 세계는 넓고도 깊다. 그렇다고 마냥 주저앉아 있을 수는 없어서 졸작이나마 이 책을 내놓는다. 부끄럽지만 그래도 독자 여러분의 질책을 바랄 뿐이다. 이 책을 어렵게 출판해주신 도서출판 조은 관계자 여러분에게 진심으로 감사드린다.

2022년 7월

공동저자 박계자 · 김화인

목 차 Contents

목 차 Contents

Chapter 5. 정신역동 가족치료 161

Chapter 6. 주요 학자들의 생애와 사상 183

목 차 Contents

Chapter 1

상담과 심리치료

1. 상담
2. 심리치료
3. 상담과 심리치료

01
상담과 심리치료

1. 상 담

우리나라에 '상담'이라는 학문이 들어오게 된 것은, 1950년 초 미국교육사절단이 방문하여 상담, 심리검사, 생활지도 등을 소개하면서부터였다. 그러나 그 이후에도 상담이라는 활동이 생소하여 '카운슬링'이라는 원어 발음 그대로 통용되었다.

상담이란 라틴어의 '*consulere*'로서 '문의하다, 충고하다, 권고하다, 고려하다, 반성하다, 숙고하다, 조언을 받다, 조언을 구하다' 등의 뜻이 포함되어 있다. 즉, 상담은 충고, 권고, 고려, 반성, 심사, 숙고, 조언 등의 활동을 의미한다.

상담이라는 뜻의 영어 'counseling'이라는 단어는 최근 들어 일반적으로 사용되고 있는 용어이지만, 이 영역의 학문적 역사는 이미 1900년대 미국에서 시작되었다.

카운슬링이라는 행위를 하는 사람을 'counselor'라고 부르며, 카운슬러의 도움을 받는 사람을 'client' 또는 'counselee'라고 부른다. 통상적으로 카운슬링을 '상담', 카운슬러는 '상담자' 또는 상담사, 클라이언트는 '내담자'라는 표현을 사용한다(김보기 외, 2021: 40).

상담에 대한 정의는 다양하지만, 일반적으로 다음과 같은 내용을 공통적으로 담고 있다. 즉, 상담이란 언어 및 비언어적 커뮤니케이

션을 통해 내담자의 행동변화를 목적으로 한 인간관계이다. 이 정의에서 알 수 있듯이, 상담의 궁극적 목표는 내담자의 행동변화이며, 이를 위해서는 두 사람의 인간관계를 바탕으로 상담자가 내담자의 심리적인 문제나 고민에 대해 전문적인 도움을 주게 된다.

상담자는 어떤 문제나 증상이든 정신적 · 심리적 도움이 필요한 사람에게 심리학적 인간이해에 기초하여 전문적인 도움을 주는 역할을 하게 된다. 상담에 대한 정의는 많지만, 대체로 다음과 같다.

김충기 · 강봉규(2003: 10)에 따르면, 상담이란 인간을 다루는 학문으로써 인간이 최대한의 발달과 복지를 이룩하도록 돕는 것이기에 상담은 심리학, 사회학, 문화인류학, 교육학, 경제학, 정치학 및 종교와 철학 등 여러 학문 분야로부터의 다양한 지식을 망라한 통합적인 바탕 위에 형성 · 발전하는 하나의 다학문적(interdisciplinary) 전문직이다. 따라서, 근본적으로 인간을 다루는 현명한 방법임에는 틀림없다고 정의한다.

김춘경 외(2016: 17)에 따르면, 상담이란 도움을 필요로 하는 내담자와 도움을 주는 전문적인 상담자 간의 관계형성을 통해 내담자의 자기 이해, 문제 예방과 해결, 삶의 질 향상 등 바람직한 인간적 성장과 변화를 조력하는 과정이라고 정의한다.

쉘쩌와 스톤(Shertzer & Stone, 1968)에 따르면, 상담이란 자기와 환경에 대한 의미 있는 이해를 촉진하고, 장래 활동의 목표나 가치관을 확립해서 명료화하도록 하는 상호작용의 과정이다. 그들은 자신과 환경에 대한 의미 있는 학습을 제시하고 있다.

브라머 등(Brammer, 1989)에 따르면, 상담이란 일상생활에 있어서 위기사태 또는 문제사태에 임하였을 때, 현명한 선택, 적응, 해결을 하도록 조력하는 과정이다.

이와 같이 상담전문가들의 상담에 대한 정의를 살펴보면, 대부분 상담자와 내담자 그리고 상담관계에 대한 언급이 포함되어 있다. 상담전문가들은 상담에 대한 정의를 내릴 때, 상담에 있어 중요한 이 세 가지 요소에 대해 다음과 같이 언급한다(이장호 외, 2009: 18).

첫째, 도움을 받는 사람

둘째, 도움을 주는 사람

셋째, 도움을 받는 사람과 주는 사람 간의 관계

이때 도움을 구하는 사람을 '내담자'라 하고, 도움을 주는 사람을 '상담자'라 하며, 이 두 사람 간의 관계를 '상담관계'라 한다. 이러한 세 가지 구성 요소는 대부분의 상담에서 관찰할 수 있다. 즉, 상담이론이나 상담 대상 또는 상담 상황의 차이에도 불구하고, 이 세 가지 요소는 거의 모든 상담에 공통으로 존재한다.

이러한 상담의 세 가지 개념은 각자 나름대로의 개념적 특징에도 불구하고, 내용상 전반적으로 일치한다. 즉, 상담의 세 요소인 상담자와 내담자 그리고 상담관계에 대한 언급이 있고, 또한 이것을 중심으로 정의를 내린다.

상담에 대한 위의 세 가지 개념과 다른 학자들이 언급한 상담에 대한 정의를 바탕으로 종합적인 정의를 내리면, 상담이란 전문적 훈련을 받은 상담자와 도움을 필요로 하는 내담자가 촉진적인 상담관계를 통하여 내담자 자신의 문제를 이해하고 해결해 나가는 한편, 이러한 일련의 과정을 통해 내담자의 인간적 성장과 삶의 질을 높이기 위해 서로 도와주고 함께 노력하는 하나의 학습과정이다.

상담이 무엇인가에 대한 질문은 항상 있었고, 앞으로도 계속 있을 것이다. 상담에 대한 간결하고 명확한 정의, 상담이 무엇인지에 대해 분명한 대답을 하기란 쉽지 않다. 대답이 쉽지 않다는 사실은 여러 가지 이유가 있겠지만, 무엇보다 상담에서 다루는 문제가 복잡한 인간문제이고, 문제해결에 있어서 해결방법이 다양하기 때문이다. 또한 상담의 본질에 관해 전문가들이 다양한 견해를 제시하기 때문이다. 따라서, 상담이 무엇이냐에 관한 물음에 상담전문가들은 다양한 대답을 내놓는다. 그러나 상담전문가들이 상담에 관해 나름대로 다양한 정의를 내린다고 하더라도 근본에서는 서로 일치하는 모습을 보인다(임상록 외, 2012: 14).

2. 심리치료

심리치료(psychotherapy)는 스스로 해결할 수 없는 심리적 문제나 장애를 지닌 사람을 돕는 전문적인 직업적 활동이다. 그러나 심리치료는 학자에 따라 다양하게 정의되고 있다. 심리치료의 이해를 위해서 몇 가지 주요한 정의를 살펴보기로 한다.

코르시니(Corsini, 2002)에 의해 편집된 『심리학 백과사전』에 따르면, 심리치료는 성격이론에 근거하여 사고, 감정, 행동의 바람직한 변화를 성취하기 위한 체계적 방법이다.

월버그(Wolberg, 1995)에 따르면, 심리치료는 증상을 제거, 수정, 경감하고, 장애행동을 조절하며, 긍정적인 성격발달을 증진하기 위한 목적으로 훈련된 사람이 환자와 전문적인 관계를 형성하여 정신적 문제를 심리학적 방법으로 치료하는 것이다.

가필드(Garfield, 1995)는 심리치료에 관한 많은 저술을 한 임상심리학자로서, 그에 따르면, 심리치료는 두 사람(두 사람 이상이 될 수도 있지만) 사이의 상호작용으로 이루어진다. 그중의 한 명인 환자 또는 내담자는 도움을 받을 수 있다고 생각되는 문제를 해결하기 위해서 치료를 받고자 한다. 나머지 한 사람은 필요한 치료적 도움을 제공할 수 있도록 전문적인 훈련을 받고 필요한 자원을 가지고 있는 치료자이다. 이러한 두 사람 사이의 상호작용은 제스처, 동작, 표정, 감정표현을 통해서도 이루어지지만 주로 언어를 통해서 이루어진다. 따라서, 치료자와 내담자 간의 언어적인 상호작용을 통해서 치료자가 내담자로 하여금 어려움을 극복하도록 도와주는 것이 심리치료이다.

3. 상담과 심리치료

1) 상담과 치료의 용어 사용 문제

내담자의 문제나 증상의 개선을 위해 도움을 주는 행위를 소위 '상담(counseling)'이나 '심리치료(therapy)'라는 용어로 표현하고 있는데, 최근 들어 이 두 용어를 구분하지 않고 혼용하고 있다. 즉, '인지치료(Cognitive Therapy)'를 '인지상담'이라고 하는 경우이다.

상담(counseling)은 심리치료와 매우 유사한 활동으로서 우리나라에서는 심리치료와 상담이라는 용어가 혼용되는 경향이 있다. 일반적으로, 심리치료는 병원과 같은 임상장면에서 비교적 심각한 심리적 문제, 즉 심리장애나 정신질환을 지닌 사람을 치료하는 활동을 지칭하는 반면, 상담은 학교나 기업과 같은 비임상장면에서 비교적 심각성이 경미한 심리적 문제나 적응 과제를 돕는 활동을 지칭한다.

코리(Corey, 2020)는 '심리상담'과 '심리치료'를 동일어로 사용하고 있다. 그 이유는, 상담의 목표인 행동변화는 '회복되다'와 '성장하다'의 두 가지 의미를 담고 있어서 상담의 개념은 더욱 성숙한 인격적 성장을 지향하는 개발적 상담의 측면만이 아니라, '회복되다'의 표현에서 알 수 있듯이 부적응행동의 개선이라는 치료적인 측면도 포함하고 있기 때문이다. 사실 오늘날 이들 용어는 심리적 지원에 대한 이론 및 방법을 나타내는 표현일 뿐 거의 구분하지 않고 사용하고 있다. 물론 각각은 서로 기원이 다르며, 다른 뉘앙스를 주기도 한다(현정환, 2019: 19).

최근에 우리나라에서는 상담이라는 용어가 다양한 영역의 도움을 제공하는 서비스 활동에 광범위하게 사용되고 있다. 예컨대, 교육상담, 진로상담, 직업상담 뿐만 아니라, 법률상담, 재무상담, 부동산상담 등과 같은 다양한 분야에서 상담이라는 용어가 사용되고 있다.

"서로 만나 대화를 통해 의논한다."는 사전적 의미를 지닌 상담은 도움을 주고받는 모든 일상적 대화를 지칭하는 데 사용되고 있다. 따라서, 이러한 상담활동과 구별하여, 심리적 문제나 장애를 극복하도록 돕는 전문적인 상담활동은 '심리상담(psychological counseling)'이라고 지칭하는 것이 적절하다고 볼 수 있다(권석만, 2018: 23).

우리나라에서는 일반적으로 임상심리학자와 정신과 의사들이 하는 상담활동은 심리치료라고 칭하고, 상담심리학자들이 하는 치료적 활동은 심리상담이라고 칭해 왔다.

최근에는 상당수의 임상심리학자와 정신과 의사들이 임상장면에서 자신이 하는 치료적 활동을 심리상담이라고 지칭할 뿐만 아니라, 상담심리학자 역시 자신의 활동을 심리치료라고 부르는 현상이 나타나고 있다. 요컨대, 심리치료와 심리상담의 구분이 모호해지고 있다.

이 책에서는 인간의 심리적 고통과 불행을 완화하고 나아가서 심리적 성장을 촉진하는 전문적 활동을 모두 심리치료 또는 심리상담이라고 지칭하고자 한다. 특히, '국가기관이나 공신력 있는 단체로부터 전문적 교육과 훈련을 받고, 규정된 심사과정을 통해서 전문가로서의 능력을 인정받은 사람이 심리적 문제나 장애를 지닌 사람을 돕는 전문적 활동'의 경우에는 심리치료와 심리상담이라는 용어를 구별 없이 호환적으로 사용하고자 한다.

2) 상담과 심리치료의 전문가 그룹

심리치료와 심리상담은 정신건강 증진활동으로서 다양한 학문분야의 전문가들이 시행하고 있다. 예컨대, 임상심리사, 상담심리사, 정신과의사, 사회복지사, 간호사 등과 같은 다양한 정신건강 전문가들이 심리치료와 심리상담에 참여하고 있다. 이러한 여러 분야의 정신건강 전문가들은 그들의 교육과 훈련 배경에 따라 구분되는 경우가 많으나, 활동영역이 중첩되는 경우가 많아서 명쾌한 구분이 쉽지 않다.

심리치료와 가장 밀접한 관계를 맺고 있는 학문분야는 정신의학이다. 정신의학은 의학적 모델에 근거하여 정신장애를 연구하고 치료하는 의학의 한 전문분야이다.

정신과 의사는 정신장애를 치료하는 가장 주된 전문가 집단으로서 20세기에 심리치료가 발달하는 데 크게 기여하였다. 그러나 21세기로 접어들어 많은 정신과 의사들이 생물의학적 입장에 근거한 정신병리이론과 약물치료에 치중하면서 심리치료에 대한 관심이 급격하게 감소하고 있다.

임상심리학은 정신장애에 대한 평가 및 진단과 더불어 심리치료를 주된 역할로 수행하는 정신건강 분야이다. 임상심리사는 정신과병원에서 정신장애 환자를 대상으로 한 수련과정을 필수적으로 이수해야 하며, 심리진단, 심리치료 및 예방, 그리고 연구활동을 수행하는 전문가 집단이다. 우리나라에서는 보건복지부에서 국가가 공인하는 정신보건 임상심리사 자격증과 한국심리학회에서 공인하는 임상심리전문가 자격증제도가 시행되고 있다.

상담심리학은 정상적인 적응을 하고 있는 사람들이 생활 속에서 직면하는 다양한 적응문제(예, 진로 및 직업문제, 학업문제, 경미한 심리적 문제 등)의 해결을 도와주는 심리학의 한 분야이다. 근래에는 심리치료와 심리상담의 경계가 모호해지면서 많은 상담심리사들이 심리장애의 치료에 깊은 관심을 지니고 있다.

최근에는 다양한 기관과 단체에서 전문적인 교육과 훈련 없이 상담심리사 또는 심리상담사라는 명칭의 자격증을 남발하는 현상이 나타나고 있다. 그러나 한국심리학회에서 공인하는 상담심리사 자격증이 가장 오랜 역사를 지니고 있을 뿐만 아니라, 사회적 신뢰도 역시 가장 높다. 최근에 설립된 한국상담학회에서도 2010년부터 전문상담사 자격증을 발급하고 있다.

사회복지학 분야에서는 정신보건 사회복지사가 정신장애를 유발하는 사회환경요인에 주된 관심을 지니며, 치료과정에서도 가족과 지역사회의 사회환경적 개입을 하는 정신건강 전문가이다. 보건복지부에서 정신보건 사회복지사 자격증을 발급하고 있으며, 많은 사회복지사들이 가족치료를 위시한 심리치료와 심리상담 활동에 참여하고 있다.

정신보건 간호사는 주로 정신병동이나 정신보건센터에서 정신장애 환자들을 돌보고 간호하는 일을 담당하는 전문 간호사로서 보건복지부에서 정신보건 간호사 자격증을 발급하고 있다.

정신보건 간호사들도 정신장애 환자를 간호하는 일과 더불어 심리치료와 심리상담 활동에 참여하고 있다(권석만, 2018: 21-22).

Chapter 2

정신분석이론

1. 정신분석의 개념
2. 인간론
3. 정신분석의 핵심 개념 및 내용
4. 심리성적 발달단계

02
정신분석이론

1. 정신분석의 개념

1) 정신분석의 정의

정신분석이론(psychoanalytic theory)은 20세기 서구 문명의 지적 충격이라고 할 수 있는 프로이트에 의해 최초로 개발된 성격발달이론이다. 정신분석이론이란 인간 정신세계의 대부분을 차지하고 있는 무의식에 초점을 두어 무의식적인 성적 · 공격적 충동에 의해 발생하는 갈등을 파악하고 이를 분석한 이론이다. 프로이트이론의 특징은 인간의 성격발달에서 성적 욕망을 강조하고 있다(김영철 외, 2022a: 104).

정신분석이론에서는 개인의 행동과 감정, 생각 등이 우연히 일어난 것이 아니라, 무의식적인 성적 · 공격적 충동에 의한 것이라고 여기며, 결정론적 관점에 바탕을 두고 있다. 따라서, 상담자는 클라이언트의 현 문제를 이해하기 위해 과거의 경험, 특히 무의식적으로 내재되어 있는 성적 · 공격적 충동을 이해하고, 클라이언트가 이러한 경험과 충동을 통찰력을 가지고 인식하도록 하여 현재의 문제를 이해할 수 있도록 돕는 데 그 목적이 있다. 나아가 정신분석이론에서는 현 문제에 대한 치료적 처방을 제공하기보다는 클라이언트의 통찰력 혹은 문제인식능력과 이해력을 향상시키는 데 그 초점을 두고 있다(손병덕 외, 2019: 29).

정신분석이론은 프로이트의 학설로 그의 이름을 따서 '프로이트주의(Freudism)' 라고도 부른다. 그의 학설은 '자유연상법(free association)' 을 사용한 신경증 치료기술로서, 또 인간심리의 해명으로서 성립하였다. 프로이트의 자유연상법이란 꿈이나 말의 차이, 글의 차이 등의 현상을 포착하여 그때 마음속에 떠오르는 것을 계속해서 서술하는 것으로, 의식되지 않고 심리 깊숙한 곳에 감추어져 억압되어 온 심리활동을 읽어내고, 그에 기초하여 신경증의 치료법을 세우는 것을 말한다.

1896년 그는 이런 방식을 '정신분석(psychoanalysis)' 이라고 명명했다. 그는 신경증의 치료에서 얻은 지견을 꿈, 남 앞에서 빗나간 말을 하는 것, 농담이라는 형식으로 방출시키는 속마음 등을 연구하여 1900년 이후 자기 나름의 심리학체계를 세우고 이를 '정신분석' 이라고 불렀다. 여기서 '학' 을 붙이지 않은 것은, 자기의 학설이 처음부터 가설에서 출발한 것이고 과학적인 입증이 불가능한 것이어서 감히 정신분석학이라고 하지 못했던 것이다.

그는 다양한 정신장애를 지닌 환자들을 면담하며 치료하는 과정에서 무의식과 성적인 욕구의 중요성을 깨달았다. 또한 자기분석의 경험에 근거하여 인간의 무의식적인 내면세계를 설명하는 성격이론을 제시함으로써 인간이해의 새로운 지평을 열어 현재를 사는 우리들에게 자신이 모르는 마음의 세계가 있다는 것을 가르쳐 주었다. 프로이트의 이론은 인생의 초기 경험이 인간의 성격발달에 미치는 영향을 강조하였으며, 성적 에너지인 리비도의 욕구충족이 발달에 큰 영향을 미친다고 보았기 때문에 '심리성적 발달이론(psychosexual development theory)' 이라고도 불린다(박희숙 · 강민희, 2017: 15).

정신분석기법을 응용한 분야를 굳이 심리학으로 표현하자면, 의식보다 더 깊은 무의식영역의 연구를 강조하였기 때문에 '심층심리학(depth psychology)'이라고 부른다. 심층심리학은 무의식적 요인이 어떤 방식으로 의식이나 행동에 영향을 주는가를 살펴보기 때문에 '정신역동학(psychodynamics)' 또는 '역동심리학(dynamic psychology)'이라는 용어로도 표현한다. 감각 및 지각 또는 사고에 대한 초점을 맞추는 초창기 심리학 연구가 마음이나 영혼(psyche)에 대한 정적인(static) 접근방법이라면, 심층심리학은 정신과정에서의 동적인(dynamic) 요소, 즉 동기나 경향성, 관심, 정서, 갈등 등을 비롯하여 그들의 상호작용에 초점을 맞추는 접근방법이다. 곧 '동적'이라는 용어는 내적인 에너지의 '상호작용'이라는 의미를 내포하고 있다. 심층심리학 분야는 인간의 성격이 형성되거나 발달하는 것을 비롯하여 정상범주에서 벗어난 행동의 원인을 설명하는 데 주로 응용되고 있다(윤가현 외, 2019: 29-30).

프로이트의 심층심리학(depth psychology)은 심리를 의식 · 전의식 · 무의식의 세 층으로 구별하고, 그것에 따라 심리현상을 설명하려고 하는 것이다. 그 방법은 생물학주의적이며, 기계론적인 기법이 특징이다. 심리의 기초를 본능에 두고 본능은 '불쾌'를 회피하고 '쾌'를 추구하는 것이라고 보는데, 이것을 객관적으로 말하면 종 및 개체 보존본능이라고 할 수 있다. 프로이트는 이 두 본능을 거론하고 있는데, 그가 주로 논했던 것은 종족보존본능, 즉 성욕이었으며, 그것으로 심리의 모든 것을 설명하려고 시도하였다. 그러나 성욕 그대로의 발현은 사회적 제약에 부딪혀 그 충족이 억압된다. 거기서 성욕이라는 '본원적 욕구(이것을 'Id' 또는 'Es'라고 하며, 그 발현 에너지를 'Libido'라고 부른다)'는 현실생활에 적응하는 힘에 의해 '억압'된다.

이와 같이 그는 무의식의 근저로부터 오는 성적 본능과 그것을 억압하는 힘을 기계론적으로 설명하고 있다. 본원적 욕구 '에스(Es)'와 그것을 받고 있는 '자아', 그리고 자아가 스스로를 제어하는 '초자아'가 있어, 이 초자아에 반하는 경우에 자책감이 생기고 여기로부터 우울이나 열등감 등이 생기게 된다. 억압되어 있는 '에스'에 의한 욕구의 힘(콤플렉스)을 어떤 방법으로든 해방시키는 것에 신경증 요법의 의미가 있다.

이러한 프로이트의 학설은 현대에는 융이나 아들러 등에게 수용되어 변용도 되며, 또한 사회사의 해석에도 적용되고 있는바, 이들을 가리켜 신프로이트학파라고 한다. 신프로이트학파(neo-Freudians)로는 히틀러에 쫓기어 독일로부터 미국으로 건너간 호나이(K. Horney), 프롬(E. Fromm), 설리번(H. S. Sullivan), 카디너(A. Kardiner) 등이 대표적이고, 여기에 린턴(R. Linton), 달라드((J. Dollard), 미드(George Herbert Mead) 등을 꼽기도 한다. 물론 프로이트는 죽는 순간까지 그의 생각을 계속해서 수정하였다. 신프로이트학파는 정통 정신분석학이론에 중요한 변화를 가져오고 또 중요한 것들을 첨가하였다. 이런 생각의 유입은 전체 정신분석적 운동에, 특히 환경적 변인의 영향과 자아의 역할에 관하여 더욱 현대적인 맛을 주었다. 신프로이트주의의 공헌은 다음과 같다.

첫째, 종합적、역학적 퍼스낼리티 형성론이라고 할 수 있다. 여기에서 심층심리학의 계승이라고 하는 프로이트의 특징이 잘 나타나고 있다. 그러나 이것은 단순한 계승이 아니고 대인관계 또는 사회적 요인을 도입한 완전히 새로운 퍼스낼리티론으로 나가고 있다.

둘째, 사회심리나 사회이론의 분야에 있어서 사회적 성격의 개념의 제창과 그것에 의한 파시즘 및 대중화 현상의 분석이다. 신프로이트학파의 업적은 사회심리학 · 인류문화학에 지대한 영향을 끼쳤다.

2) 정신분석과 정신역동적 치료

전통적으로 정신분석가들은 정신분석과 정신분석적 치료 혹은 정신역동적 치료를 명확하게 구분하였다. 정신분석이란 용어는 어떤 명백한 특징 혹은 기준을 가진 치료 형태를 지칭하는 것으로 사용되었다. 반면, 정신역동적 치료라는 용어는 정신분석이론에 바탕을 두지만, 정신분석의 명백한 특징에서 몇 가지가 부족한 형태의 치료를 정의하기 위해 사용되어 왔다. 그동안 정신분석의 어떤 측면이 고유한 기준이 되고 어떠한 기준들이 그렇지 않은 가에 대해서는 상당한 논란이 있었다.

정신역동적 치료와 달리, 정신분석은 장기치료(4년 혹은 그 이상)이고, 집중적(일주일에 최소 4회)이며, 종결시점에 대한 제한을 두지 않는다(정해진 종결일이나 치료 횟수). 덧붙이면, 전통적인 정신분석은 치료자의 명확한 태도로도 특징지을 수 있다(안명희 외, 2016: 21).

첫째, 내담자가 자신의 무의식적 동기를 의식하도록 돕는 것을 강조한다.

둘째, 내담자에게 충고나 지나친 지시를 주는 것을 삼간다.

셋째, 치료자 자신의 믿음과 가치를 개방함으로써 내담자에게 영향을 끼치는 것을 피하려고 노력한다.

넷째, 치료자가 자신의 개인사적 생활 혹은 자기감정과 반응에 대한 정보의 양을 줄임으로써 어느 정도의 익명성을 유지하는 노력을 한다.

다섯째, 과정에 완전히 몰두하는 참여자보다는 중립적이고 객관적인 관찰자로서의 자세를 유지한다.

여섯째, 내담자는 카우치(couch)에 눕고 치료자는 내담자의 시야에서 벗어나서 똑바로 앉도록 좌석을 배치한다.

이와 같은 정신분석의 몇 가지 중요한 특징들에 대한 이 전통적인 개념화가 고전적 정신분석으로 알려지게 되었다.

정신분석과 정신역동적 치료의 차이가 어떻게 드러나게 되었는가?

미국을 포함한 세계 여러 나라에서 정신분석이 지배적인 정신치료 형태가 되었을 때, 정신분석가들은 초창기 때보다 더 넓은 범위의 환자들을 치료하는 실험을 병행하였다. 결과적으로, 각기 다른 특성과 욕구를 가진 내담자들에게 정신분석을 적용하기 위해서는 여러 치료적 가정 혹은 기준을 수정할 필요가 있었다.

어떤 내담자들은 무의식적 동기를 탐색하는 것을 위협적으로 받아들이고 불안해하며 심리적 불안정감을 경험해 구조화, 조언 혹은 문제해결적 도움으로부터 더 많은 혜택을 받았다. 어떤 사람들은 적극적으로 안심시켜주기를 요구하며, 치료자가 방향을 제시하거나 직접적인 영향력을 발휘하는 것을 꺼리는 것에 좌절감을 느끼고 불안해하였다. 어떤 사람들은 카우치에 눕는 것을 불편하게 느끼고, 치료자에게 순종하는 것으로 경험하기도 하였다.

어떤 사람들은 일주일에 몇 번씩 하는 잦은 치료나 장기치료를 할 수 있는 시간이나 재정적인 자원이 부족하였다. 이런 내담자들의 필요에 맞게 치료자들은 이 모든 정신분석의 기준을 수정하는 시도를 하였다. 그리고 이 수정된 형태의 정신분석을 정신역동적 치료라고 부르게 되었다.

정신분석이 하나의 학문분야로 발전하면서, 정신분석가들이 생각하는 '진정한' 혹은 '순수한' 정신분석을 다양한 형태로 수정한 현대 정신역동적 치료와 구별하는 것이 중요하다. 공식적인 정신분석 수련을 거치는 과정은 엄격하고 부담이 크고 시간도 많이 든다. 교과과정을 수료하는 데 수년이 걸리고, 많은 시간동안 임상적 슈퍼비전을 받고 장기간의 개인 정신치료를 받는 것을 포함한다.

정신역동적 치료를 하는 치료자들의 상당수는 교육의 혜택을 받지 못했거나, 심각한 심리적 장애가 있는 내담자들을 위해 세워진 국공립병원에서 일하고 있어서 공식적인 정신분석 수련을 접하는 것이 어려운 정신과 레지던트들이다. 정신분석에 직업적 서열이 형성되었는데, 사설 치료세팅에서 치료받을 수 있고 전통적인 분석을 받기에도 더 적합한 경제적으로 부유하고 교육수준이 높은 내담자들은 경험 많고 고도의 수련을 받은 분석가들에게 의뢰되었다.

이와 같은 구조는 정신분석협회와 결합해서 '순수정신분석'과 정신역동적 치료 사이의 분명한 차이를 유지하려는 경향을 강화하였다. 정신역동적 치료를 정신분석의 희석되고 퇴화한 한 형태라고 보는 경향도 있었다. 즉, 수련을 받지 않았거나 최소한의 수련을 받은 도우미(helper)가 제공할 수 있는 도움과 크게 구별되지 않는 치료라고 보는 것이었다.

정신분석과 정신분석적 혹은 정신역동적 치료사이의 명백한 차이를 유지하려는 정치적 이유를 이해 못하는 것은 아니지만, 정신분석 수련은 불가피하게 광신도적이고 엘리트 의식을 갖는 특징을 발달시켰고, 전통적으로 '진정한' 정신분석의 특징을 가진 여러 기준들(예, 카우치의 사용, 한 주 당 최소 몇 번의 치료시간, 조언하기나 자기개방 삼가기)은 특유의 의례적인 특징을 발전시켰다. 이미 지적했듯이, 시간이 흐르면서, 정신분석의 핵심적인 특징들이 무엇인가를 논쟁하는 데 상당한 에너지를 소모했다.

이런 종류의 논쟁이 완전히 없어졌다고 말하는 것은 시기상조겠지만, 많은 정신분석가들이 더 이상 그런 경직된 구분을 하지 않는다고 말하는 것이 적절하다. 정신분석과 정신역동적 혹은 정신분석적 치료 사이의 차이가 이론적으로 타당한 기준보다는 이 분야의 정치적인 문제들과 엘리트의식과 더 관련이 있다고 하더라도, 전통적인 정신분석과 연관된 모든 기준들이 가치가 없다고 보는 것은 잘못이라고 생각한다.

예를 들어, 익명성을 유지하려고 시도하는 전통적인 분석적 태도가 특히 덜 형식적이고 위계적인 현대 미국문화에서는 내담자들을 소외시킬 수 있다. 하지만 치료자 입장에서는 통제되지 않은 자기개방 또한 문제가 될 수 있다. 많은 내담자들이 진정으로 조언과 적극적인 방향제시를 필요로 하고 중요시 하지만, 지나친 조언은 내담자가 자신의 자원을 발전시킬 수 있는 능력을 방해하고 무기력한 자세를 유지하게 만든다.

단기치료로부터 혜택을 보는 내담자들도 있지만, 실제로 많은 내담자들은 장기치료를 필요로 한다. 장기적인 정신분석 치료를 병적인 것으로 치부하거나, 문제시되는 의존의 형태로 보는 경향은, 부분적으로 우리 문화에서 개인주의 가치를 과도하게 강조하고, 전통문화의 특징인 상호의존 형태를 평가절하 하는 것을 반영한다고 생각한다.

많은 내담자들에게는 일주일에 한 번의 치료 횟수가 적당하다. 그러나 치료를 좀 더 자주 받으면 치료적 관계는 더 돈독해질 수 있으며, 이것이 진정한 변화 과정을 촉진시킨다. 상담자는 카우치를 사용하지 않고 주로 내담자들의 맞은편에 앉아서 치료를 한다. 그러나 카우치를 사용하는 것은 도움이 된다. 그 특성상 미묘하고 접근이 용이하지 않은 중요한 경험들에 대해 내담자가 자신의 주의를 내부로 향하도록 도와서 가치 있는 변화과정들을 촉진시킬 수 있기 때문이다.

카우치의 잠재적인 이점에도 불구하고, 치료자와 내담자 사이의 면-대-면(face-to-face) 만남이 변화과정에 핵심적 역할을 하는 치료와 치료적 순간들 역시 존재한다. 예를 들어, 내담자가 친밀감을 형성하는 데 어려움이 있어 치료를 받으러 왔다면 순간순간에 치료자와 내담자 간의 정서적 접촉의 질을 탐색하는 능력이 중요할 수 있다.

치료자가 내담자의 얼굴을 보고 내담자가 느끼고 있는 것을 미묘하게 알아차리는 감각을 개발하고 공감적으로 조율할 수 있는 것이 매우 중요하다. 또 내담자가 자신의 감정반응을 알아차릴 수 있도록 치료자와 명대면 접촉을 갖는 것이 중요하다. 따라서, 정신분석가들은 점점 더 내담자와 치료자 사이의 상호적인 감정의 조절과정을 중요한 변화과정으로 본다.

이 과정은 내담자와 치료자 사이에 눈 마주침이 있을 때 촉진된다. 이 눈 마주침이 없이는 치료자와 내담자 모두 서로의 비언어적(nonverbal) 행동을 관찰하고 서로의 감정적 경험에 상호적으로 응답하고 영향을 주고받는 진행과정에 참여하는 것이 어렵다.

2. 인간론

프로이트에 의해서 창시된 정신분석은 인간심리에 대한 결정론과 무의식이라는 두 가지 기본적인 개념에 기초를 두고 있다. 인간 행동은 비합리적인 힘, 무의식적 동기, 생물학적이고 본능적인 충동에 의해 영향을 받는다(Freud, 1914, 1920a, 1920b). 19세기에 다윈(Charles Robert Darwin, 1809~1882)은 『종의 기원(*On the Origin of Species*, 1859)』을 통해 진화론을 주창하였는데, 프로이트의 정신분석은 인간을 생물학적 존재로 보는 당시의 시대정신을 반영하고 있다.

프로이트는 인간을 갈등의 존재로 보았다. 본능이 추구하는 쾌락과 현실의 갈등, 자아와 외부세계와의 갈등, 적극성과 수동성의 갈등이 우리를 지배한다. 때문에 프로이트는, 인간은 삶이 지속되는 한 갈등을 겪는다고 주장한다. 즉, 삶이 지속되는 동안 우리가 가진 세 가지 자아인 원초아(id), 자아(ego), 초자아(superego)가 서로 갈등을 겪는다는 것이다.

이러한 세 가지 자아는 고대 그리스의 철학자인 플라톤(Plato, BC 427~347)이 제안한 서로 갈등을 겪는 정신의 세 가지인 욕구(appetite), 이성(reason), 영혼(spirit)과 유사한 개념이다. 플라톤은 사람들이 쉽게 이해하도록 인간의 정신을 두 마리의 말이 이끄는 이륜마차의 전차에 비유하여 설명하였다. 이 비유에서 두 마리 말 중에서 길들여지지 않은 '거친 말'은 욕구를, 철저하게 훈련된 '순종의 말'은 영혼을, 말을 통제하며 전차를 이끄는 '마부'는 이성을 나타낸다(노안영, 2018: 179).

프로이트의 인간관은 기본적으로 결정론적이다. 즉, 비이성적인 힘인 본능적 충동이나 무의식적 동기가 인간의 행동을 결정한다고 본다. 프로이트의 결정론적 관점에 의하면, 아무런 원인도 가지지 않는, 즉 저절로 발생하는 현상이란 없다. 그 어떤 원인이 반드시 있었기 때문에 그 결과로 인간은 기쁘고, 괴롭고, 또 분노한다. 사람들의 희로애락을 결정하는 것은 외부의 환경적 조건이라는 견해를 가진 학자들도 있지만, 프로이트는 이와 정반대의 입장을 취했다. 즉, 인간행동을 결정하는 것은 환경의 외적 조건보다 오히려 개인의 심리 내적 조건이다.

이러한 심리결정론(psychic determinism)에서는 개인의 사고, 감정, 행동이 심리 내적 원인에 의해 결정된다. 개인이 겪는 갈등은 내부에 존재하는 어떤 정신적 원인이 작용한 결과이므로 그 원인이 제거되지 않는 한 심리적 문제는 결코 해결되지 않는다. 따라서, 개인의 사고, 감정, 행동을 결정하는 정신적 원인의 실체를 규명하고자 하는 것이, 정신분석이 추구하는 궁극적 목표다.

인간은 현재 자신의 행위를 결정하고 그에 따른 책임을 질 수 있는 주체적 존재라기보다는, 과거 성장기 동안의 생활 경험에 의해 전적으로 영향을 받는 존재다. 정신분석에서는 생애 초기 6년 동안의 발달적 경험을 강조하고 있는데, 과거 어린 시절의 경험과 심리성적 에너지는 무의식적인 동기와 갈등으로 잠재되어 있다가 개인의 현재 행동에 영향을 미친다(Arlow, 1989 ; Baker, 1985).

인간에 대한 이러한 결정론적인 관점은, 우리로 하여금 주어진 어떤 현상을 있는 그대로 이해하는 것에서 한 걸음 더 나아가, 이면의 그 무엇을 발견하려는 '분석적 태도'를 취하게 한다. 적절하고 타당한 원인을 이해할 때까지는 '원인이 무엇인가?'라는 질문을 끊임없이 던지는 자세가 필요하다.

정신분석에서는, 개인이 즉각적으로 자각하거나 통제할 수 있는 범위를 넘어서 있는 그 어떤 힘, 즉 무의식의 영향을 받는다. 프로이트는 비이성적인 힘인 본능적 추동(drive)이나 무의식적 동기가 인간의 행동을 결정한다고 주장한다. 삶의 목표가 고통을 피하고 쾌락을 추구하는 데 있으므로, 인간행동은 생물학적인 욕구와 본능을 충족시키려는 욕망에 의해 동기화되며 비합리적인 무의식의 지배를 받는다. 본능은 프로이트이론의 핵심으로서 원초아 내에 저장되어 있는 심리 에너지로 구성된다(김춘경 외, 2016: 73-74).

프로이트는 이중본능이론(dual instinct theory)을 통해 본능을 크게 삶의 본능(life instinct)과 죽음의 본능(death instinct)을 강조한다. 삶의 본능은 ‘에로스(Eros)’라고도 하며, 배고픔과 같이 삶을 유지시켜 주는 것, 종족을 번식시키는 성과 같은 것 등을 말한다. 성에 대한 본능은 개인의 정신구조에서 상당히 중요한 역할을 하므로 이것이 영향력이 가장 큰 삶의 본능이다.

성 본능에 내재된 리비도(Libido, 라틴어의 ‘소망’, ‘욕구’에서 유래)라는 것인데, 이는 생존본능의 힘을 일컫는 것이 되었다. 그리고 다른 하나는 ‘타나토스(Thanatos)’라고 하는 죽음의 본능이다. 이것은 인간 모두가 가지고 있는 죽음과 파괴에 대한 경향을 말한다. 타나토스는 소리를 지르거나 욕을 함으로써, 또는 영화관람이나 운동경기를 관람하면서 평상시에 조금씩 화를 밖으로 내보내야 한다고 프로이트는 말한다. 만약 그렇게 하지 않으면 댐둑이 한방에 무너지듯, 한꺼번에 감정이 폭발하게 되어 폭력, 살인, 방화 등을 하게 되거나, 사이코패스 같은 정신분열병에 걸리게 된다는 것이다(이우언 외, 2017: 150-151).

원시적 본능의 파괴적 힘을 잘 다루지 못하는 경우에는 다음과 같은 것들이 있다(김계현 외, 2016: 178).

첫째, 현실적 제약을 무시할 정도로 본능적 욕구를 통제하지 못하는 경우이다. 이때 개인은 매우 충동적이 된다.

둘째, 본능적 욕구 자체를 부정하여 그것이 없는 것처럼 억압하는 경우이다. 개인은 자신의 본능적 욕구가 드러날 것 같은 상황이 되면 불안해지면서 그러한 불안을 피하거나 그로부터 자신을 보호하려는 기제(방어기제)를 작동시킨다. 그런데 이 기제가 현실 적응에 도움이 되지 않거나 지나치게 경직되어 있을 때, 그 사람은 심리사회적 문제를 경험한다.

따라서, 심리사회적으로 건강하려면 성욕이나 공격성 같은 본능적 욕구를 과도하게 따르거나 완전히 부정할 것이 아니라, 자신에게 본능적 욕구가 있다는 사실을 인정하면서 적절한 수준에서 충족할 수 있어야 한다.

삶과 죽음의 본능은 서로 영향을 미치며, 서로 융합되어 있기도 하다. 예를 들어, 음식을 먹는 것은 배고픔을 해결하고자 하는 삶의 본능적 표현이지만, 음식물을 파괴하여 섭취한다는 점에서 죽음의 본능이다. 그리고 삶의 본능과 죽음의 본능이 병적으로 혼합되면, 인간은 강간 또는 피학적 성행위, 수간 등 변태적 성행위를 하기도 하고, 성행위를 몰래 훔쳐보기 등과 같은 행동을 하게 된다.

3. 정신분석의 핵심 개념 및 내용

프로이트 정신분석이론의 핵심 개념에 대한 내용이해는 다음과 같다.

1) 인간의 의식수준

『꿈의 해석』
(2021년 출판)

프로이트가 제시한 지형학적 모형은 그의 저서『꿈의 해석(*Die Traumdeutung*, 1950)』에서 처음으로 언급되었다. 프로이트는 정신분석학의 이론을 정립시키는 과정에서 지형학적인 모형을 가지고 성격(personality)의 구조를 설명하고 있다. 즉, 우리 인간은 많은 층의 의식을 가지고 있다. 프로이트는 임상 초기 마음을 세 가지 영역으로 구분하는 지형학적 모형(topographic model)을 구상하였다. 즉, 프로이트는 눈에 보이지 않는 인간의 정신을 이해하기 위하여 인식의 수준을 가시화한 일종의 지도를 제시하였다.

일반적으로 정신분석에서는 인간의 전체의식을 '의식', '전의식', '무의식'으로 나눈다. 의식은 각성상태의 의식을 말하고, 전의식은 의식 바로 밑에 있어 보통 때는 인식되지 않지만 쉽게 끄집어 낼 수 있는 생각을 말한다. 전의식의 내용은 종종 백일몽이나 몽상에 빠져 있을 때 의식의 표면에 떠오르기도 한다. 이에 비해 무의식은 잘 알려진 것처럼 의식에 의해 인식되지 않는 부분으로서 의식의 기저를 이루는 것으로 이해되어 왔다.

(1) 의식

의식(Consciousness)은 개인이 현재 자각하고 있는 생각을 포함한다. 의식의 내용은 새로운 생각이 정신에 들어오고, 오래된 생각은 정신에서 물러나면서 계속적으로 변한다. 의식은 어떤 순간에 우리가 알거나 느낄 수 있는 모든 경험과 감각을 말한다.

이것은 지각 · 운동 · 활동 · 감정 등을 통해 외부세계와 접촉하며, 꿈 · 심상 · 사고 등과 같은 개인의 내적 세계와 접촉한다. 생리적 욕구나 심리적 욕구가 존재할 때 또는 외부 자극이 존재할 때, 개인이 그 욕구나 자극대상에게 관심을 집중함으로써 의식작용이 발생한다. 그러나 의식 속에 있던 내용은 개인의 주의나 관심이 다른 것으로 돌려지게 되면 곧 전의식이나 무의식 속으로 사라져 버린다.

프로이트는 정신세계의 극히 일부만이 의식의 범위에 포함된다고 보았다. 우리가 어떤 순간에 경험하는 일들은 선택적 여과과정을 거쳐 극히 일부만이 의식으로 나타나게 된다.

의식은 정신생활의 중심이 아니며, 수면 위에 떠올라 있는 빙산의 일부에 지나지 않는 것으로 비유되고 있다. 정신생활의 더 큰 부분은 수면 아래에 잠겨 있는 것으로 비유되는 무의식이며, 무의식적인 내용이나 동기를 의식적인 것으로 나타내기 위한 방법이 정신분석의 중요한 과제가 되었다.

(2) 전의식

전의식(Preconscious)은 현재 의식되지는 않지만 주의집중을 통해 지난 경험이나 생각이 의식의 상태로 돌아올 수 있는 상태를 의미한다. 전의식은 무의식과 의식을 연결하는 역할을 하는데, 정신분석치료에 의해 무의식 속에 잠재되었던 내용이 전의식으로 나오고 전의식 수준에서 다시 의식될 수 있다.

예를 들어, 길을 가다 만난 동창생의 이름, 지난주에 일어났던 사건, 자신의 생일, 부모의 고향, 자신이 좋아하는 음식 등과 같이 조금만 신경 쓰면 알아낼 수 있는 정신세계이다.

전의식은 의식과 무의식의 중간에 있는 자각으로서 꽤 용이하게 의식으로 가져올 수 있는 정신의 부분이다. 엄격히 말하면, 전의식은 무의식의 부분이지만 쉽게 거기에 저장된 기억, 지각, 생각이 의식으로 변화될 수 있는 의식의 아래 부분이다.

전의식은 개인이 그 내용을 의식하지 못하기 때문에 어떤 의미에서 무의식의 일부라고 할 수 있다. 그러나 전의식의 많은 부분은 개인이 조금만 노력하면 자발적으로 회상할 수 있기 때문에 의식의 일부로도 나타낼 수 있다. 이와 같이 전의식은 마음속에서 무의식과 의식을 연결해 주는 통로가 되고 있다.

(3) 무의식

프로이트의 가장 큰 공헌은 무의식에 대한 인식이다. 무의식(Unconscious)은 우리가 자각하지 못하는 경험과 기억, 억압된 재료들, 의식영역 밖의 욕구나 동기로 구성되어 있으며, 인간행동을 결정하는 주된 원인이 된다.

무의식에 대한 임상적인 증거는 꿈, 말실수, 망각, 자유연상이나 도출된 자료, 최면 암시, 정신적 증상의 상징적 내용 등이다. 또한 의식과 무의식 사이에 존재하는 전의식은 현재 의식하지는 못하지만 조금만 노력하여 회상하려고 마음을 집중하면 전의식에 저장된 기억이나 지각, 생각 등을 의식으로 전환할 수 있는 정신이다.

프로이트에게 무의식은 정신병리에서 지배적인 힘으로 보았으며, 성격의 일부분으로서 반드시 탐구해야 하는 것으로 생각했다. 그는 성격의 이러한 영역에 인간행동의 중요한 인과적 요인이 존재한다고 믿었기 때문에, 인간행동을 이해하려면 반드시 무의식을 밝혀내야 한다고 했다. 그러나 무의식적 내용은 변장되고 상징화된 형태로 나타나기 때문에 이러한 무의식을 연구하는 수단으로 환상과 꿈을 해석할 것을 강조하였다(Hjelle & Ziegler, 1994).

이러한 무의식의 존재는 직접적으로 알 수 없으므로 다음과 같은 다양한 임상적 증거를 통해 간접적으로 확인할 수 있다(김춘경 외, 2016: 77-78).

① 최면 후 암시(post-hypnotic suggestion)

상대방에게 최면을 건 상태에서 "당신은 오늘 2시에 아무개에게 전화를 걸게 될 것입니다."라고 하면, 그는 최면에서 깨어난 후 시계가 2시를 알리면 최면에서 지시받은 행동인 전화를 거는 행동을 하게 된다. 왜 전화를 걸었는지 그 이유를 물으면 그는 "나도 몰라요. 괜히 전화를 하고 싶었어요."라든지 또는 다른 그럴듯한 이유를 들어 자신의 행동을 설명하려고 한다.

② 꿈(dream)

무의식적인 욕구, 소망, 갈등은 꿈이라고 하는 상징적인 표상을 통해 간접적인 충족을 시도한다. 배고픈 사람은 흔히 맛있는 음식이 가득 차려진 잔칫상 앞에 앉아 있는 꿈을 꾼다. 그렇게 해서라도 현실에서 즉각적으로 충족될 수 없는 음식에 대한 욕구를 부분적으로 또 일시적으로나마 해결하고 욕구를 충족시키려고 한다.

③ **말의 실수**(slips of the tongue)

질병이나 피로에 의해 주의력이 분산되는 경우가 아님에도 불구하고 실언을 하게 된다. 예를 들어, 의장이 개회 인사에서 "의회의 '폐회'를 선언합니다."라고 말했다는 것은 그가 의회를 빨리 폐회해 버리고 싶었던 의도가 공공연하게 표현되어 나온 것이다.

④ **망각**(oblivion)

자아를 위협하거나 또는 의식수준에서 용납되기 어려운 불쾌한 생각은 쉽게 잊힌다.

이와 같이 프로이트는 인간의 심리세계를 3개의 층으로 구분하고 가장 깊은 곳에 있는 무의식을 강조했기 때문에 그의 정신분석을 '심층심리학(depth psychology)'이라고 한다. 인간의 정신세계는 마치 빙산처럼 대부분 의식으로 떠오르지 않고 무의식 속에 잠겨 있다. 심층심리학은 이와 같은 무의식을 연구하며, 일상적인 정신생활을 무의식에 근거하여 설명한다.

2) 인간의 성격구조

프로이트의 초기 성격구조이론의 중심이 되는 개념은 무의식적인 정신과정이었다. 그러나 프로이트는 인간의 다양한 행동을 설명할 수 있는 좀 더 정교한 성격이론을 개발하기 위해 끊임없이 노력했다. 그는 1923년에 발표한 『자아와 원초아(*The Ego and the Id*)』에서 마음의 지형학적 모델을 성격의 삼원구조이론으로 발전시켰다. 그는 원초아, 자아, 초자아라는 세 가지 심리적 구조를 제안했으며, 특히 자아의 기능을 중요하게 여겼다. 인간의 정신세계는 매우 충동적이고 비합리적인 마음, 현실을 인식하는 합리적인 마음, 도덕과 양심을 중시하는 마음이 서로 충돌하고 타협하면서 외부세계와 상호작용한다고 하였다(이우언 외, 2017: 153).

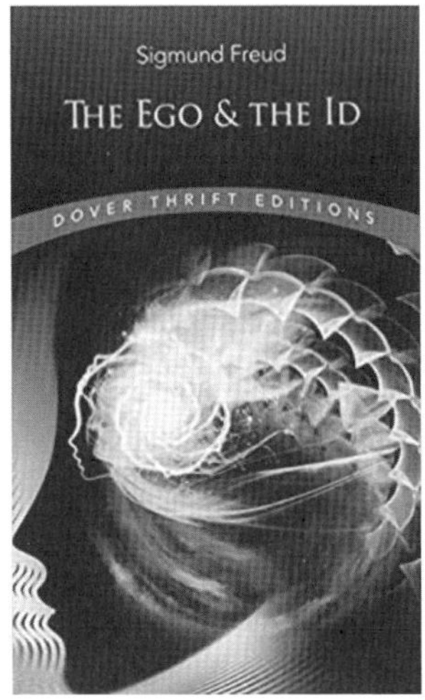

『자아와 원초아』
(2018년 출판)

인간의 정신이 원초아(Id), 자아(Ego), 초자아(Superego)의 세 가지 부분으로 되어 있다는 가설을 프로이트가 최초로 사용한 후, 지금은 정신병리를 논할 때 이 생각의 방법이 필요불가결하게 되었다. 이것으로 인해 성격의 각각 다른 부분이 상충하는 역동도 잘 이해될 수 있고 또 구조도 설명이 되지만, 이를 구체적인 현실로 잘못 인식해서는 안 된다. 오히려 세 가지의 각기 다른 기능과 '힘의 할거'라고 하겠다. 프로이트에 따르면, 구조학적 모형의 원초아, 자아, 초자아는 비록 세 부분이 밀접하게 상호작용하더라도 각 부분들은 그 자체의 특징을 가지고 있다.

홀(Calvin Springer Hall)의 저서 『프로이트 심리학 입문서(*A Primer of Freudian Psychology*, 1954)』에 따르면, 인간의 성격 구조는 다음과 같다(Hall, 2021: 22-35 ; 노안영, 2018: 180-181).

(1) 원초아

원초아는 '원초적 자아(Id)' 또는 '자아의 원초'라는 뜻의 한자 조어로, 프로이트에서는 '그것'이라는 독일어 3인칭 대명사인 'Es'이다. '그것'의 내용은 유전된, 신체조직에서 유래하는 충동으로서, 심리학적으로 중요한 것은 배고픔과 목마름 같은 생리적 욕구보다는 성과 공격의 충동들이다.

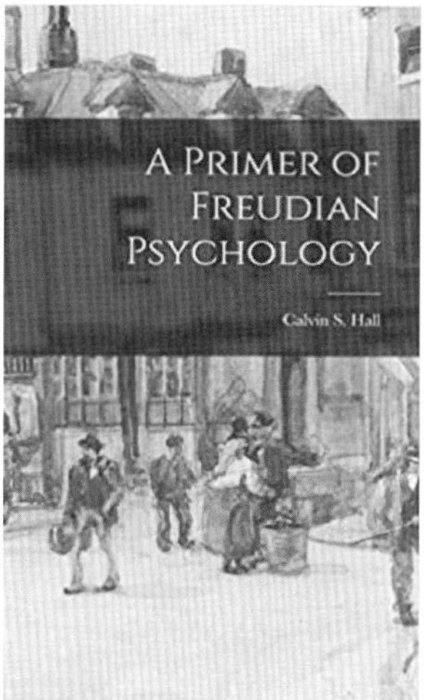

『프로이트 심리학 입문서』
(2021년 출판)

원초아는 인간이 생물학적 존재로서 태어나면서 유전적으로 가지고 온 것으로 본능의 지배를 받는다. 원초아는 세 가지 자아 중 가장 막대한 힘을 가진다. 원초아는 무의식이 지배하며 쾌락의 추구가 주요한 목적이다. 주요한 유기체의 본능적 욕구는 삶을 위해 필수적인 생물학적 욕구이다. 심한 갈증을 느낄 때 마시는 물은 갈증해소의 만족을 준다. 몹시 허기질 때 먹은 음식은 또 우리에게 큰 만족을 준다. "배고픔에 장사 없다.", "금강산도 식후경이다." 등의 말들은 식욕 본능을 반영한 말이다.

인간은 살기 위해서 먹고, 잘 먹고 살기 위해서 열심히 일한다. 배고픔의 서러움과 고통을 겪어보지 않은 요즈음의 젊은 세대는 보릿고개란 말을 이해하지 못한다. 북한의 식량난은 생사의 문제이다. 식도락가가 아닐지라도 먹는 기쁨이 얼마나 중요한가를 매일매일 느낄 것이다. 먹고사는 것과 더불어 중요한 생물학적 욕구가 성욕이다. 인간의 종 보존과 쾌락을 주는 주요한 본능적 욕구는 성욕이다.

원초아의 독자적인 기능은 내적, 외적 자극으로 인해 인체의 조직에 발생한 흥분, 즉 에너지 또는 긴장(energy and tension)을 즉시로 줄이는 것이다. 이러한 원초아의 기능은 삶에 있어서 가장 원초적이고 일차적인 원리–프로이트는 이를 '쾌락원리(the pleasure principle)'라고 불렀다–를 충족시키는 것이다.

쾌락원리의 목적은 인간에게서 긴장을 제거하거나, 만일 그것이 불가능하다면 긴장의 크기를 적절한 수준까지 끌어내려 가능한 한 평상적인 상태를 유지하게 하는 것이다. 긴장은 고통이나 불쾌감으로 느껴지는데 반해, 긴장의 완화(relief from tension)는 쾌락이나 만족감으로 느껴진다. 따라서, 쾌락원리의 목적은 고통을 제거하고 기쁨을 되살리는 데 있다(Hall, 2011: 22).

쾌락원리는 모든 생물체가 내적, 외적 장애에 처했을 때 평형상태를 유지하기 위해 취하는 공통된 경향 중의 특별한 경우이다.

가장 원초적인 형태로 나타날 때의 원초아는 어떤 감각적 흥분이 전달되었을 때, 즉시 운동계를 통해 이를 해소하는 일종의 반사장치라고 할 수 있다. 예를 들어, 매우 밝은 빛이 눈의 망막에 들어오면 눈꺼풀이 닫혀서 빛이 망막에 닿지 못하도록 막는다. 이리하여 빛 때문에 신경계에 일어난 흥분은 가라앉고 생체조직은 평형상태로 돌아가게 된다.

생체(organism)는 이러한 반사장치를 많이 가지고 있어서 감각기관에 전달되는 자극에 의해 고조된 긴장을 자동적으로 해소하고 있다. 이러한 운동을 통한 긴장해소의 결과로 자극은 제거된다. 예를 들어, 코의 점막에 있는 감각기관에 이물질이 들어오면 반사적으로 재채기가 나고, 이때 눈물이 나와 코 속에 들어온 이물질을 씻어낸다.

자극(stimulus)은 외부로부터 뿐만 아니라, 내부로부터도 주어진다. 예컨대, 방광에 오줌이 어느 정도 차게 되면 내적인 자극이 일어나서 반사적으로 방광의 밸브가 열린다. 오줌이 차서 생긴 방광

속의 흥분(긴장)은 오줌을 배설함으로써 해소된다.

만일 생체에서 일어나는 모든 긴장이 전부 반사작용에 의해 해소될 수 있다면, 이러한 원시적인 반사장치 이외에 어떠한 심리적 발달의 필요성도 없게 될 것이다. 그러나 실제로는 이렇게 될 수만은 없다. 긴장이 일어나는 데도 반사적으로 이를 적절히 처리하지 못하는 경우가 많이 있다.

예를 들어, 젖먹이는 배가 고프면 위장이 자연히 수축된다. 그러나 이렇게 위장이 수축되었다고 해서 음식물이 바로 뱃속에 들어오지는 않는다. 따라서, 젖먹이는 안절부절못하고 울게 된다. 만일 젖먹이에게 젖을 먹이지 않으면 긴장의 강도가 증가되어 나중에는 느껴지지 않게 될 것이고 시간이 지나면 젖먹이는 마침내 굶어 죽게 될 것은 물론이다.

배고픈 젖먹이는 어른이 음식물을 먹여 주지 않는 한, 자동적으로 배고픔을 충족시켜 줄 반사장치가 없다. 적당한 음식을 입에 넣어 주고, 그것을 삼켜서 소화기의 반사작용이 자동적으로 일어나면 비로소 배고픔으로 인한 긴장은 해소되는 것이다.

젖먹이가 배고픔으로 인한 긴장을 느낄 때마다 즉시 음식이 주어진다거나, 또 다른 긴장들이 이와 비슷하게 부모의 도움에 의해 즉시 해소된다면, 심리적 발달은 일어나지 않을 것이다. 그러나 부모들이 아무리 잘 보살펴준다 해도 아기의 요구 모두를 즉각적으로 충족시켜 줄 수는 없는 법이다. 게다가 실제로 부모들은 아기들을 훈련 또는 교육시키기 위해 일정한 시간을 정하고 관례를 만들기 때문에 아기의 긴장을 해소해 주는 만큼 긴장을 만들어 내기도 한다. 이렇게 되면 아기는 반드시 어느 정도의 좌절감이나 불쾌감을 느끼게 된다. 이러한 느낌들이 원초아의 발달을 촉진시키는 것이다.

좌절감으로 인해 원초아 내에서 일어나는 새로운 발달을 정신분석학적 용어로는 '일차적 과정(primary process)'이라고 부른다. 일차적 과정의 성격을 이해하기 위해서는 인간의 심리적 잠재능력에 대해 먼저 논의하지 않으면 안 된다. 심리적 장치에는 감각말초기관과 운동말초기관이 있다. 감각말초는 자극에 감응하는 구조의 감각기관으로 구성되어 있고, 운동말초는 행동이나 움직임을 일으키는 근육으로 되어 있다.

반사행동(reflex action)을 일으키는 데는 감각기관과 근육, 그리고 이들 사이를 연결하고 정보로 전달해 주는 신경조직만 있으면 된다.

이와 같은 감각체계와 운동체계 외에도 사람은 인지체계와 기억체계를 가지고 있다. 인지체계는 감각계로부터 메시지를 전달 받아서 정신적 영상 또는 대상물체의 표상을 만들어 감각기관에 되돌려 보낸다. 그리고 이러한 정신적 영상은 기억체계 속에 저장된다.

기억체계 안에 저장되어 있던 기억이 활성화되면 원래 인지되었던 사물의 영상에 대한 기억이 되살아나게 된다. 과거는 이러한 기억의 영상을 통해 현재에 재현하게 된다. 인지는 사물의 정신적 표상인데 비해 기억된 영상은 인지된 것의 정신적 표상이다. 우리가 세상의 어떤 사물을 볼 때 인지가 형성된다. 우리가 한 번 본 것을 회상할 때 기억된 영상이 형성되는 것이다.

이제 다시 배고픈 젖먹이의 경우로 돌아가 보자. 과거에는 젖먹이가 배고를 때마다 음식물이 주어졌다. 음식을 먹는 동안 젖먹이는 그 음식을 보고, 맛을 보고, 냄새를 맡고 느낀다. 이렇게 인지된 것은 그의 기억체계에 저장된다. 계속적인 반복을 통해 음식물은 긴장해소와 연관을 갖는 것으로 된다. 따라서, 만일 젖먹이가 배고플 때 즉각적으로 음식이 주어지지 않으면, 그때의 긴장은 그것과 연관된 음식물에 대한 기억을 살려낸다. 다시 말해서 원초아 속에는 배고플 때의 긴장을 해소시켜 줄 수 있는 물질의 영상이 자리 잡고 있는 것이다. 긴장을 해소해 주는 물질에 대한 기억영상을 살려내는 과정을 '일차적 과정'이라고 부른다.

일차적 과정은 프로이트가 '인지와의 동일성 확인(an identity of perception)'이라 부르는 과정을 통해 긴장을 해소할 목적으로 일어난다. '인지와의 동일성 확인'이란 기억 속에 존재하고 있는 영상과 현재 인지하고 있는 대상을 원초아가 동일한 것으로 인식하는 것을 의미한다. 원초아에게 있어서는 음식에 대한 기억은 현재 눈앞에 있는 음식을 먹는 것과 똑같은 것이다. 다시 말해서 원초아는 '주관적'인 기억영상과 실재하는 사물에 대한 '객관적'인 인식을 구별하지 못하는 것이다.

일차적 과정의 흔한 예로, 사막에서 목마른 여행자가 마치 물이 보이는 듯한 착각을 일으키는 것을 들 수 있다. 다른 예를 들어, 잘 때 꾸는 꿈을 들 수 있다. 꿈은 대개 시각적으로 나타나는 연속적인 이미지의 집합이며, 과거의 즐거웠던 사건이나 사물에 대한 기억을 재생시킴으로써 긴장을 해소시키는 기능을 가지고 있다. 배고픈 사람은 음식물이나 먹는 것과 관련된 꿈을 꾸는데 반해, 성적으로 흥분된 채로 잠이든 사람은 성행위 또는 그와 관련된 꿈을 꾸게 된다.

긴장을 해소시켜 주는 사물에 관한 영상을 만들어 내는 것을 '원망충족(wishfulfillment)'이라고 한다. 프로이트는 모든 꿈이 원망충족이거나 원망충족을 의도하는 것이라 믿었다. 우리는 우리가 원하는 것에 관한 꿈을 꾸게 되는 것이다.

물론 배고픈 사람이 음식에 관한 꿈을 꾼다고 배가 불러질 수 없고, 목마른 사람이 생각 속에서 물을 마신다고 목마름이 해소될 수는 없다. 프로이트는 꿈꾸는 사람의 경우에 원하는 사물이나 사건에 대한 꿈은 그 사람이 깨지 않고 잘 잘 수 있도록 해 준다고 생각했다. 잠들지 않고 깨어 있을 경우에도 일차적 과정은 전혀 쓸모없는 것은 아니다. 왜냐하면 사람이 원하는 것을 가지거나 행하기에 앞서 그가 원하는 것이 무엇인가를 아는, 즉 그에 대한 영상을 가지는 것이 필요하기 때문이다.

예를 들어, 음식물에 대한 정신적 표상을 떠올리고 있는 배고픈 사람은 자기가 무엇을 바라고 있는지 조차 모르는 사람보다는 음식물을 취해 만족을 얻을 가능성이 더 많은 것이다. 만약 일차적 과정이 없었더라면, 사람들은 자기가 정확히 무엇을 바라고 있는가를 모르기 때문에 무수한 시행착오를 거쳐야만 목적을 이룰 수 있을 것이다. 일차적 과정 자체만으로는 긴장을 효과적으로 제거할 수 없기 때문에 '이차적 과정(secondary process)'이 발달된다. 그러나 이차적 과정은 자아에 속하는 과정이므로, 그에 대한 논의는 다음으로 넘기기로 하자.

프로이트는 원초아에 관해 또 다른 말도 하고 있다. 즉, 원초아는 심리적 에너지의 일차적 원천이요, 본능의 자리라는 것이다. 원초아는 외부세계보다는 신체 및 그 작용과정과 보다 밀접한 관련을 맺고 있다. 또한 원초아는 자아나 초자아에 비해 조직적이지 못하다고 볼 수 있다.

원초아의 에너지는 항상 동적인 상태에 있으므로 한 대상에서 다른 대상으로 전이되거나 쉽게 배설되어 버리기도 한다. 원초아는 시간의 흐름에 따라 변화하지는 않는다. 그것은 외부세계와 접촉되어 있지 않기 때문에 인간의 경험에 의해서 수정되는 일도 없다. 다만, 자아에 의해서 통제되거나 조절될 수는 있다.

원초아는 이성이나 논리법칙에 지배되지 않고 가치의식, 윤리, 또는 도덕성도 가지지 않는다. 그것은 오직 한 가지, 쾌락원리에 따른 본능적 욕구의 충족을 위해서만 움직인다. 원초아의 작용방향은 두 가지 경로만이 있을 수 있다. 하나는 행동이나 원망충족을 통해서 배설되는 길이고, 다른 하나는 자아의 영향을 받아서 에너지를 배설하는 대신 동결시키고 마는 길이다.

프로이트는 원초아야말로 진정한 심리적 현실세계라고 했다. 이 말은 원초아가 원초적인 주관적 현실세계, 즉 사람이 외부세계에 대한 경험을 갖기 이전에 존재하는 내적인 세계임을 가리키는 것이다. 본능이나 반사작용뿐 아니라, 긴장상태가 만들어 내는 영상도 태어날 때부터 가지고 있는 내면적인 것이라 할 수 있다.

이것은 배고픈 젖먹이는 음식물로 배를 채워본 경험이 없다 해도 본능적으로 음식물에 대한 생각을 하게 된다는 것을 의미한다. 프로이트는 이러한 경험이 계속적으로 여러 세대를 통해 반복 전수되면서 원초아 안에 영원히 보존되어 매려가게 된다고 생각했다. 사람들이 살아가는 동안 억압의 메커니즘이 작용한 결과, 원초아 내부에 새로운 경험들이 축적되어 간다.

원초아는 인류의 역사라는 관점에서 본다면 원시상태라 할 수 있고, 개인의 생애에 있어서도 마찬가지라 할 수 있다. 원초아는 그 위에 성격(personality)이 형성되어 있는 기초가 된다. 원초아는 일생 동안 그 유치한 성질을 그대로 지닌다. 그것은 따라서 긴장을 참고 견디지 못하며 즉각적인 쾌락을 원하는 것이다. 그것은 또한 보채고, 성급하며, 비합리적이고, 이기적인 동시에 쾌락만을 추구하는 성질을 가지고 있다.

성격의 구성요소들 중에서 하나의 망나니 구실을 한다고 할 수 있다. 원초아는 상상이나 환상, 환각, 꿈 등을 통해서 원하는 바를 충족시킬 수 있는 마술적인 힘을 가지고 있기 때문에 전지전능하다고도 할 수 있고, 바다와도 같이 모든 것을 포용하고 있기 때문에 대양적이라고도 할 수 있다. 원초아는 쾌락의 추구와 고통의 추방만을 유일한 기능으로 갖는 주관적인 현실세계인 것이다.

프로이트는 원초아가 성격 중에서도 매우 애매하고 잘 알 수 없는 부분이며, 그나마도 꿈이나 신경증 연구를 통해서만 연구가 가능하다는 것을 알고 있었다. 그러나 우리는 사람들이 어떤 성급한 상태에 있을 경우에 원초아의 정체를 볼 수 있다.

예를 들어, 어떤 사람이 창밖으로 돌을 던지려 하거나, 어떤 여인을 강간하려 들 때에 그는 원초아의 지배에 사로잡혀 있는 것이다. 이와 비슷한 예로 날마다 백일몽에 잠겨서 허공 중에 공상의 성만을 쌓고 있는 사람 역시 자신의 원초아에 사로잡혀 있다고 할 수 있다. 원초아는 생각을 하지 않는다. 오직 원하고 행동할 뿐이다.

세상에의 적응문제

원초아의 욕동이 언제나 모두를 간단하게 만족시켜 주는 세상이라면, 이 세상은 지상의 낙원일 것이고, 인간의 심적 장치는 원초아 하나로 충분하며, 그 이상의 장치는 필요없게 될 것이다. 그러나 현실은 그렇게는 되지 않는다. 예를 들어, 갓난아기가 배가 고파서 울고 있다고 하자. 그러나 울부짖는 것만으로 배가 부르지는 않다.

누가 옆에 붙어 있어서 젖을 먹여 주어야 한다. 그러나 그 아이 옆에 한시도 사람이 떠나지 않고 지켜보고 있다가 아기가 조금만 배가 고픈 기색을 보이면 일순간도 지체없이 젖을 먹여 줄 수는 없는 일이다. 따라서, 인간은 나면서부터 어쩔 수 없이 욕동 에너지의 발산불능이라는 사태에 직면하게 된다. 이러한 체험이야말로 이드로부터 새로운, 그리고 높은 정신기능을 발달 · 분화시켜야 할 원인에 부딪치게 하는 것이다. 다시 말해서 마음대로 되지 않는 것이 세상이고 그 세상으로 말미암아서 마음에 장치의 발달과 분화를 촉진하게 된다.

이렇게 해서 일단 거부되었던 욕구가 그 누군가의 손에 의해서 만족을 얻게 되었을 때의 아기의 쾌감은 말할 나위 없이 크다. 그는 우유병을 보거나 냄새를 맡거나 손으로 만져 보면서 만족한 마음으로 그것을 기억 속에 새겨 넣어간다. 이런 체험을 거듭한 아기들은 마침내 배가 고파도 먹을 것을 얻지 못하는 시간에는 그 긴장의 고조가 먹는 것과 연결되는 기억표상을 불러일으키게 된다. 그는 그러한 상기로 말미암아서 잠시나마 만족을 얻게 된다.

애인을 만나고 싶어 하는 처녀가 그 애인의 모습을 떠올리며 본인도 모르게 방긋 미소 지으며 약간이나마 긴장해소를 하는 것도 그것과 같은 원리이다. 그러나 이 기능은 원래 이드에는 없었던 기능이고 새로 생긴 한 기능이다. 프로이트에 따르면, 이 기능은 생후 6개월 내지 8개월에서 분화를 이루기 시작하여 2세 내지 3세까지에는 꽤 발달하는 것이라고 한다. 다시 말해서 유아는 그 무렵부터 자기의 욕구를 만족시키는 가능성이 있는 세계로서 자기를 에워싸는 환경에다가 관심을 갖기 시작하는 것이다. 그는 이 기능을 제1차 과정이라고 불렀다. 제1차 과정은 그 어떤 의미에서는 지각과정과 연결되어 있다고 하였다. 그리고 이것은 또한 미숙하기는 하지만, 자아기능의 발아라고 할 수 있다(설영환, 1999: 280-281).

(2) 자아

자아(ego)는 의식의 세 수준인 의식, 전의식, 무의식으로 구성되어 있으며, 출생 이후에 개인의 경험을 통해 형성된다. 자아도 역시 쾌락을 추구하지만 현실을 고려하면서 쾌락을 추구한다. 즉, 외부세계에서 경험하는 현실과 쾌락을 원하는 원초아를 조정하며 쾌락을 찾는다. 자아는 욕구를 만족시키거나 긴장을 감소시킬 대상을 발견할 때까지 에너지 방출을 미루는 현실원리에 의해 작동한다.

원초아는 막무가내로 충동을 표출하지만, 자아는 긴장을 참고 만족을 지연시킬 수 있다. 자아의 지배자는 원초아, 초자아, 현실이다. 자아는 이 세 지배자를 조정하며 기능하는 성격의 집행자이다.

원초아가 긴장을 해소하기 위해 취하는 두 가지 길은 충동적인 행동과 이미지 형성(원망충족)이라고 할 수 있는데, 이것만 가지고는 생존과 재생산(생식)이라는 보다 높은 진화론적인 목표를 달성할 수 없다. 단순한 반사작용이나 원망만 가지고는 배고픈 사람이 음식을 얻을 수도 없을 뿐더러 성적으로 흥분한 사람이 상대를 구할 수도 없다. 오히려 실제로 충동적인 행위가 외부로부터의 처벌을 초래함으로써 긴장(고통)을 증가시키는 결과만을 가져올 뿐이다.

마치 어린아이 때처럼 돌보아 주는 사람이 계속 존재하지 않는 한 사람은 음식, 성적 대상 및 그 밖에 살아가는 데 필요한 여러 가지 목표를 스스로 추구하고 찾아내지 않으면 안 된다. 이러한 일들을 성공적으로 수행하기 위해서는 외부세계, 즉 환경에 대해 눈을 돌리지 않으면 안 되며, 자기 자신을 환경에 순응시키든가 환경을 지배하든가 해서 자기가 원하는 것을 환경에서 얻어내야 한다. 이러한 인간과 환경 간의 상호작용을 위해서는 새로운 심리적 기구인 자아(ego)가 형성되어야 한다.

원만한 사람의 경우를 보면, 자아는 성격의 집행기관의 역할을 맡아서 원초아와 초자아를 조절, 통제하고 총체적인 인격과 장기적인 욕구충족을 위해 외부세계와의 관계를 맺어 나간다. 자아가 그 집행기능을 슬기롭게 해 내는 경우에는 조화로운 적응이 이루어진다. 만약 자아가 원초아나 초자아, 또는 외부세계에 대해 너무 많은 양보를 하게 되면 부조화나 부적응이 뒤따르게 된다.

자아는 쾌락원리 대신에 현실원리(reality principle)의 지배를 받는다. 현실은 현재 실재하고 있는 것을 의미한다. 현실원리의 목표는 욕망을 충족시켜 줄 대상이 발견되거나 만들어질 때까지 에너지의 배설을 연기하는 데 있다. 예를 들어, 어린애는 배가 고플 때 아무거나 마구 입에 집어넣지 말아야 함을 배워야 한다. 그는 음식물을 인지하고, 적절한 음식물을 구할 수 있을 때까지는 먹는 것을 연기하는 법을 배워야 한다. 그렇지 않고 배가 고프다고 아무거나 집어 먹다가는 고통스러운 경험을 겪게 될 것이다.

행동을 연기한다는 것은 긴장이 어떤 적절한 형태의 행위를 통해 해소될 때까지 그 긴장을 참을 수 있어야 함을 의미한다. 현실원리가 생겨났다는 것이 쾌락원리의 포기를 의미하는 것은 아니다. 단지 현실적인 사정에 따라 당분간 쾌락의 추구를 유보한다는 것뿐이다. 궁극적으로는 현실원리도 쾌락에 이르게 되지만, 사람이 현실에 따르는 동안 약간의 불편함을 참아야 함을 뜻하는 것이다.

현실원리는 프로이트가 말하는 바 이차적 과정(왜냐하면 그것은 원초아의 일차적 과정이 일어난 후에, 그와 겹쳐서 일어나기 때문에 이차적인 것이다.)에 의해 작동한다. 이차적 과정이란 말이 의미하는 바를 이해하려면 일차적 과정이 개인의 욕구충족과정 중 어느 지점까지 작용하는가를 알아야 한다. 그것은 그가 욕구를 충족시켜 줄 대상에 대한 영상을 갖는 바로 그 지점까지만 작용한다.

다음의 단계는 그 대상물을 발견하거나 생산하는, 즉 현실적으로 존재하게 하는 일이다. 바로 이 작업이 이차적 과정에서 해결되는 것이다. 이차적 과정은 사고와 이성(인식력)을 통해 만들어진 행동계획에 따라 현실을 찾아내거나 만들어 내는 일을 한다. 따라서, 이차적 과정은 우리가 보통 '문제 해결 또는 판단(problem solving or thinking)'이라고 부르는 것과 대동소이하다.

보통 어떤 행동계획이 제대로 실천될 수 있을지 없을지를 따져보는 일을 '현실성 진단(reality testing)'이라고 부른다. 만일 이 진단결과, 계획이 잘못된 것으로 판정된다면, 즉 바라는 대상을 발견하거나 만들어 낼 수 없다면, 새로운 행동계획을 고안하여 다시 진단을 해야 한다.

이러한 과정은 최종적으로 올바른 해답(현실)이 발견되고, 적절한 행위를 통해 긴장이 해소될 때까지 반복하게 된다. 예를 들어, 배고픔의 경우에 적절한 행위는 음식물을 먹는 일이 된다.

이차적 과정은 일차적 과정이 해낼 수 없는 일, 말하자면 마음이라는 주관적 세계를 물리적 현실이라는 객관적 세계와 구분하는 일을 해 낸다. 이차적 과정은 일차적 과정과는 달리, 대상 자체와 대상이미지 간의 구분을 확실히 할 수 있다.

현실원리가 도입되고, 이차적 과정이 기능을 발휘하며, 삶에 있어서 외부세계가 보다 중요한 역할을 하게 되면 인지, 기억, 사고 및 행동 등의 심리적 과정들이 자극을 받아 성장하고 정교하게 되어 간다.

인지계통의 판단력은 더욱 발달하여 외부세계를 보다 정확하고 면밀하게 파악할 수 있게 된다. 그리하여 세계를 재빨리 판단하여 여러 가지 자극들 중에서 문제해결에 도움이 되는 요소들만을 선별해 낼 수 있도록 해 준다. 게다가 감각기관을 통해서 얻은 정보 외에도 기억계통에 저장되어 있던 정보를 사용하여 사고하게 된다.

기억력은 각종 기억의 편린들을 잘 연결시키고 조직화함으로써 그리고 이들을 표현할 수 있는 체계인 언어를 발달시킴으로써 더욱 개선된다. 사람의 판단력은 더욱 예리해져서 어떤 것이 옳은(실재하는) 것인지 또는 그른(실재하지 않는) 것인지를 명확하게 판단할 수 있게 된다.

이차적 과정에서는 또 하나의 중요한 변화가 따르게 되는데, 그것은 운동계통의 능력향상이다. 사람은 점차 근육을 더욱 기술적으로 다룰 수 있고, 보다 복잡한 동작을 해 낼 수 있게 된다. 결국 이와 같은 심리적 기능의 새로운 응용으로 말미암아 사람은 더욱 슬기롭고 더욱 효율적으로 행동할 수 있게 되어서, 보다 큰 만족과 기쁨을 얻어내기 위해 자신의 충동과 외부세계를 지배하게 된다. 이렇게 보면 자아는 원초아와 외부세계 사이의 중간역할을 하는 심리과정이라고 할 수 있다.

현실을 위해 봉사하는 일 외에, 자아는 마치 원초아의 일차적 과정과 비슷한 기능을 할 경우도 있다. 그것은 환상이나 백일몽을 만들어 내는 기능인데, 이러한 기능은 현실성 진단의 요구는 무시한 채 쾌락원리의 지배만을 받는다. 그러나 이러한 자아의 기능은 일차적 과정과는 다르다.

왜냐하면 일차적 기능은 환상과 현실을 구분하지 못하는 데 반해, 자아는 양자를 구분할 수 있기 때문이다. 자아에 의해서 만들어진 환상은 소위 일종의 오락적 내지는 즐길 수 있는 환상이라고 해야 할 것이다. 현실을 잊어버리는 경우도 없이 다만 자아가 열심히 일하다가 잠시 휴식을 하는 경우라 할 수 있다.

비록 자아가 주로 외부세계와의 상호관계의 산물이라고는 해도, 발달방향은 유전적 요인의 영향을 받고 있고, 자연적인 성장과정(성숙)에 의해 이끌어진다는 점을 지적할 수 있다. 이 말은 누구나 사고하고 이성적으로 행동할 수 있는 잠재력을 천부적으로 타고 난다는 것을 뜻한다. 이러한 잠재력은 경험, 훈련 및 교육 등에 의해 현실화된다.

예를 들어, 모든 정규교육은 사람들이 어떻게 하면 보다 효율적으로 사고할 수 있게 될까 하는 주요 교육목표를 설정하고 있다. 효율적인 사고는 진실에 도달하게끔 도와주는 것이며, 이때의 진실이란 실제로 존재하는 것을 의미한다.

자아의 발달

자아의 발달 중 가장 중요한 것은 자기 신체에 대한 경험이다. 갓난아기에 있어서 자기의 신체는 흔히 원초아의 욕동을 만족시키는 대상이었고, 동시에 고통이나 불쾌감의 원천이다. 예를 들어, 유아는 자기의 손가락을 빠는 것으로써 언제라도 자기가 좋아하는 분량만큼의 '원초아'의 욕망을 만족시킬 수 있다. 그러나 동시에 불만감이나 불쾌감이나 고통도 자기 신체 속에서 느낀다.

더구나 밖으로부터 오는 자극에 의해서 야기되는 고통이나 불쾌감이라면, 거기서 빠져나올 수도 있지만, 자기 신체 속에서 치밀어 오른 고통이나 불쾌감에 대해서는 도망칠 방법이 없다. 이렇게 해서 유아에게는 자기신체가 욕동을 낳게 하는 원천이며 고통을 느끼게 하는 원천이기도 하고, 또 욕동을 만족시키는 대상이기도 하다. 이런 의미에서 그들에게는 자기의 신체가 특별히 중요한 뜻을 갖게 되는 것이다. 프로이트는 이 사실을 자아는 무엇보다도 먼저 "신체적 자아이다."라고 말했다.

그러나 원초아의 욕동 에너지, 즉 리비도가 자기 신체를 향하고 있는 것만으로는 궁극적인 만족은 크지 못하다. 그래서 리비도는 차츰 자기 이외의 대상을 찾게 된다. 그러나 유아로서는 처음부터, 예를 들어 모친이 하나의 뭉뚱그린 대상이 될 수는 없다.

그것은 먼저 유방이고, 미소를 짓는 얼굴이고, 자기를 어르는 입이다. 즉, 그것이 처음에는 부분대상인 것이다. 게다가 그것은 단속적인 그때뿐인 관심이다. 이때의 자아의 기능은 아주 미숙하고 미분화인 상태이다.

이 같은 단편적인 대상관계가 지속적인 것이 되기 위해서는, 아마 1년 6개월쯤은 성장해야 할 것이다. 이 무렵에는 이미 모친이 모친으로서 하나의 대상이 되고 더구나 어떤 순간의 것이 아닌 지속적인 대상이 된다. 이 무렵의 대상관계에서 제1의 특징은 동일대상에 대해서는, 예를 들면 쾌락과 노여움, 애정과 증오라는 식으로 상반된 감정을 동시에 갖게 된다.

이런 경향은 양극성이라고도 일컫는 것인데, 사람의 일생을 통해서 인간 심리 속에 어느 정도 지속되는 감정적 경향인 것이고, 보통은 그 정도가 2세에서 5세 사이에 가장 높고 그 이후에는 감소된다. 그리고 청년기나 성인기에서는 그것이 훨씬 적어진다. 그러나 그러한 감소는 양극성의 그 어느 한 쪽이 표면에 떠오르고 다른 한 쪽이 그늘에 숨어 버리는 현상이므로 실질적인 감소는 아니다. 그것이 숨겨져 있는 반면에, 원칙으로서는 무의식 세계 속에 머물러 있는 것이다. 무의식 세계 속에 깊은 증오심을 숨겨두고 있으면서 의식 세계에서는 강한 애정을 느끼고 있는 인간관계는 가끔 문학의 테마로서도 나타나고 있다.

그렇다면 유아의 관심 대상은 무엇일까. 그것은 첫째로 원초아의 욕구를 만족시켜 주는 자기에게 가까운 사람으로는 자기의 양친이다. 그리고 그 양친에게 지속적인 관심을 보내는 중에 어느 덧 양친의 태도나 습성을 무의식중에 흉내 내게 된다. 그것은 양친의 태도나 습성을 받아들여서 그것에 동일한 과정을 하는 것이다.

예를 들어, 유아가 미소를 보내 주는 모친의 미소를 배우고 말을 걸어오는 모친으로부터 말을 배우는 것이 바로 그것이다. 프로이트에 따르면, 이 같은 과정은 극히 중요한 과정아어서 새로이 분화하는 자아는 이에 따라서 차츰 그 내용이 풍부하게 되어가는 것이라 한다. 이렇게 새로운 기능은 성숙해 간다. 이 같은 현상은 유아가 음식을 받아들이는 행동과 같은 것이다.

아기는 2년 6개월에서 3년 6개월쯤 자라면 자아의 기능이 가속적으로 발달하여 지각도 기여도 사고도 꽤 경험을 쌓게 되고, 제반 기능도 통합적으로 작용하게 되므로 이미 대상관계는 분명히 부분 대상이 아니게 된다. 달콤한 젖이 나오는 유방도, 방긋이 웃는 얼굴도, 나무랄 때에 볼기를 때리는 그 손과 소리도, 그것이 모두 각각 다른 사람의 것이 아니고 동일한 인물의 것으로 인정할 수 있게 되는 것이다. 즉, 원초아의 욕구를 만족시켜 주는 좋은 모친이나, 그것을 프로이트 심리학이 설명해 주는 것들 거부하는 나쁜 모친이 나를 외면하지 않고 그것을 모두 동일한 대상으로서 인정하게 된다. 그리고 이 시기의 아기의 자아가 체험하는 가장 중요한 것은 프로이트에 의하면 오이디푸스 콤플렉스이다(설영환, 1999: 283-285).

(3) 초자아

초자아(superego)도 자아처럼 의식, 전의식, 무의식으로 구성되어 있다. 초자아는 부모의 가치기준을 동화함으로써 자아에서 발달된다. 즉, 초자아는 주로 부모나 사회환경의 영향을 받아 인생 초반기에 오이디푸스나 엘렉트라 콤플렉스를 겪으면서 형성된 것이다.

초자아는 성격의 도덕적 · 사회적 · 판단적 측면을 나타낸다. 초자아는 쾌락이나 현실 원리보다는 도덕이나 완벽 원리에 의해 작동한다. 역시 초자아도 인간으로서 지켜야 할 외부적 요구와 원초아의 쾌락 추구 간에 갈등을 겪고 있다.

프로이트에 따르면, 원초아와 초자아가 가진 한 가지 공통점은 과거의 영향으로 인해 형성되었다. 즉, 원초아는 유전의 영향을 받았으며, 초자아는 의존적인 어린 시절에 부모나 의미 있는 다른 사람들에 의해 영향을 받아 형성되었다.

성격의 새 번째 주요 영역인 초자아는 인격 중의 도덕적 · 배심적 기능을 맡는다. 초자아는 현실보다는 이상세계를 대표하며, 현실적 성취나 쾌락보다는 완전함을 추구한다. 따라서, 초자아는 인간의 내적 도덕률이 된다.

초자아는 자아에서 발달되어 나오는 것인데, 이는 어린아이가 무엇이 선하고 덕이 있는 것이며, 무엇이 악하고 죄 짓는 것인가에 대한 부모의 판단기준을 답습하는 데에서 발달된다. 즉, 부모의 도덕적 권위를 닮음으로써 아이들은 부모들의 권위를 마음속으로 흡수하여 자기 것으로 삼게 된다.

이렇듯 부모의 권위를 내재화시키게 되면, 아이들은 자신의 욕망을 추구하는 행동도 제어하게 되고, 그 결과 부모 또는 내재화된 권위의 칭찬을 받고자 한다. 다시 말해서 아이들은 고통을 피하고 쾌락을 얻기 위해서 현실원리에 따라야 할 뿐 아니라, 부모들의 도덕적 규제에도 순종해야 한다는 것을 배우게 된다. 그런데 인간은 다른 동물과 달리, 부모에게 의존하는 기간이 길기 때문에 초자아의 형성이 용이해진다.

초자아는 두 개의 하위체계로 나뉘는데, 하나는 '자아이상(ego ideal)'이고, 다른 하나는 '양심(conscience)'이다. 자아이상은 부모들이 도덕적으로 선하다고 생각하는 일을 아이들이 깨닫게 해주는 역할을 한다. 부모들은 자녀들이 착한 일을 했을 때 일정한 상을 내려 줌으로써 도덕적 기준을 세워 주게 된다.

예를 들어, 아이들이 깔끔하고 예의바른 행동을 할 때마다 칭찬을 받았다면, 이러한 깔끔하고 예의바른 행동은 아이들의 이상 중의 하나가 될 것이다. 한편, 양심은 부모들이 도덕적으로 나쁘다고 생각하는 일에 대한 관념을 아이들에게 갖게끔 해주는 역할을 하며, 이러한 인식은 처벌의 경험을 통해서 생겨난다. 만일 어린이가 종종 옷을 더럽힌 데 대해 꾸중을 들었다면, 더러움은 어떤 나쁜 것으로 인식하게 된다. 자아이상과 양심은 같은 도덕률을 이루고 있는 동전의 양면 같은 관계이다.

부모들이 어린이의 초자아를 형성하기 위해 칭찬하거나 벌을 주는데, 과연 이러한 칭찬이니 벌이니 하는 것은 무엇을 의미할까? 이들은 물리적인 것(physical)과 심리적인 것(psychological)으로 나눌 수 있다. 물리적 칭찬은 어린이가 바라는 물건들로서, 예를 들어 과자, 장난감, 어머니, 아버지, 안아 주는 것, 달콤한 사탕 등이다. 물리적인 벌은 아이들의 몸에 고통을 가하는 것으로, 때린다든가 아이들이 갖고 싶어 하는 물건을 빼앗는다든가 하는 것 등이다. 주요한 심리적인 보상은 말이나 표정 등으로 보여 주는 인정이다.

어떤 행동을 인정한다는 것은 사랑한다는 것을 나타낸다. 이와 같은 맥락에서 사랑을 회수하는 것은 심리적인 처벌의 주요한 형태가 된다. 이러한 행위는 꾸짖음, 욕 또는 한심하다는 표정으로 쳐다보는 일 등으로 나타난다. 물론 물리적인 보상이나 처벌도 아이들에게는 사랑이나 사랑의 회수로 느껴지게 된다. 가령, 매를 맞은 아이는 신체적으로 아플 뿐 아니라, 벌을 준 부모가 자기를 버렸다고, 즉 사랑을 회수했다고 느낄 수도 있다. 그러나 사랑을 베푼다거나 회수한다거나 하는 것은, 애당초 아이들의 기본적인 욕구의 충족 또는 불만족과 관계가 있기 때문에 아이들에게 영향력을 행사하게 되는 것이다.

예컨대, 아이들이 어머니의 사랑을 바라는 이유는, 만일 사랑이 없어지면 오랫동안 밥도 안 주게 되어 불쾌한 긴장상태가 생긴다는 것을 알고 있기 때문이다. 마찬가지로 아이들이 아버지가 허락하지 않은 일을 하지 않으려고 하는 이유는, 만일 아버지가 화를 내면 그를 때려서 신체적인 고통을 주리라는 것을 경험을 통해 알고 있기 때문이다. 따라서, 보상이나 처벌은 그 원인이 무엇이든 간에 긴장상태를 만들어 내거나 제거해 주는 조건이 된다.

초자아가 부모가 했던 것과 같이 아이들을 다스리기 위해서는, 초자아 스스로가 갖는 도덕적 강제를 강화해야 한다. 부모들과 마찬가지로 초자아도 보상이나 처벌을 통해 강제력을 강화한다. 이러한 보상과 처벌은 자아에게 내려지는 것이다. 왜냐하면 자아는 인간의 행동을 제어하고 있으므로 도덕적 또는 비도덕적 행위에 대해 책임을 져야 되기 때문이다. 만일 어떤 행위가 초자아가 설정한 도덕적 기준에 부합된다면 자아는 상을 받게 된다.

그러나 초자아가 자아에게 상 또는 벌을 내릴 때 물리적인 행위로써 할 수는 없다. 자아는 다만 그렇게 한다는 생각만으로 상이나 벌을 받는 것이다. 초자아의 눈에는 사고와 행동이 같은 것으로 보인다. 이러한 점에서는 초자아는 원초아와 닮았다고 할 수 있다. 즉, 양자 모두 주관과 객관을 구분하지 않는 것이다.

이러한 사실은 매우 도덕적인 삶을 사는 사람이 그럼에도 불구하고, 끊임없는 양심의 매질에 고통스러워 할 수도 있다는 사실을 설명해 주고 있다. 초자아는 자아가 한 생각이 실제 행동에 옮겨지지 않더라도, 나쁜 생각을 한 그 자체만으로도 자아를 책망하게 된다.

초자아가 내리는 상벌은 어떤 것인가? 이들 또한 물리적인 것과 심리적인 것으로 구분된다. 가령 어떤 사람이 착한 일을 했을 때에는 "자, 너는 그동안 착한 일을 많이 했으니 네 마음대로 즐겨도 좋다. 즐겁게 지내도록 해라."하고 말할 것이다. 여기서 즐긴다는 것은 맛있는 음식, 장기간의 휴가 또는 성적 쾌락 등을 말한다. 예를 들어, 휴가는 보통 열심히 일한 사람에 대한 일종의 보상이라고 볼 수 있다.

도덕적 파괴자에 대해서 초자아는 "너는 그동안 나쁜 일을 많이 했으니 뭔가 네 신상에 안 좋은 일이 생김으로써 벌을 받을 것이다."라고 말한다. 이때의 안 좋은 일은 배탈이 나거나, 다치거나, 귀중품을 분실하거나 하는 것을 말한다. 프로이트는 바로 이러한 현상을 통찰하여, "사람이 마음속으로 나쁜 짓을 하게 되면, 병에 걸리고, 사고를 당하고, 재물을 손실 당한다."고 지적했다.

대개의 불상사는 적든 많든 간에 어떤 나쁜 짓을 한데서 오는 자책감에서도 그 원인을 찾아볼 수 있다. 예를 들어, 어떤 젊은이가 불륜의 성관계를 맺고 나서 자동차가 일부 부서지는 사고를 당했다면, 그는 자기도 모르게 양심의 가책을 느낄 것이고, 이것이 사고를 초래한 원인이 되고 있음을 알 수 있을 것이다. 물론 사람은 양심의 가책과 사고 사이의 상관관계를 전혀 의식하지 못하는 것이 보통이지만, 초자아가 내리는 심리적인 상벌은 자부심을 느끼거나 죄의식, 열등감 등을 느끼는 일로 나타난다.

자아가 착한 일을 하거나 착한 생각을 했을 때는 자부심으로 충만된 느낌을 갖게 되고, 어떤 유혹에 빠져 버렸을 때는 스스로를 부끄럽게 느끼게 된다. 이 경우 자부심(pride)은 '자기애(self-love)'와 같은 것이 되고, 죄의식이나 열등감(guilt or inferiority)은 '자기증오(self-hate)'와 같은 것이다. 물론 이들은 부모의 사랑이나 거부의 내적 표현이다.

초자아는 부모를 통해서 아이에게 전달되는 사회적 가치관, 도덕률의 표상이다. 따라서, 어린아이의 초자아는 부모의 행위를 닮는 것이 아니라, 부모의 초자아를 닮는 것이라고 보아야 한다. 어른들이 이런 말, 저런 행동을 하며 때론 위협도 하고 상을 주기도 하는 가운데, 이것이 무의식중에 어린아이의 윤리기준을 형성하는 계기가 된다는 것을 알아야 한다. 부모 외에 다른 사회적 인사들도 아이들의 초자아 형성에 영향을 준다. 선생님, 목사, 경찰관 등 아이들이 볼 때 권위적인 자리에 있는 사람들은, 부모와 같은 역할을 할 수도 있다. 아이들이 이러한 권위에 대해 어떤 태도를 취하는가는 대체로 어렸을 적에 부모와의 관계가 어떠했는가에 따라 결정된다.

그렇다면 초자아가 이루고자 하는 목적은 무엇일까?

사람들의 본능적 충동을 억제, 조절함으로써 사회적 안정을 해칠지도 모르는 행위를 예방하기 위함이다. 이러한 충동은 성적, 혹은 파괴적 충동을 지칭한다. 즉, 말을 안 듣고 반항적이거나 성에 대해 지나치게 밝히는 어린이는 나쁘고 비도덕적인 사람이라고 간주된다.

또한 어른도 성적으로 음란하거나, 상습적으로 법을 어기거나, 늘 파괴적이며 반사회적인 사람은 못된 놈이라고 낙인이 찍힌다. 초자아는 마음속에서 일어나는 무법행위와 무정부적인 생각 등에 굴레를 씌워서 사람들이 선량한 사회의 일원이 되도록 하는 것이다.

만일 원초아가 진화과정의 산물이고 인간의 생물학적인 유전의 심리적 표상이라 한다면, 자아는 객관적인 현실과 보다 높은 정신의 상호작용의 산물이라고 할 수 있고, 초자아는 문화적 전통의 계승을 통한 사회화 과정의 산물이라고 할 수 있다.

초자아의 역할

일단 초자아가 형성되고 나면, 그것이 심적 장치 속에서 어떠한 구실을 하게 되는가. 이것은 한 마디로 말하자면, 도덕상의 심판의 구실을 하는 것이다. 초자아는 이상적인 것의 대표인 것이다. 이 같은 초자아의 기능은 두 가지 면으로 나누어서 생각할 수가 있다. 그 하나는 양친이 자기들의 도덕적 기준에 맞는 행위를 자신이 하였을 때에 그것을 칭찬함으로써 그 아이의 마음속에 형성해 가는 도덕적 선의 관념이다. 그것으로서 아이는 무엇이 선인가를 알게 된다. 그리고 또 다른 하나는 도덕적 악의 관념이다. 이것은 아이가 양친에게 꾸지람을 받고 벌을 받는 체험을 되풀이하는 과정에서 형성되어 가는 면이다.

제1의 면은 이상화라 하며, 제2의 면은 양심이라고 일컫는다. 그러나 이 양자는 동일한 도덕의식의 안팎인 것이다. 그리고 이 양자를 합한 것이 초자아의 주된 기능이다. 이 기능은 이미 말한 바와 같이 양친을 받아들이고, 그것과 동일화해 가는 결과에서 얻어지는 것인데, 이때에 받아들임의 대상이 되고 동일화의 대상이 되는 아이의 양친은 현실 그대로의 양친이 아니고 이상화로 된 양친이다.

초자아의 기능은 그 형성의 과정에서 보더라도 분명히 유아시대의 정신생활과 밀접하게 관련되어 있다. 그리고 그것은 성인의 정신생활에 있어서는 보통 무의식중에 영위하도록 되어 있다. 그 무의식적 작용을 분석해 보면, 거기에는 몇 가지 특징이 있는데, 그 중요한 것을 들어보면 다음과 같다(설영환, 1999: 288-289).

첫째, 원초아에 대해서는 물론이지만 자아에 대해서도 그렇게 해서는 안 된다. 그런 짓을 하면 못 쓴다 따위의 금지명령을 하는 작용이다. 자아도 또한 원초아의 욕구에 대항하는 것이지만 그것은 욕구충족의 연기를 명령하는 것이지 초자아처럼 금지를 명령하는 것은 아니다. 그리고 또 이 기능을 뒤집은 기능으로서 완전을 목표로 노력하게 하는 기능도 초자아의 기능에 속한다.

둘째, 제2의 특징은 복수법적 기능이다. 즉, 윤리적, 도덕적으로 저지른 잘못이나 죄에 대해서 초자아가 주는 벌은 피해자가 받은 것과 동일한 것이어야만 한다고 무의식중에 그렇게 생각한 일이다. 이 복수법적 기능은 원시사회의 정의감의 특징이고, 어린이가 갖는 정의감의 본질이기도 하다.

셋째, 초자아의 기능이 갖는 제3의 특징은 그것이 행위와 원망을 구별하지 못하는 것이다. 즉, 초자아는 부도덕적 행위에 대해서 벌을 주려고 할 뿐만 아니라, 차츰 부도덕한 행위를 하려는 생각에 대해서도 그것을 금지하거나 벌을 주려고 하는 일이다. 게다가 초자아가 인정하지 않는 행위를 해버린 다음에 그 사람이 무의식 중에 자기징벌적인 실패를 저지르거나, 말을 잘못 내거나, 부상을 당하거나 하는 것도 초자아 기능의 영향이다.

넷째, 제4의 기능으로서는 초자아가 집단심리와도 깊은 관계가 있다. 프로이트에 따르면, 어떤 그룹이 결속하는 것은 그 그룹의 각 멤버가 지도자의 이념에 내재화하거나 그 지도자와 동일화하는 데 있다고 한다. 그 결과, 지도자의 초자아나 이미지는 그룹의 각 멤버의 초자아의 일부가 되고, 지도자의 의지, 명령, 교훈 등은 멤버의 도덕적 기준이 되는 것이다.

이와 같은 메커니즘은 종교적인 집단에도 존재할 것이다. 동일한 신앙의 깃발 아래 하나의 집단을 만들기 위해서는 초자아의 공통요소를 집단 멤버가 가질 필요가 있다.

이렇게 생각해 보면, 초자아란 아주 엄격한 도덕적인 심판관처럼 보이지만, 아이들이 초자아의 명령에 따라서 행동하기만 하면, 양친이나 사회에서 인정받고 꾸지람을 당하지 않아도 되며, 결국에는 자기도 고통을 피하는 결과가 된다. 그뿐 아니라, 초자아의 명령에 따라서 행동하기만 하면, 경우에 따라서는 자랑을 느끼는 감정마저 체득할 수 있는 것이다.

자랑이라는 감정은 어렸을 때에 양친으로부터 칭찬을 받을 때에 품게 되는 감정과 비슷하다. 따라서, 그것은 일종의 나르시시즘이라고 말할 수 있겠다. 거기에는 도덕적인 행위를 함으로써 자기 자신을 사랑한다는 메커니즘을 느끼는 것이다.

그러므로 프로이트도 말한 바와 같이 초자아는 죄를 느끼는 원천임과 동시에, 만족이나 기쁨을 느끼는 원천이기도 하다.

(4) 원초아, 자아, 초자아의 관계

우리 내면의 이 세 구조는 각각 고정되어 있는 것이 아니라, 어느 것이 강해지면 다른 것이 약해지는 관계에 있다. 어린애 같이 원하는 것은 즉시 가져야 하고, 현실도 도덕도 무시하는 사람이 있는가 하면, 현실논리만 따지는 지극히 이성적이고 계산적인 사람이 있다. 옳고 그름만 따지며 욕망도, 자기 이익도 초월한 사람이 있는데, 이는 각각 원초아, 자아, 초자아가 다른 구조에 비해 상대적으로 강한 경우가 된다. 원초아와 자아만 기능하고 초자아는 발달하지 않은 사람을 생각해 보면, 사기꾼, 조직폭력배 두목 같은 유능한 범죄자가 생각난다.

세 구조의 세력관계에는 발달적 변화도 있어서, 사춘기와 갱년기 같이 호르몬 변화가 클 때, 원초아 추동(욕동)이 강해지면서 자아와 초자아 기능이 일시적으로 교란, 약화되기도 한다. 훨씬 짧은 시간 범위에서 주기적이거나 일시적인 변화도 있다. 잠잘 때 자아의 기능이 약해져서 원초아적 일차과정이 우세해지는 것처럼, 술에 취하거나 몸이 아플 때 또는 외적 유혹(예: 밤에 도승의 암자에 찾아온 황진이)이 있을 때에도 평소의 세력균형이 일시적으로 흔들린다.

세 구조 중 대들보는 물론 '집행자' 자아이다. 자아는 우선, 원초아의 무차별적 요구를 상대하여 즉각적 긴장해소를 미루고 개체의 안전을 지켜야 한다. 원초아가 어린애처럼 막무가내로 보챈다면 초자아는 부모처럼, 흔히 실제의 부모보다 더 엄격하게 자아를 감시하고 옳고 그름을 따진다. 현실을 전혀 고려하지 않는 두 구조의 요구를 자아는 현실 속에서의 행위를 통해 충족시켜야 하는데, 현실세계는 현실세계대로 나름의 제약과 요구가 있다. 이를테면, 배가 고프다고 돈 없이 남의 물건을 가져가면 교도소가 기다리고 있고 부모가 쫓아낼지도 모른다.

원초아, 초자아, 현실의 요구를 감당하기 어려울 때, 자아는 불안으로 반응하는데, 위험의 출처에 따라 이를 각각 원초아 불안(신경증적 불안), 초자아 불안(죄책감), 현실불안(공포)이라고 부른다. 불안은 위험이 있으므로 대책을 찾아야 한다는 신호이다. 현실불안 또는 공포를 느낄 때 자아는 객관적 위험을 피하거나 공격할 가능성 등을 찾아내려 한다. 나머지 두 유형의 불안에는 대처하기가 힘들다. '위험' 이 무엇인지 보이지 않기 때문이다(한국심리학회, 2004: 426).

왜 어떤 사람은 유난히 초자아가 강하거나 혹할 정도로 엄격한 것일까? 왜 어떤 사람은 이성의 접근을 받아들이지 못하는 것일까? 이러한 물음은 '성격은 어떻게 발달하는가' 라는 물음이 된다.

그러나 원초아, 자아, 초자아의 삼자 간에 뚜렷한 경계선은 없다. 이들의 이름이 세 가지로 나뉘어져 있다고 해서 그들의 실체 또한 분리되어 존재한다고 생각하면 오해다. 이들의 이름은 그 자체만으로는 아무런 뜻도 없는 것이다. 그럼에도 불구하고, 이렇게 갈라놓은 것은 총체적 성격(total personality) 내에서 작용하는 서로 다른 정신과정, 기능, 메커니즘, 역동 등을 보다 쉽게 묘사하기 위한 방편에 불과한 것이다.

결론적으로 자아는 원초아에서 생겨났고, 초자아는 자아에서 생겨났다. 사람의 일생을 통해 이들은 서로 상호작용하면서 서로 뒤섞이기도 한다.

인간의 성격구조는 〈표 2-1〉과 같다.

〈표 2-1〉 인간의 성격구조

구 조	의식성	내용과 기능
원초아(Id)	무의식적	기본적인 충동(성과 공격), 결과와 관계없이 즉각적인 만족 추구, 이성과 논리는 통하지 않음. 즉각적 · 비합리적 · 충동적
자아(Ego)	현저하게 의식적	원초아의 충동과 초자아의 억제 사이를 중재하는 집행부, 현실을 검증, 공간과 시간을 합리적이고 논리적으로 고려함.
초자아 (Superego)	의식적 및 무의식적	이상과 도덕, 완전 추구, 부모로부터 내면화됨. 관찰한다 · 지시한다 · 비평한다 · 금한다. 만족에 대한 한계를 지움. 개인의 양심이 됨.

3) 방어기제

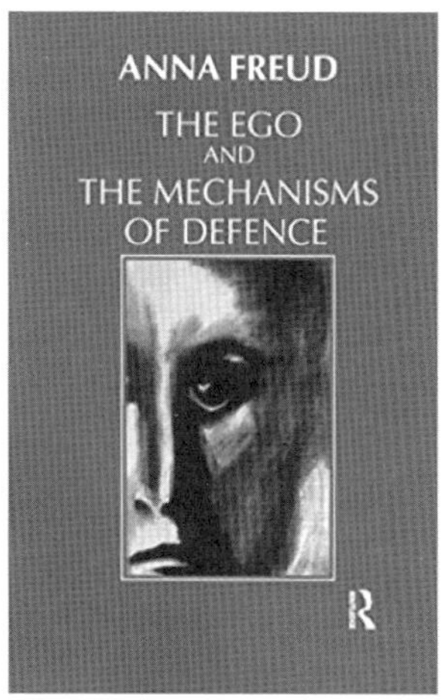

『자아와 방어기제』
(1992년 출판)

방어기제(defense mechanism)는 적응기제에 포함되는 심리기제인 바, 적응기제에는 방어기제, 도피기제, 공격기제 등이 있다. 프로이트가 밝힌 자아방어는 유기체가 그 나름대로의 심리적 평형을 이루려는 노력의 결과로 나타나므로 그 자체는 부적응적이거나 이상행동이 아니지만, 각각의 기제가 과도하게 이용되는 경우, 부적응 내지는 신경증으로 발전할 수 있는 것으로 보인다. 방어기제에 대한 개념은 프로이트가 먼저 제시했지만, 그의 막내딸인 아나 프로이트의 저서 『자아와 방어기제(*The Ego and the Mechanisms of Defense*, 1936)』를 통해 보다 구체적으로 체계화하였다. 방어기제를 사용함으로써 자신을 보호하고 그들이 속한 사회와 조화를 이루며 살아갈 수도 있는 반면, 오히려 정신건강을 더욱 해치고 사회 부적응적인 양상으로 나타나는 등의 부정적인 결과를 초래할 수도 있다(손병덕 외, 2019: 47).

방어기제는 위협적 충동이나 외부의 위협을 직시하기보다 불안을 처리하여 자아를 보호하고 마음의 평정을 회복시키려는 무의식적인 심리적 책략들이다. 원초아의 욕구와 초자아 요구, 그리고 이들과 자아의 충돌인 갈등은 신경증의 원인이 된다. 방어기제는 이러한 갈등 처리를 위한 자아의 중재로 서로 조금씩 양보하게 하여 욕구충족을 얻고 마음의 평정을 되찾게 된다. 이 과정에서 원초아의 욕구와 초자아의 요구 사이에 '절충형성(Compromise Formation)'이 일어난다. 이 절충형성의 결과가 행동으로 나타난 것이 증상(symptom)이고, 어떤 방어기제들을 주로 쓰는가가 성격특성으로 나타난다. 방어기제는 정신병리적 상태뿐만 아니라, 정상상태에서도 흔히 사용된다. 이는 개인의 발달수준과 불안의 정도에 따라 보통 두 가지의 특성을 갖는다. 하나는 현실을 거부하거나 왜곡하는 것이고, 다른 하나는 무의식 수준에서 작용하는 것이다. 정신분석 치료과정에는 성격 재구성, 즉 방어기제들의 재배치 또는 재조정 작업이 포함된다(강진령, 2013a: 40).

다양한 방어기제들 중 대표적인 유형 아홉 가지는 다음과 같다.

(1) 부정

부정(denial)은 엄연히 존재하는 현실 혹은 사실을 받아들이는 것을 거부함으로써, 그를 인정함에서 오는 불쾌감이나 불안을 피하고

자 하는 방어기제로, 다른 모든 방어기제들의 기저에 깔려 있는 정신기제이기도 하다. 부정은 특히 자신의 좋지 않은 습관을 받아들이지 않기 위해 많이 사용하는데, 대표적인 예가 알코올 중독자들이 자신은 중독된 것이 아니라, 사회생활을 위해 적당히 마시는 것이라고 하는 것이다.

또 다른 예로, 가까운 사람의 죽음을 받아들이는 것이 너무 고통스러워 그 사람은 잠시 여행을 간 것이라고 믿어 버림으로써 그 사실을 인정하지 않는 것이다. 하지만 부정된 기억과 감정은 잠깐의 안정감은 줄 수 있어도 결국은 다시금 문제가 된다.

(2) 억압

억압(repression)은 불안을 야기시키는 생각이나 충동, 공포, 소원 등을 의식세계로부터 배제시키고자 하는 심리기제이다. 이러한 것들에 대해 더 이상 의식하지 않게 되면 불안은 감소되거나 해소되는 것이다. 프로이트는 이것이 불안을 감소시키는 데 사용되는 가장 기본적인 기제로 보았다. 그는 그 예로서, 모든 소년소녀들은 오이디푸스 콤플렉스(Oedipus complex)에 의해 생기는 불안을 억압을 통해 해소시키는 것으로 보았다.

그러나 억압된 내용들은 소멸되어 버리는 것이 아니라, 어떤 상황하에서는 다시 의식의 세계로 항시 되돌아올 수 있는 소지를 지니고 있다. 억압된 내용이나 재료는 실언이나 꿈, 그 밖의 어떤 예외적 행동으로 나타나기도 한다. 엄밀히 말한다면, 실언은 실언이 아닌 것이며, 그가 억압한 것(의식적이든 무의식적이든)의 내용인 것이다. 억압은 다시 두 가지로 구분하여 살펴볼 수 있다. 즉, 원초적 억압은 현실에서 의식화된 적이 없는 요소에 대한 억압(예, 근친상간 같은 것)이고, 실제적 억압은 현존하는 것이며, 의식되는 위험한 충동을 억제하는 일을 말한다.

(3) 합리화

합리화(rationalization)는 받아들일 수 없는 태도나 행동 혹은 믿음 등을 정당화하기 위하여 합리적인 설명을 하거나, 이치에 닿는 이유를 대는 심리기제이다. 즉, 현실을 왜곡하여 자존심을 보호하는 행동기제로써, 현실적 · 사회적으로 용납되지 않는 동기를 용납되는 동기로 바꾸는 것이다.

구체적으로 '남이 하면 스캔들, 내가 하면 로맨스, 흔히 내로남불', '남이 받으면 뇌물, 내가 받으면 떡값', '실력 없는 목수 연장 탓 한다' 등이 이에 해당된다. 이런 예도 있다. 자신은 그 과목에 대해 열심히 공부했는데, 담당교수가 괴팍하여 중요하지 않은 문제만 골라서 출제했으므로 성적이 나쁘게 나왔다거나, 의과대학시험에 낙방한 학생이 "사실 나는 의사가 되고 싶지 않은데, 부모의 강압적 태도 때문에 응시를 했고, 다행히 떨어져서 내 적성에 맞는 학과에 진학하게 됐다."고 스스로 위안하는 행위 등이 그것이다. 볼이 아웃되었을 때, 자신도 모르는 사이에 공연히 테니스 라켓 줄을 바로잡는 일은 흔히 보는 합리화의 예이다.

(4) 투사

투사(projection)는 자신이 스스로 받아들일 수 없는 충동이나 태도 등을 무의식적으로 타인이나 환경의 탓으로 돌리는 행동기제로써 자신의 결점을 다른 사람이나 사물에 전가시켜 비난하여 자신의 결함이나 약점 때문에 갖게 되는 위험이나 불안으로부터 자아를 보호한다. 즉, 사회적으로 용납되지 않는 충동이나 생각들을 무의식적으로 남에게 전가시킴으로써 불안을 감소시키는 행위이다. 자신은 거의 의식하지 못하는 것이지만, 실제로는 자신에게 있는 강한 충동을 다른 사람에게서 발견하거나, 다른 사람이 가지고 있는 것으로 간주하여 그를 비난하는 행위이다.

예를 들어, 춤바람이 나서 도망간 여자를 맹렬히 비난하는 여자는 실상 자기의 부도덕한 성 충동을 투사하고 있는 것일 수도 있는 것이다. 길거리를 지나면서 자신을 쳐다보는 남자들이 자신을 유혹하고 있다고 믿는 경우, 역시 자신의 충동을 그들에게 투사하는 것일 수 있다. 자기가 화가 나 있는 것은 의식하지 못하고 상대방이 자신에게 화를 냈다고 생각하는 것이나, 누군가를 살해한 범인이 실은 상대가 자기를 해칠 것 같은 느낌이 들었다고 하는 경우를 말한다.

이 투사의 정도가 심하고 오래 지속되면 인간관계는 비뚤어지고 사람들과의 관계는 더 멀어지는 악순환이 계속된다. 투사를 하면 할수록 사람들은 못 미더워 보이고, 그들을 의심하게 되며, 적대시하게 되고, 더 나아가서 피해망상에 이르게도 된다. 이는 망상형(과대망상이나 피해망상, 관계망상 등) 조현병 환자에게서 흔히 발견되는 대표적 증세이기도 하다. 과잉보호하는 본부인의 경우, 좋아하는 여성을 괴롭히는 경우 등이 있다.

(5) 반동형성

불안을 야기하는 충동에 대한 의식에서의 반동형성(reaction formation)은 억압과 마찬가지로 충동을 의식에서 추방하지만, 방법적으로는 무의식 속의 용납할 수 없는 충동을 반대의 감정으로 대치시켜 표현한다. 즉, 바람직하지 못하다고 생각되는 생각, 소원, 충동 등을 정반대의 것으로 표현하는 경우로 위협적인 충동에 대처하기 위해 적극적으로 그런 충동에 반대되는 행동을 하는 것이다. 불안을 피하고자 하는 목적 때문에 겉으로 드러나는 태도나 언행이 자연스럽지 못하고 상당히 융통성이 없이 표현되는 특성도 보인다. 그 예로는, "미운 놈 떡 하나 더 준다."는 속담과 같이 사랑을 미움으로 표현하는 경우, 부인에 대해 성난 감정을 무의식적으로 억압하는 남편이 애정이 각별한 것처럼 행동하는 경우를 들 수 있다. 현실적으로 적응에 문제를 일으키지 않는 한 불안을 막는 유용한 방어기제로 사용된다.

(6) 전치

전치(displacement)는 어떤 대상이나 사물에 향했던 본능적이고 충동적 감정을 덜 위험하거나, 편안한 대상이나 사물로 향하게 하여 긴장을 완화시키는 방어기제이다.

예를 들어, 자식이 없는 부부가 강아지나 고양이 같은 애완동물을 귀여워하는 것, 아버지에게 혼이 난 아이가 마당의 개를 발로 차 버림으로써 화를 푸는 것, 젖꼭지를 빨고자 하는 욕구가 차단될 경우에 그와 유사한 손가락을 빠는 경우, 아버지로부터 꾸중을 들은 아이가 동생에게 화풀이를 하는 경우, 남편에 대한 공격 대신 그릇 닦는 소리를 요란하게 내고 깨버리기도 하는 행위 등이 있다. 그러나 본래의 대상과 유사한 것이라도 원래의 대상이 주는 만족보다는 못하기 때문에 긴장이 완전히 해소되지는 않는다.

(7) 퇴행

퇴행(regression)은 현실이 감당하기에 지나치게 어려울 경우, 초기의 어느 발달단계로 되돌아가서 위안을 받고자 하는 심리기제를 말한다(Freud, 1943). 동생의 출현으로 엄마의 애정을 상실한 것으로 여기는 아동은 갑자기 말을 더듬거나, 배변을 아무렇게나 하거나, 자기도 동생처럼 기어다니는 행동을 보이기도 한다. 성인이 되어서의 퇴행은 비교적 충족이 잘되었던 심리성적 발달단계로 돌아간다. 항상 자신만만하던 회사 간부가 해결불능의 사태를 맞아 지나치게 의존적이거나, 수수방관하는 태도를 보일 수 있는 것이다.

부부싸움 후에 여자가 아이들을 데리고 친정으로 가는 이유는, 갈 만한 장소가 친정 외에는 별로 없다는 이유 이외에도, 결혼을 하지 않은 처녀의 상태로 잠시 퇴행함으로써 심리적 위안을 받을 수 있기 때문이다.

(8) 보상

보상(compensation)은 자신이 약점이라고 느끼는 면을 다른 통로로 채움으로써 자존감을 유지하고자 하는 방어기제이다. 신체적으로 열등감이 있는 아이들이 공부를 잘해서 칭찬을 받음으로써 그 열등감을 간접적으로 보상받는 것이 한 예가 될 수 있으며, 부모가 자녀를 통해 자신의 못다 이룬 꿈을 보상받으려고 하는 경우도 있다. 우리 속담에 "작은 고추가 더 맵다."는 표현도 보상의 한 측면을 잘 보여 주는 것이다. 이와 비슷한 표현으로 "키 작은 사람이 머리가 좋다."는 것도 전혀 과학적이지 않다. 과거 가부장적인 사회에서 남아선호사상이 심할 때, 첫째 아이가 여자로 태어나면 의례히 '첫딸은 살림밑천'이라고 변명하였다. 또한 불효자가 부모님이 돌아가신 뒤 죄책감을 보상받기 위해 주변의 어르신들에게 잘하는 것도 보상의 한 형태이다.

(9) 승화

승화(sublimation)는 사회적으로 인정되지 못하는 욕구나 충동을 사회가 인정해 주는 방향으로 표출하는 행위를 일컫는다(Freud, 1943).

승화는 본능욕구나 참아내기 어려운 충동의 에너지를 사회적으로 인정받는 형태의 다른 목표나 욕구를 충족시킴으로써 만족을 얻는 대체형 기제다. 가장 건강한 방어기제로, 원초아의 욕구를 거부하지 않고, 자아의 억압이 없으며, 충동의 에너지가 그대로 사회적으로 쓸모 있게 전용된다. 이는 마치 댐을 건설하여 홍수를 막을 뿐 아니라, 수력발전으로 이용하는 것과 같다. 공격행동을 권투로 분출하거나 성적 욕구를 음악, 미술, 무용 등의 예술 활동과 같은 대체 목표를 추구하여 만족을 얻는 것이 그 예다(강진령, 2013a: 42). 또한 공격성의 발휘를 권투로 해소한다든가, 성적 리비도를 그림이나 예술행위로 격상시키는 행위 등이 이에 속한다. 프로이트에 따르면, 조각은 항문애적 리비도(배변 보유)가 승화된 것이며, 그 밖에 문학, 예술 등은 대부분 원욕이 승화된 현상이다.

4) 불안

홀(Hall, 2021: 61)은 "불안(anxiety)은 정신분석이론에서 가장 중요한 개념 가운데 하나이다."라고 주장한다. 홀에 따르면, 불안은 인성의 발달에 중요한 역할을 담당한다. 또한 성격(인성, personality)이 기능하는 역학에도 중요한 작용을 한다.

프로이트의 신경증이론과 정신병이론에서도 불안은 중요한 의미를 가지고 있으며, 정신병리학적 상태를 치료하는 데도 큰 역할을 한다. 정상적인 성격의 기능 속에서 불안이 어떤 작용을 하는지에 대해서만 살펴보면 다음과 같다(Hall, 2021: 61-63).

불안은 신체의 내부기관에서 발생한 통분이 야기시키는 고통스러운 정서적 경험이다. 이러한 흥분은 내적 자극 또는 외적 자극으로 인해 발생하며 자율신경계의 지배를 받는다. 예를 들어, 사람들은 위험한 경우에 처하게 되면 심장이 빠르게 뛰고 숨이 가빠지며, 입안이 바싹 마르고 손바닥에 땀이 난다.

불안은 다른 고통스러운 상태, 즉 긴장(tension), 통증(painful), 우울(melancholy) 등과는 다르다. 불안은 어떤 특별한 의식의 상태이기 때문이다. 정확하게 무엇이 이러한 의식의 상태, 즉 불안을 결정하는지는 알려져 있지 않다. 프로이트는 그것이 내장의 흥분 자체가 눈에 띠게 모습을 드러낸 것일지도 모른다고 생각했다. 어쨌든 불안은 사람들이 주관적으로 구별할 수 있는 의식의 상태이다.

사람들은 통증 · 의기소침 · 우울의 기분이라든가 허기 · 갈증 · 성욕, 그리고 기타 신체적 욕구에서 오는 긴장의 기분과 불안의 기분을 구별하는 것이다. 또한 무의식적인 고통이 없는 것과 마찬가지로 무의식적인 불안도 절대 있을 수 없다. 불안의 원인을 의식하지 못하는 수는 있어도 불안의 느낌을 의식하지 못하는 법은 없는 것이다. 경험할 수 없는 불안이란 존재하지 않는다.

불안은 공포감(the emotion of fear)과 동의어이다. 프로이트는 '공포(fear)'라는 용어보다는 '불안(anxiety)'이라는 용어를 사용했는데, 그 이유는, 공포는 일반적으로 외부세계에 있는 어떤 것을 두려워하는 감정으로 생각되기 때문이다. 프로이트는 외부의 위험과 마찬가지로 내적인 위험도 두려워할 수 있음을 알아냈다. 그는 불안을 세 가지 유형, 즉 현실적 또는 객관적 불안, 신경성 불안, 그리고 도덕적 불안 등으로 구별하였다.

이러한 세 가지 유형의 불안은 서로 질적인 면에서는 전혀 차이가 없다. 세 가지 모두 불쾌함(unpleasant)이라는 단 한 가지 성질을 지니고 있는 것이며, 다만 그 근원이 서로 다를 뿐이다. 현실적 불안에서는 위험의 근원이 외부세계에 있다. 사람들은 독이 있는 뱀, 총을 가진 사람, 제멋대로 움직이는 자동차 따위를 두려워한다. 신경성 불안에서는 이드의 본능적 대상 선택에서 위협을 느낀다.

사람들은 통제를 벗어나 충동에 휩싸이는 것을 두려워한다. 이러한 충동은 자신을 해치는 행동이나 생각을 취하기 때문이다. 도덕적 불안에서는 초자아의 체계를 구성하는 양심의 위협이 불안의 근원이 된다. 사람들은 양심이 가하는 처벌을 두려워한다. 양심은 자아이상의 표준에 어긋나는 일을 하거나 생각할 경우, 처벌을 내리기 때문이다. 즉, 자아가 경험하는 불안의 세 유형은 외부세계에 대한 공포, 이드에 대한 공포, 그리고 초자아에 대한 공포이다.

세 가지 유형의 불안은, 구별한다고 해서 불안을 경험하고 있는 사람이 그 불안의 실질적인 근원을 의식한다는 뜻은 아니다. 실제로는 충동의 위험이나 초자아의 위협 때문에 두려워하고 있으면서, 자기 자신을 외부세계의 어떤 것을 두려워한다고 생각하기도 한다.

예를 들어, 날카로운 칼을 두려워하는 사람을 생각해보자. 그는 실제로는 자신이 칼을 들고 있을 때, 누군가를 해치거나 공격하게 되지는 않을까 하고 겁을 내면서도 자기 자신은 그 날카로운 칼이 본래 위험하기 때문에 두려워하는 것이라고 생각할는지도 모른다. 또 어떤 사람은 높은 장소란 객관적으로 볼 때 위험하기 때문에 높은 곳에 있기를 두려워한다고 생각한다. 그러나 사실은 자기의 양심이 그가 높은 곳에 있을 때 기회를 포착하여 자신에게 벌을 주지 않을까 두려워하는 것이다.

양심은 그가 저지른 죄의 대가로 그를 높은 곳에서 떨어지게 함으로써 벌을 줄지도 모르기 때문이다. 불안의 상태는 한 가지 이상의 근원을 가지기도 한다. 신경성 불안과 객관적 불안, 도덕적 불안과 객관적 불안, 신경성 불안과 도덕적 불안, 이런 식으로 결합되기도 하는 것이다. 때로는 세 가지 모두 결합될 수도 있다.

불안의 유일한 기능은 자아에게 위험신호를 보내는 것이다. 양심에 위험신호가 오면 자아는 그 위험을 처리하는 방도를 찾게 된다. 불안은 고통스럽기 때문에 사람들은 불안이 제거되기를 바란다. 그러나 불안은 상당히 필요한 기능을 수행하기도 한다.

사람들에게 내적 위험과 외적 위험이 있다는 경고를 하기 때문이다. 경고를 받으면 사람들은 그 위험을 제거하거나 모면하기 위해 어떻게든 할 것이다. 반대로, 위험이 제거되지 못하면 불안은 계속 쌓여 결국 사람들을 압도해 버릴 것이다. 그렇게 되면 사람들은 신경쇠약에 걸린다.

불안의 세 가지 유형은 다음과 같다(Hall, 2021: 63-69).

(1) 현실적 불안

현실적 불안(realty anxiety)은 외부세계의 위험을 지각함으로써 야기되는 고통스러운 정서적 경험이다. 위험이란 그 사람을 해칠는지도 모르는 어떤 환경조건이다. 위험을 지각하고 불안을 일으키는 것은 어떤 점에서는 선천적이라고 할 수 있다.

사람들은 특정 대상이나 환경적 조건이 있으면 두려워하는 성향을 타고나기 때문이다. 또 불안은 사람들이 살아가는 동안 획득되어지기도 한다. 예를 들어, 어둠에 대한 공포는 선천적이라고 할 수 있는데, 그것은 불을 만드는 방법을 몰랐던 과거 인류의 세대들은 야간에 끊임없이 위험에 빠졌었기 때문이다. 또한 어둠에 대한 공포가 학습되어질 수도 있는데, 그것은 주간보다는 야간에 공포스러운 경험을 하기가 쉽기 때문이다. 어쩌면 유전과 경험이 어둠에 대한 공포를 함께 만들어냈을 수도 있다. 유전은 공포에 민감하게 만들고 경험은 그 민감성을 현실로 바꿔놓는다.

어떤 경우에든 공포는 유아기와 소년기에 보다 쉽게 배우게 된다. 이 시기는 유기체로서 완전히 성숙되지 못하여 외부의 위험에 대처할 힘이 없는 것이다. 이런 유기체는 흔히 공포에 압도당해 버린다. 아직 자아가 지나친 자극을 통해(속박, bind)할 수 있으리만큼 발달하지 못했기 때문이다. 불안에 압도당한 경험을 '충격적(traumatic)'이라고 한다. 그것은 사람들을 위축시켜 무력한 유아기적 상태로 몰아넣기 때문이다. 모든 충격적 경험의 전형이 '출생충격(birth trauma)'이다. 새로 태어나는 갓난아기는 과도한 자극의 폭탄 세례를 받는데, 태아로서 보호받고 있을 때에는 이러한 자극에 대한 대비가 없었던 것이다. 유아기 동안 어린아이는 자신이 대처할 수 없는 수많은 상황에 직면하게 되며, 이 충격적 경험을 근간으로 하여 공포의 전 조직망을 발달시키게 된다.

그리하여 성년이 된 후, 자신을 무력한 유아기적 상태로 몰아넣는 위협적인 상황이 발생하면 불안의 신호를 보내기 시작하는 것이다. 공포는 모두 무력한 어린 시절의 경험과 관계를 맺고 있으며, 또 거기서 파생되어 나오는 것이다. 그렇기 때문에 어린아이를 충격적인 경험으로부터 보호하는 일이 대단히 중요하다.

그러나 우리는 불안의 경보가 울릴 때 효과적으로 대처하는 방법을 배울 수 있고 또 배운다. 위험으로부터 달아나거나 위험을 없애는 길을 모색한다. 또한 위험을 예상하는 능력, 위험이 충격적이 되기 전에 제거하는 방도를 취하는 능력을 획득한다. 이 능력은 자주 미약한 우려감까지도 위험신호로서 감지할 수 있다. 물론 그 위험은 제거되지 않을 경우, 더욱 위험하게 될 것이다. 사람들은 최초의 미약한 우려감을 바탕으로 하여 자신들의 행동을 끊임없이 규제하고 있다. 예를 들어, 어떤 사람이 차를 운전하고 있을 때, 그는 가능한 사고에 조심하도록 경고하는 정도가 약한 우려감을 계속 경험하고 있다.

위험을 막기 위해 아무것도 할 수 없을 때는 불안이 고조되어 사람들을 절망시키거나 허탈하게 만든다. 심지어 공포는 사람을 죽게까지 한다. 자아는 불안을 다른 방법으로 다룬다.

(2) 신경성 불안

신경성 불안(neurotic anxiety)은 본능으로부터 위험을 지각할 때 발생한다. 신경성 불안은 자아의 반집중이 충동적인 행동을 감행하려는 본능적 대상집중(instinctual object-cathexes)을 막아내지 못한 경우에 발생할 수 있는 사태를 두려워하는 것이다.

신경성 불안은 세 가지의 형태로 나타난다.

첫째, 부동적(free-floating) 형태의 우려로서, 다소 적절한 환경이 조성되면 쉽게 그 환경에 빠져든다. 이 종류의 불안은 어떤 무시무시한 일이 일어나지나 않을까 항상 걱정하고 있는 신경증적인 사람의 특징이다. 그런 사람을 가리켜 자기 그림자도 겁내는 사람이라고 말하는 편이 나을 것이다. 실제로 그가 겁내고 있는 것은 끊임없이 자아에게 압력을 가하고 있는 이드가 자아의 통제력을 빼앗고 자아를 무력한 상태로 몰아넣는 사태이다.

둘째, 신경성 불안은 긴장(tension), 비합리적인 공포(irrational fear)이다. 이것을 '공포증(phobia)'이라고 부른다. 공포증의 특징은 그 사람이 두려워하고 있는 대상이 가져오는 사실상의 위험과는 전혀 상관없이 강렬한 공포를 느낀다는 점이다. 그런 사람은 나방이나 생쥐, 높은 곳, 군중, 광장, 단추, 고무, 길을 건너는 것, 여러 사람 앞에서 이야기하는 것, 물 또는 전구 따위를 죽을 정도로 무서워한다. 이것은 여태까지 보고된 많은 공포증 가운데 몇 가지만을 열거한데 불과하다. 어떤 경우에든 공포는 비합리적이다. 불안의 원칙이 외부세계보다 이드 속에 있기 때문이다.

공포증의 대상은 본능을 충족시키려는 유혹을 나타내거나, 어떤 점에서는 본능적인 대상의 선택과 관련되어 있다. 모든 신경성 불안의 배후에는 사람들이 두려워하는 대상을 욕구하는 원시적인 이드의 소망이 도사리고 있다. 신경성 불안을 가진 사람은 자신이 무서워하는 대상을 욕구한다. 또는 공포를 주는 대상을 연상시키는 것, 또는 상징하는 것을 욕구하고 있다. 예를 들어,

> 젊은 여인이 고무로 만든 물건을 만지기를 극도로 두려워한다고 하자. 그녀는 자신이 왜 그렇게 무서워하는지 몰랐다. 분석의 결과, 다음과 같은 사실이 밝혀졌다. 그녀가 어린 소녀였을 때, 아버지가 고무풍선 두 개를 집으로 가져왔는데, 하나는 그녀에게 주고 또 하나는 여동생에게 주었다. 그녀는 홧김에 동생의 고무풍선을 터뜨렸고, 그 때문에 아버지로부터 호된 벌을 받았다. 게다가 자기의 고무풍선을 동생에게 주어야 했다. 분석을 계속한 결과, 그녀는 동생을 대단히 질투하고 있었다는 사실이 드러났다. 동생이 죽어 버렸으면 하고 남몰래 바랐을 정도였다. 아버지의 사랑을 독차지할 수 있을 테니까. 동생의 고무풍선을 터뜨린 사건은 동생에 대한 파괴적 행동을 의미하는 것이다. 이에 따른 처벌과 스스로 느끼는 죄책감은 고무풍선과 결부되었다. 그 결과 그녀는 고무를 만질 때마다 동생을 파멸시키고 싶어 했던 예전의 공포가 되살아나 그녀를 움츠러들게 만든 것이다.

공포증은 또한 도덕적 불안에 의해 더욱 심해지기도 하는데, 욕구하면서도 두려워하는 대상이 초자아의 이상과 어긋날 때 이런 일이 일어난다. 이러한 방식으로 설명할 수 있는 강한 공포는 수없이 많다. 예를 들어,

> 어떤 여자가 불합리할 정도로 강간을 두려워하는 경우, 그녀

는 실제로 성적인 공격을 당해 봤으면 하고 바라는데, 그녀의 초자아가 그것을 거역하기 때문에 두려워하는 것이다. 그녀는 진정으로 강간을 두려워하는 것이 아니라, 사실은 강간당하기를 바라고 있다. 이러한 욕구를 방해하는 자신의 양심을 두려워하고 있는 것이다. 원초아는 "나는 그것을 원한다."고 말한다. 초자아는 "얼마나 무서운 일인가." 하고 말한다. 그리고 자아는 "나는 두려워한다."고 말하게 되는 것이다.

셋째, 발작적인 반응(panic or near-panic reaction)에서 찾아볼 수 있다. 이러한 반응은 어떤 명백한 도화선도 없이 별안간 일어난다. 가끔 사람들은 갑자기 난폭해져서 아무런 상관도 없는 사람들을 대량으로 사살한 살인자에 대한 기사를 읽는다. 그리고 자기가 왜 그런 짓을 했는지 살인자 자신도 설명하지 못한다. 그가 알고 있는 사실은 너무나 화가 치밀고 긴장된 나머지 자신이 폭발해 버리기 전에 무슨 일이든 할 수밖에 없었다는 것뿐이다. 이와 같은 발작적인 반응은 방출행동, 즉 자아와 초자아가 금지하는데도 불구하고, 원초아가 요구하는 일을 저지름으로써 극도로 고통스러운 신경성 불안을 제거하려는 행동을 말해 주는 사례이다.

발작적인 행동은 극단적인 반응형태이지만, 대개의 경우는 보다 덜 격렬한 형태로 나타난다. 사람들은 자신의 평소 행동과는 다른 일을 할 때마다 이와 같은 반응을 보인다. 특히, 욕설을 퍼붓는다거나, 상점에서 별로 가치도 없는 물건을 슬쩍 훔친다거나, 아니면 누군가를 모욕하는 발언을 한다거나 하는 식으로 반응을 보인다. 이러한 경우 그 사람은 자신의 충동대로 행동하고 있다고 할 수 있다. 자신의 충동대로 행동하는 것은 원초아가 자아에게 가하는 압력을 완화시키는 것이므로, 신경성 불안을 감소시킬 수 있다.

말할 필요도 없이, 그 충동적인 행동이 주변으로부터 위협적인 반응을 불러일으킬 때는 대개의 경우가 그러하다. 현실적인 불안이 증가하는 결과를 초래한다. 어린아이는 충동에 따라 행동하면 계속 벌을 받는다. 그럼으로써 자신의 충동을 통제하도록 배우는 것이다. 어렸을 때, 이 통제력을 습득하지 못한 채 충동적인 사람으로 성장할 경우, 사회는 그런 사람을 다루기 위해 합법적인 법령을 준비해 두고 있다. 그렇다고 해도 신경성 불안의 압력을 받으면 준법적인 시민조차도 법을 어기게 된다는 것은 이미 잘 알려진 사실이다. 그들의 통제력이 무너지고 충동이 행동으로 튀어나오는 것이다. 자제력이 강한 사람은 충동적인 행동과 감정적인 격분을 후회하는 것이 보통이지만, 그래도 폭발로부터 구제되었다는 느낌도 없지 않을 것이다.

신경성 불안은 사람들이 자신의 본능을 두려워하게 되려면 먼저 외부의 위험과 본능적 욕구를 관련시켜야 한다는 점에서 현실적 불안에 바탕을 둔다고 하겠다. 본능의 해소가 처벌을 야기시키지 않는 한, 사람들은 본능의 대상집중을 두려워할 이유가 전혀 없는 것이다. 그러나 충동적 행동이 그 사람을 곤경에 빠뜨린다면, 대개의 경우는 그러하다. 그는 본능이 얼마나 위험한 것인지 알게 된다. 뺨을 맞는다든지 엉덩이를 맞는 일, 또는 어떤 다른 형태의 처벌로 인해 어린아이는 충동적인 본능의 충족이 불쾌한 상태를 가져온다는 사실을 알게 된다. 충동적 행동을 한다고 해서 벌을 받을 때, 그 어린아이는 신경성 불안을 느끼게 된다.

신경성 불안은 객관적인 불안에 비해 훨씬 많은 부담을 자아에게 줄 수 있다. 우리는 나이가 들면서 외부의 위험을 다스리거나 피하는 방법을 발달시킨다. 또 어린 시절에도 언제나 위험한 대상이나 위험한 상황에서 도망칠 수 있다. 그러나 신경성 불안은 자기 자신의 인성을 구성하는 요소이기 때문에 그것을 다루기가 훨씬 힘들고, 또 그로부터 도망치기가 거의 불가능한 것이다. 성격의 발달은 대부분 자아가 신경성 불안과 도덕적 불안을 다루는 적응양식과 작용 방법에 따라 결정된다. 공포에 대항하여 싸우는 것은 심리적 성장에 있어 결정적인 사건 가운데 하나이며, 그로 말미암은 결과는 사람들의 성격을 최종적으로 결정하는 데 크게 영향을 미친다.

우리는 신경성 불안이 신경증적인 사람들의 전유물이 아니라는 사실을 주지해야 할 것이다. 정상적인 사람도 신경성 불안을 경험한다. 그러나 그것이 신경증적인 사람과 같은 정도로 생활을 지배하지는 않는 것이다. 결국 신경증적인 사람과 정상적인 사람의 차이는 정도 문제이며, 이들을 나누는 경계선은 명확하지 못하다고 볼 수 있다.

(3) 도덕적 불안

도덕적 불안(moral anxiety)은 자아가 죄책감, 또는 수치감(feelins of guilt or shame)을 경험하는 것으로 양심으로부터 위험을 지각함으로써 발생한다. 부모의 권위가 내면화된 대행자로서의 양심은 자아이상(ego-ideal)에 어긋나는 일을 하거나 생각할 때에는 처벌하겠다고 위협한다. 자아이상은 부모가 인성 속에 심어준 것으로 완전을 추구하는 목표를 가지고 있다. 도덕적 불안이 파생되어 나오는 본래의 공포는 객관적 공포이다. 그것은 벌을 주는 부모를 두려워하는 공포이다.

신경성 불안의 경우와 마찬가지로 도덕적 불안의 원천도 성격의 구조 속에 자리 잡고 있으며, 역시 신경성 불안처럼 죄책감에서 달아나려고 해도 빠져나갈 수가 없다. 이 갈등(conflict)은 순전히 '심리내적(intra-psychic)'인 것이다. 즉, 그것은 구조적인 갈등이며, 단 한 가지 역사적인 의미에서 볼 때, 도덕적 불안은 부모를 두려워하는 객관적 불안이 자라서 형성된 것이라는 점을 제외하면 불안을 느끼는 당사자와 세상 사이에 어떤 관계가 있든지 알 바 아니다.

도덕적 불안은 신경성 불안과 밀접한 관계가 있다. 초자아의 주된 적은 원초아의 원시적인 대상 선택이기 때문이다. 이런 밀접한 관계는 성적 충동과 공격적인 충동이 발현되지 않도록 다스리는 부모의 훈련에 크게 기인하고 있다. 그 결과, 부모의 권위가 내면화된 양심은 관능과 방종을 금지한다.

덕이 높은 사람은 그렇지 않은 사람보다 더 많은 수치감을 경험한다는 사실은 인생의 아이러니 가운데 하나이다. 단순히 나쁜 일을 하려는 생각만으로도 덕이 높은 사람은 부끄러워하는 것이다. 자제력이 강한 사람은 본능적 유혹에 대한 생각을 많이 하기 마련이다. 그 이유는 자신의 본능적인 충동을 발산시킬 수 있는 다른 출구를 모르기 때문이다. 보다 덕이 낮은 사람은 그다지 초자아가 강하지 않으므로 그는 도덕률에서 벗어난 일을 생각하거나 실행할 때, 비교적 양심의 가책을 적게 느낀다. 죄책감은 이상주의적인 사람이 본능을 포기할 때 치러야 하는 일종의 대가이다.

우리는 불안이 자아가 위험에 처했을 때, 그 자아에게 보내는 경고임을 살펴보았다. 객관적 불안에서는 이 경고에 주의하지 않을 경우, 해로운 일이 발생한다. 신체적 상해나 고통을 당하거나 물질적 결핍과 박탈을 경험한다. 경고에 주의를 기울임으로써 사람들은 해를 면할 수 있을 것이다. 신경성 불안과 도덕적 불안에서는 위험이 외부세계에 있는 것이 아니며, 사람들이 두려워하고 있는 일이 어떤 고통스러운 신체적 상해나 물질적인 결핍이 아니다. 그렇다면 그는 무엇을 두려워하고 있는가? 공포 그 자체를 두려워하고 있다. 이것은 그 사람에게 직접 고통을 주는 죄책감의 경우에서 매우 확실히 알 수 있다. 죄책감은 너무나 참기 어려운 감정이기 때문에, 사실상 죄책감을 느끼는 사람은 자신의 죄를 속죄하고 구원을 받기 위해 외부의 원천으로부터 처벌이 내릴 일을 저지르게 된다.

죄책감 때문에 범죄를 저지르는 사람들이 있다는 것은 잘 알려진 사실이다. 그들은 체포되어 처벌받기를 원하기 때문에 쉽게 체포된다. 마찬가지로 신경성 불안이 압박을 증대시키면 어떤 사람들은 이성을 잃고 대단히 충동적인 일을 저지르게 된다. 충동적 행동이 가져오는 결과가 불안 그 자체보다 덜 고통스럽다고 여겨지는 것이다. 신경성 불안과 도덕적 불안은 자아에게 위험이 임박했음을 알리는 신호일 뿐 아니라, 그 자체가 위험이 되기도 한다.

4. 심리성적 발달단계

프로이트는 1905년 그의 저서 『성욕에 관한 세 편의 에세이(*Three essays on the theory of sexuality*)』에서 심리성적 발달단계(psychosexual development)를 제안했는데, 이는 발달심리학에서 최초의 발달단계이론 중 하나이다. 심리성적 발달단계는 인간의 발달이 성 에너지의 집중 부위를 중심으로 단계별로 이루어진다는 이론이다. 즉, 프로이트에 따르면, 인간의 성격이 심리성적 발달단계에 따라 형성된다.

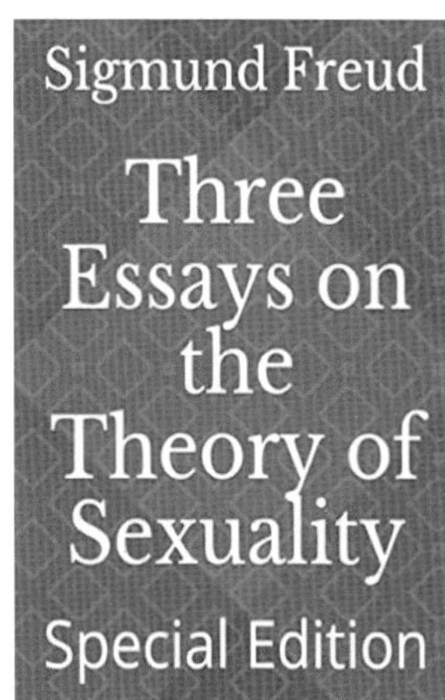

『성욕에 관한 세 편의 에세이』
(2021년 출판)

프로이트는 성격이 심리성적 발달단계

(psychosexual development)에 따라 형성된다고 보았다. 심리성적 단계의 주요한 특징은 정신에너지인 리비도가 신체 부위의 어디에 집중되느냐에 따라 다섯 단계로 구분된다. 이러한 다섯 단계는 구강기, 항문기, 남근기, 잠복기, 생식기이다. 인간이 출생하여 이러한 다섯 단계에 따라 성격을 형성하지만, 때로 어떤 사람은 지나친 좌절 또는 만족 때문에 심리성적 발달단계의 어떤 단계에 머물러 있는 경우가 있다. 이렇게 리비도가 신체의 다른 부위로 이동하지 않는 것을 '고착(fixation)'이라고 한다(노안영 · 강영신, 2011: 76). 여기서는 프로이트가 제안한 심리성적 발달단계의 주요한 특징을 살펴보고자 한다.

1) 구강기

구강기(oral stage)는 태어나서부터 18개월까지를 말한다. 처음 태어난 유아는 입 주변에서 만족감을 느끼는 구강기의 상태이다. 인간이 처음 태어났을 때, 입 주변의 활동이 많은 것은 사실이다. 신생아의 젖 찾기 반사나 빨기 반사는 이들이 이 시기에 보이는 대표적인 반사행동인데, 영양분의 공급이라는 점에서 빠는 것은 물론 매우 중요한 행위이다. 이때 영아는 리비도가 입에 집중되어 있어 입으로 빨고, 삼키고, 깨무는 행위를 통해 쾌감을 느낀다. 이때의 영아는 배가 고프지 않아도 손에 잡히는 모든 것을 입에 넣고 빤다. 보통 영아는 6개월이 되기 전까지는, 대상부재(objectless)의 상태로 자신의 욕구를 만족시켜 주는 사람이 자신과 분리된 다른 사람이라는 생각을 하지 못한다. 즉, 욕구가 만족되지 못하면 두려워 울지만 그러한 욕구를 만족시켜 주는 사람이 바로 자신이라고 생각한다. 그러나 6개월이 지나면서 영아는 자신과 분리된 타인, 즉 어머니의 존재를 느끼고 자신의 욕구를 채워 주는 대상으로 어머니가 존재한다는 것을 인지한다. 이때부터는 어머니가 보이지 않으면 불안해지면서, 어머니에 대한 욕구불만을 가지는 따위의 최초 '양가감정(ambivalence)'을 느낀다. 즉, 어머니에게 애정과 동시에 적대적인 태도를 갖는다는 것이다. 이 시기에 고착된 성인이 심리적 갈등에 처하면 퇴행하여 음식에 집착하거나, 연필과 같은 사물을 물어뜯거나, 구강기적 쾌감을 위해 흡연이나 음주에 몰두하는 행동을 보인다.

프로이트(Freud, 1920)는 "만약 유아가 표현할 수만 있다면, 엄마의 젖을 빠는 행위가 인생에서 가장 중요한 것이라고 말할 것임에 의심의 여지가 없다."라고 했다. 그러나 프로이트는 여기서 더 나아가 빠는 행위 자체가 쾌감도 준다고 보았다. 프로이트는 이러한 쾌감을 자애적(auto-erotic) 쾌감이라 했는데, 아기가 자기 손을 빠는 것을 통해, 즉 자신의 몸을 통해 만족을 얻는 것이 그 예이다(Freud, 2021). 이러한 의미에서 구강기의 상태는 나르시시즘(narcissism) 상태라고 묘사되기도 한다(Crain, 2010).

유아는 구강기의 상태이므로 이들이 구강 만족을 제공하는 대상자에게 애착이 되는 것은 당연할지도 모른다. 보통 생애 초기의 구강 만족을 제공하는 대상자는 엄마이고, 따라서 아이는 자연스럽게 엄마에게 애착하게 된다. 프로이트(Freud, 1933, 1964)에 따르면, 사랑이란 영양공급의 욕구를 만족시키는 애착관계에서 형성된다.

프로이트에 따르면, 우리는 심리성적 발달단계를 거치며, 특정 단계에 '고착(fixation)'될 수 있다. 고착이란 특정 발달단계에서 과다한 만족이나 과다한 좌절을 경험했을 때 생기는 현상으로(Fenichel, 1945), 현재 무슨 단계에 있든지 상관없이 특정 단계의 문제점이나 쾌락에 계속 집착하는 상태를 말한다. 만약 구강기에 고착된다면 우리는 계속 음식에 집착하거나, 사물이나 손톱 등을 물어뜯거나, 빠는 행위를 반복적으로 보이며, 이로 인한 만족을 느낀다. 이들은 구강성교에서 쾌감을 느끼기도 하며, 흡연이나 음주에 몰두하게 된다고 보았다(Freud, 2021 ; Crain, 2010). 정신분석학자들은 일반적으로 과다한 만족보다는 심각한 좌절이 강한 고착증세를 낳는다고 본다(참고로, 프로이트 자신 역시 지독한 골초였다).

이러한 고착증상은 개인이 스트레스를 겪을 때 특히 두드러지는데, 심한 스트레스를 받으면 어린 시절의 특정 발달단계의 행동이나 특징이 발견되기 때문이다. 프로이트는 이를 '퇴행(regression)'이라고 했는데, 현재의 좌절이 크고 고착의 강도가 클수록 퇴행 경향이 더 강하게 나타난다고 보았다(Freud, 2020). 예를 들어, 스트레스를 받은 성인이 갑자기 손톱을 물어뜯는 행동을 강하게 보인다면, 프로이트의 관점으로는 그가 구강기에 고착되어 퇴행행동을 보이는 것으로 해석된다.

2) 항문기

항문기(anal stage)는 생후 18개월에서 3년까지를 말한다. 2~3세의 유아는 항문 주위가 성적 관심의 초점이 되는 항문기로 들어가게 된다. 아동이 괄약근을 조절할 수 있을 만큼 성숙하면, 이들은 배설을 참아 내다 최후의 순간에 배에 힘을 주면서 배설물을 쏟아 내는 방출의 쾌감을 높이는 행동에 몰두하며, 또 그러한 배설물에 자주 흥미를 느껴 가지고 놀거나 만지는 것을 즐긴다(Freud, 1913, 1959). 문제는 이 행동이 부모들에게는 용납되지 않는다는 것인데, 따라서 대부분의 부모들은 이 시기 아동들이 준비가 되자마자 배변훈련(toilet training)을 시키기 시작한다. 이런 배변훈련이 지나치게 엄격할 경우, 영아는 배변을 참게 되고 이러한 행동이 일반화되면 항문적 보유(anal-retentive) 성격이 되어 지나치게 인색하고 완고한 성격의 소유자가 될 수 있다고 한다.

그러나 배설행동을 두고 부모와 갈등을 겪으면서 부모에 대한 애증, 즉 양가감정을 갖게 되기도 한다. 배변훈련에 따른 칭찬과 처벌은 영아의 성격 형성에 큰 영향을 미친다. 배변훈련을 둘러싼 부모와 영아 간의 갈등은 다음과 같은 상황에서 유발되거나 한층 더 심각해질 수 있다(김춘경 외, 2016: 77-78).

① 배뇨 · 배변에 관여하는 척추신경은 보통 생후 1년 반에 발달이 완료되는데, 간혹 이러한 신경조직 발달이 채 완성되지 않은 상태의 아동에게 부모가 무리하게 대소변을 가리라고 요구할 때
② 영아가 바지를 벗고 입을 능력이 생기기 전에, 또는 화장실 · 변기 등이 어디에 있는지 알지 못하는 경우에 부모가 무리하게 대소변 가리기를 요구할 때
③ 대소변을 싼다고 부모가 벌주거나 야단칠 때
④ 혼자서 화장실 가는 것을 겁내거나 양변기 속이나 재래식 화장실 안에 자기가 통째로 빠져 버리지 않을까 하고 겁내는 것은, 이 시기 영아들에게서 일반적으로 나타나는 현상인데도 이를 이해하지 못하는 부모가 계속 배변 가리기를 요구할 때

항문기에 고착된 성격은 두 가지로 나타난다. 첫째, 항문기의 폭발적 성격으로 물건을 낭비하고 자신을 지저분하게 함으로써 반항하는 것이다. 둘째, 부모가 정한 규율에 지나치게 동조하여 발달된 성격인 항문기의 강박적 성격으로 깨끗하고 질서정연하며 정돈하고 싶은 욕구에 집착한다. 이 시기에 고착된 사람은 반동형성의 방어기제를 많이 사용하여 배변훈련을 시키는 부모와 권위적 인물에게

분노를 느끼지만 분노 대신에 철저한 복종을 표현한다.

정신분석가들에 따르면, 이러한 부모의 행동은 항문기와 관련된 특징적 성격 유형을 만드는 데 중요한 역할을 한다. 어떤 아동들은 매우 지저분하게 함으로써 부모의 행동에 반항하는데, 이러한 항문기 폭발적(anal expulsive) 성격은 성인이 되어서 나타나기도 한다(Hall, 1954). 어떤 아동들은 부모로부터 거부당할까 두려워 오히려 지나치게 청결한 행동을 보이기도 하는데(Freud, 1959), 이러한 항문기 강박적(anal compulsive) 성격을 발전시킨 경우는 분노를 공개적으로 표현하지 못하지만, 소극적이며 매우 완곡한 성격을 발전시킨다(Crain, 2010). 매우 검소하고 인색한 사람이 이 예에 해당된다.

그러므로 이 시기에 배변훈련이 적절하게 이루어지면 자율적이고 창조적인 성격이 형성되어 긍지감이 높고, 독립적이며, 수치심이 없고, 자기주장을 하는 원만한 성격이 된다. 그러나 배변훈련을 너무 빨리 시작하거나 지나치게 엄격하면 오히려 완고하고, 완벽을 추구하며, 고집스럽고, 때로는 지나친 순종을 보이는 등 항문고착형 성격을 갖게 된다.

3) 남근기

남근기(phallic stage)는 3~6세까지를 말한다. 남아의 경우에는 오이디푸스 콤플렉스를 갖는 시기(Oedipus Complex)라 하고, 여아의 경우에는 엘렉트라 콤플렉스(Electra complex)를 갖는 시기인데, 프로이트는 이 시기를 주로 오이디푸스 콤플렉스로 설명하였다. 이 시기는 리비도가 아동의 성기에 집중되어 자신의 성기를 남의 것과 비교하고 싶어 하고 남녀의 성기가 서로 다른 것에 많은 호기심을 갖는다.

이 시기에 남아는 갑자기 어머니에게 달려들어 키스하고, 함께 자려는 행동을 보이고, 커서 어머니와 결혼할 것이라고 이야기하지만, 이미 어머니가 아버지와 결혼하였다는 사실을 알고 실망한다. 어머니에 대한 애정을 구하는 경쟁자로서 아버지는 너무 크고 결국 아버지로부터 보복을 당할지 모른다는 '거세불안(Castration Anxiety)'을 느낀다. 특히, 여아들은 이미 거세당해 남성의 성기가 없다고 생각하면서 더 불안을 느끼고, 결국 어머니에 대한 근친상간적 욕구를 포기하면서 아버지를 동일시한다. 여아의 경우, 남아와 비교하여 자신에게 남성의 성기가 없음을 알게 되며, '남근 선망(penis envy)'을 가지게 되고, 이런 실망을 아버지에게서 보상받고자 아버지와 결혼하고자 하지만, 그것이 현실적으로 불가능하다는 것을 알면서 아버지에 대한 근친상간적 욕구를 포기한다. 프로이트는 남아의 경우, 거세불안 때문에 근친상간적 욕구를 포기하지만, 여아의 경우 포기 이유가 뚜렷하지 않아 남성이 여성보다 초자아가 더 많이 발달되었다고 주장하여, 최근 여권주의자들로부터 강한 비판을 받고 있다.

프로이트의 심리성적 발달단계 중 가장 유명한 단계이자 가장 논란이 큰 단계는 남근기일 것이다. 기본적으로 프로이트는 남아를 중심으로 발달단계를 논의했기 때문에 대부분의 남근기에 대한 이야기는 남자아이의 이야기가 된다. 프로이트에 따르면 약 3~6세 사이의 남자아이들은 '너무나 쉽게 흥분하고 변화무쌍하며, 감각으로 충만한(Freud, 2018)' 자신의 성기에 대한 높은 관심을 보인다. 이 시기 아동들은 곧잘 자신의 성기를 만지고, 타인과 비교하며, 여자들의 성기를 보려고 한다. 그리고 남성으로서 자신의 역할을 상상하기 시작하며, 고정관념적인 공격적이고 영웅적인 모습을 상상하곤 한다(Crain, 2010).

이들이 영웅으로서의 자신을 상상하는 환상에 빠져 이를 실험해 보려고 하는 첫 대상은 엄마이다. 그러나 이들은 엄마와 어떠한 성적인 유희도 실행할 수가 없는데, 그 대표적인 이유는 엄마의 옆에는 아버지라는, 매우 강력한 경쟁상대이자 원하는 것을 무엇이나 다 할 수 있는 존재가 있기 때문이다(Crain, 2010). 프로이트에 따르면, 이 시기 남아에게 아버지는 경쟁자이며, 이로 인해 아버지에 대한 강한 질투와 증오를 발달시키지만, 그에 대한 경쟁심을 표현할 수는 없다(Freud, 1959). 첫 번째 이유는, 아버지에 대해 질투를 느끼지만 그들은 여전히 아버지를 사랑하고 필요로 한다. 두 번째의 보다 근본적인 이유는, 이들이 거세 위협(castration anxiety)을 느끼기 때문이다. 실제 프로이트가 살던 시대에는 남아들이 자위를 하면 공공연히 거세의 위협을 주곤 했다. 따라서, 남근기의 남아들은 자신의 용납될 수 없는 감정을 아버지가 알게 된다면 자신의 성기를 거세시키는 처벌을 가할지도 모른다는 잠재적 공포를 느끼게 된다. 프로이트는 이러한 복합적 감정을 자기도 모르는 사이에 아버지를 살해하고 어머니와 결혼한 그리스 신화의 오이디푸스의 이야기를 따서 '오이디푸스 콤플렉스(Oedipus complex)'라고 불렀다(Crain, 2010).

오이디푸스 콤플렉스

프로이트는 여아에게도 오이디푸스 콤플렉스가 있다고 생각했다. 하지만 그는 "여아는 알지 못하는 어떤 이유 때문에 훨씬 애매하고 불완전하다."라고 밝힌다(Freud, 1959). 여아의 경우, 이 시기 자신에게 음경이 없다는 사실에 분노하며, 자신을 불완전하게 만든 엄마에게 비난의 화살을 돌린다(Freud, 1961). 이러한 현상은 남근 선망(penis envy), 즉 남근을 갖고 싶어 하는 욕망이라 일컫는다(Crain, 2010).

여아들은 남근 선망을 아버지에 대한 사랑을 통해 해결하려 하지만 역시 아버지 곁에는 어머니가 있으며, 남아와 마찬가지로 이들 역시 어머니에 대한 경쟁심을 보이게 된다. 프로이트는 이러한 상태를 '엘렉트라 콤플렉스(Electra complex)'라고 불렀다(Freud, 2014).

문제는 이러한 콤플렉스를 해결하려는 동기가 여아에게는 약하다는 것이다. 여아는 거세될 남근이 없고, 따라서 거세 불안도 느낄 수가 없다.

이들도 부모의 거부를 두려워하여 결국 초자아를 형성하지만 거세 불안이 없는 만큼 여성은 더 약한 초자아를 형성할 수밖에 없다(Crain, 2010). 이러한 관점에서 보면 여성은 도덕성을 남성보다 덜 발달시키며, 도덕적 논리가 아닌 정서에 의해 보다 좌우되는 존재라는 결론에 이르게 된다(Freud, 1961).

이 시기에 고착된 사람은 남성의 경우 대부분 경솔하며 과장되고 야심적이며 항상 남자다움을 나타내려고 노력한다.

또한 여성의 경우에는 난잡하고 유혹적이며 경박한 기질을 갖거나 아니면 강하게 자기주장을 하여 남성을 능가하고자 하는 노력을 한다고 프로이트는 보았다.

4) 잠복기

잠복기(latency period)는 6세부터 사춘기 이전의 12~13세까지를 말한다. 이때는 성적이나 공격적인 환상들이 대부분 드러나지 않는 잠복기 상태에 들어간다.

프로이트는 이 시기의 억압은 매우 전반적이어서 남근기뿐 아니라, 구강기나 항문기의 요소까지도 모두 억압된다고 보았다(Freud, 2021).

이제 이들은 위험스런 충동에 방황하지 않고 비교적 평온하게 자신이 원하는 스포츠 활동이나 지적 활동 등 사회적으로 용인되는 일에 에너지를 쏟는다(Crain, 2010).

이때는 아동의 성적 · 공격적 환상들이 무의식 속에 잠복하여 리비도가 특정 신체부위에 집중되지 않는다.

이때의 에너지는 신체의 발육과 성장, 지적 활동, 친구와의 우정 따위에 집중되어 성적 관심은 줄어들며, 따라서 원초아보다 자아와 초자아가 강해진다.

그러나 잠복기에 고착되면 성인이 되어서도 이성에 대한 정상적 관심을 발달시키지 못하고 동성 간의 우정에 집착할 수 있다.

이에 따라, 성적 에너지도 특별히 한정된 곳이 없으며, 성적인 욕구가 억압되어 심리적으로 비교적 평온하고 잠잠하다. 그러나 아무런 변화가 없다는 뜻은 아니며, 성적으로 잠시 침체된 시기이다. 그러나 이 시기에 좌절을 경험하게 되면, 열등감이 형성되고 소극적이며 회피적인 성격특성을 나타낼 수 있다.

이 시기를 무난히 넘기면 학업이나 활동에 있어서 성취감을 느끼고 대인관계도 원만해져 자신감과 적응능력이 높아진다. 그러나 이전 발달단계의 과제가 미해결상태로 남아 성적 · 공격적 충동이 잘 제어되지 못한다면, 학업에 지장을 받게 되고, 누적된 학업 실패는 열등감을 유발한다. 또한 두려운 나머지 내면의 충동을 과도하게 제어하다 보면, 오히려 성격발달을 정체시키게 되고, 외현상 조숙한 듯 보이지만 실제로는 심각한 강박적 성격으로 발전할 가능성이 높다.

5) 생식기

사춘기가 시작되어 이성에 대한 관심이 생기면서 생식기(genital stage)가 시작된다. 이 시기에는 호르몬과 생리적 요인들로 인해 그동안 억압되었던 성적 감정들이 크게 강화되어 성적 에너지가 성인과 마찬가지로 직접적으로 표현된다.

이때 다시 오이디푸스 감정이 의식 속으로 올라와 청소년들은 부모 앞에서 불안하고 오히려 떨어져 있어야 편안한 안정감을 느낀다.

사춘기가 시작되면 성적 에너지가 다시 분출하는데, 남근기와 다른 점은 이들은 그러한 감정들을 현실에서 수행해 볼 만큼 성장했다는 점이다(Freud, 2020).

이들은 이제 부모로부터 독립하여 성적 파트너를 발견하려 하며, 아버지와의 경쟁심 역시 버리고 아버지의 지배로부터 자유로워지고 싶어한다. 이러한 특징들이 두드러지게 표현되는 시기가 바로 청소년기이다.

프로이트에 따르면, 사춘기 이후 중요한 과제는 '부모로부터 자유로워지는 독립'이라고 하면서 이러한 독립이 오랫동안 부모에게 의존하여 오던 상태에서 쉽게 이루어지지 않고 독립이 매우 고통스럽게 받아들여질 수 있다고 하였다.

정신분석이론에서는 생식기적 성격을 가장 이상적인 성격 유형으로 보고 이런 성격의 사람은 일하고 사랑할 수 있는 능력을 갖추어 사회적 · 성적 인간관계가 원만하며 책임감이 잘 발달되어 이성과의 사랑이 만족스럽다고 하였다.

사실 생식기에 대한 프로이트의 언급은 그다지 많지 않다. 청소년기에 대해서는 오히려 프로이트의 딸인 아나 프로이트가 아버지보다 더 자세히 언급하고 있다.

그녀는 청소년기의 방황과 혼란을 프로이트의 오이디푸스적 감정의 부활을 통해 설명하려 했다. 그리고 이 시기 청소년들의 행동이 정상적이며, 자신이 독립하고자 하는 정신분석학적 이유에서 비롯된다고 보았다.

청소년기에 대한 아나 프로이트의 언급은 그녀와 같이 정신분석학을 통해 교류했던 에릭슨(Erik Erikson)의 청소년기 자아정체감 이론을 만드는 데 중요한 공헌을 했다.

심리성적 발달단계의 주요 내용은 〈표 6-1〉과 같다.

〈표 6-1〉 심리성적 발달단계의 주요 내용

단계	연령	성감대	주요 발달과제
구강기	출생 ~1세	**입, 입술, 혀** 긴장과 만족의 주요 부위가 입, 입술, 혀에 집중되어 있으며, 깨물고 빠는 활동이 주가 된다.	이유
항문기	2~3세	**항문** 항문과 인접 부위가 관심의 중요 영역으로 수의적인 괄약근의 조절을 획득하게 된다	배변훈련
남근기	3~6세	**생식기** 주된 관심과 자극이 성기에 집중되며, 남근이 남녀의 주요 관심 장기가 된다. 자위행위가 흔히 일어나고, 거세 공포에 대한 강렬한 집착이 보인다. 여아에서 남근 선망이 관찰된다. 아이는 반대 성의 부모와 결혼하기를 원하며, 동시에 동성의 부모가 제거되기를 바란다.	오이디푸스 콤플렉스 동성 부모와의 동일시
잠복기	6~12, 13세	**특정 부위 없이 성적 에너지는 잠재되어 있음.** 오이디푸스 콤플렉스가 해결되면서 성적인 관심이 상대적으로 잠잠해지는 시기이다. 성욕은 더욱 사회적이고 적절한 목적(예, 학업이나 운동 등)으로 변환된다. 초자아가 형성되어 도덕적이고 윤리적인 발달이 일어나게 된다.	자아방어 기제의 발달
생식기	13~18세	**생식기** 프로이트의 심리성적 발달의 마지막 단계이며, 사춘기가 시작되고 오르가슴에 도달할 수 있는 능력은 있지만, 실제적인 친밀감을 가지기까지는 시간이 더 필요하다.	성적 친밀감의 성숙

자료: 유성이(2017: 41).

심리성적 발달단계와 에릭슨의 심리사회적 발달단계의 비교는 다음과 같다(Corey, 2020).

〈표 6-2〉 심리성적 발달단계와 에릭슨의 심리사회적 발달단계의 비교

인생주기	프로이트	에릭슨
생애 첫 1년	**구강기** 어머니의 젖을 빠는 것은 음식과 쾌락에 대한 필요를 충족시킨다. 신생아들은 기본적인 양육을 얻을 필요가 있고, 이후 탐욕과 욕심에 대한 감정이 발달될 수도 있다. 구강기 고착은 신생아기의 구강 만족감의 여로 인해 나타난다. 이후 나타날 수 있는 성격 문제는 타인에 대한 불산 타인에 대한 거잘 사랑 또는 친밀한 관계를 형성할 수 없거나, 이에 대한 두려움을 가지는 것으로 나타나게 된다.	**유아기 : 기본적 신뢰 대 불신** 만일 중요한 타인이 기본적인 신체적 및 감정적 필요를 제공한다면, 유아는 신뢰감을 발달시킨다. 만일 기본적인 필요가 충족되지 않으면 세상, 특히 대인관계에서 불신의 태도가 나타나게 된다.
1~3세	**항문기** 항문 부위가 성격 형성을 위한 중요한 정보의 원천이 된다. 주요 발달과업은 독립심을 배우고 개인의 능력을 수용하고, 분노와 공격성 과 같은 부정적인 감정들을 표현하는 것을 배우는 것이다. 부모의 훈육양식과 태도가 아동의 이후 성격 발달에 중요한 영향을 미친다.	**초기아동기 : 자율성 대 수치심과 의심** 자율성을 발달시키는 시기이다. 기본적인 경쟁은 자기의존과 자기 의심 간에 이루어진다. 아동은 탐색하고, 실험하고, 실수를 범하고, 한계를 실험해야 할 필요가 있다. 만일 부모가 의존성을 조장한다면, 아동의 자율성은 억제되고 성공적으로 세상을 다루는 능력은 방해를 받는다.
3~6세	**남근기** 기본 갈등은 무의식적인 근친 간 욕망에 의해 시작된다. 이는 아이들이	**취학 전 연령 : 주도성 대 죄의식** 기본 과업은 역능감과 주도성을 성취하는 것이다.

3~6세	이성 부모에 대해 발달시키는 것으로서. 그 위협적인 본질 때문에 의식에서는 억압된다. 오이디푸스 콤플렉스가 진행되는 것으로 알려져 있는 남성 남근기는 어머니가 남아에게 사랑의 대상이 된다. 엘렉트라 콤플렉스로 알려진 여성 남근기는 여아가 아버지의 사랑과 인정을 얻으려고 노력하는 것이 포함된다. 부모들이 유아의 성 성향에 언어적으로나 비언어적으로 어떻게 반응하는지는 유아가 발달시키는 성적 태도와 감정에 영향을 미친다.	만일 유아에게 개인적으로 의미 있는 활동을 선택할 수 있는 자유가 주어진다면, 스스로에 대한 긍정적인 관점을 발달시키고 자신의 프로젝트를 완수하는 경향이 있다. 만일 스스로 결정을 내리는 것이 허용되지 않는다면, 주도성을 얻기보다 죄의식을 발달시키는 경향이 있다. 그러면 적극적인 입장을 취하는 것을 삼가게 되고, 다른 사람들이 대신 선택하도록 만든다.
6~12세	**잠복기** 이전 시기에서 성적 충동에 의한 고통을 겪은 후여서 상대적으로 잠잠한 시기이다. 성적인 흥미는 학교에서의 흥미, 놀이 친구, 스포츠, 다양한 새로운 활동들로 대체된다. 아이들이 외부에 눈을 돌리면서 다른 사람들과 관계를 형성하는 사회화의 시기이기도 하다.	**학령기: 근면성 대 열등감** 아동은 세상에 대한 이해를 확대시키고 적절한 성 역할 정체성을 계속 발달시키며, 학업에서 성공하기 위해서 필요한 기본 기술들을 배우기 시작할 때이다. 기본적인 과업은 근면성을 얻는 것으로, 이는 개인적인 목표를 설정하고 이루어감을 통해 얻는다. 이에 실패하면 무능감을 경험한다.
12~18세	**생식기** 남근의 오래된 주제가 다시 나타난다. 이 단계는 사춘기와 함께 시작되고, 노년이 시작될 때까지 지속된다. 사회의 규제와 금기가 있음에도 불구하고, 청소년들은 교우관계를 형성하는 것과 같은 사회적으로 허용될 만한 다양한 활동이나 예술 혹은 스포츠 · 장래 직업 준비에 참여함으로써 성적 에너지를 다룰 수 있다.	**청소년기 : 정체성 대 역할 혼미** 아동에서 성인이 되는 과도기이다.의존적 연대를 깨뜨림으로써 자신의 한계를 시험해보기도 하며, 새로운 정체성을 형성하는 시기이다. 주요 갈등은 자아 정체성, 삶의 목표와 의미를 명확히 해가는 가운데 생겨날 수 있다. 정체성을 확립하지 못하면, 역할 혼미를 경험하게 된다.

18~35세	**생식기가 계속된다.** 성숙한 성인의 핵심적 특징은 자유롭게 '사랑하고 일하는 것' 에 있다. 이와 같은 성인으로 향해 가는 과정은 부모의 영향으로부터의 벗어나 자유롭게 된다는 것과, 다른 사람을 돌볼 수 있는 능력을 지닌다는 것을 의미한다.	**초기 성인기 : 친밀감 대 고립감** 이 시기의 발달과업은 친밀한 관계를 형성하는 것이다. 친밀감을 형성하는 것에 실패하면 소외와 고립으로 이어진다.
35~60세	**생식기가 계속된다.**	**중기 성인기 : 생산성 대 침체감** 자신과 가족을 넘어서 다음 세대에 도움을 주고자 하는 욕구가 있다. 이 시기는 개인의 꿈과 실제 성취 간의 불일치가 맞춰지도록 조정해가는 시기이다. 생산성을 심리적으로 경험하지 못하게 되면 심리적 정체를 야기할 수 있다
60세 이상	**생식기가 계속된다.**	**후기 성인기 : 자아통합 대 절망** 만약 삶을 되돌아볼 때 몇 가지의 후회가 있지만 개인적으로 보람이 있었다고 느끼면 자아통합을 얻게 된다. 자아통합을 얻지 못하는 것은 절망감, 무망감, 죄책감, 분개, 자기 거절감을 야기할 수 있다.

자료: Corey(2020).

Chapter 3

정신분석의 역사

제1기(1886~1896년) : 심리적 외상론의 시기

제2기(1896~1923년) : 추동심리학의 시기

제3기(1923~1939년) : 자아심리학의 시기

제4기(1939년~현재) : 프로이트 사후 정신분석의 발전

03
정신분석의 역사

정신분석의 발전과정은 다음과 같이 크게 네 단계로 나누어 볼 수 있다. 제1기(1886~1896년) 신경증의 주된 원인을 심리적 외상으로 생각했던 시기, 제2기(1896~1923년) 의식 · 전의식 · 무의식의 지정학적 이론을 추동 중심으로 발전시키던 시기, 제3기(1923~1939년) 원초아 · 자아 · 초자아를 중심으로 한 성격구조이론을 자아 중심으로 발전시킨 시기, 제4기(1939년~현재) 프로이트 사후에 정신분석이 발전한 시기(1939년~현재). 그 내용은 다음과 같다(Sandler et al., 1972: 133-142).

제1기(1886~1896년) : 심리적 외상론의 시기

프로이트는 브뤼케(Brucke) 교수의 실험실에서 일하던 1880~1882년에 14세 연상인 신경과 의사 브로이어(Joseph Breuer)를 만나 'Anna O(실제, Bertha Pappenheim, 1859~1936)'의 사례를 접하면서 히스테리 증세에 관심을 갖게 되었다. 29세가 되던 1885년에 그는 빈대학교의 신경병리학의 강사가 되었으며, 같은 해에 4개월 동안 프랑스 파리대학의 신경과 교수인 장 샤르코(Jean Martin Charcot)로부터 최면치료를 연수할 기회를 갖게 되었다. 이때 최면을 통해서 환자의 손과 발이 마비되거나 마비가 풀리는 것을 직접 목격하면서 충격을 받게 되었다. 이러한 경험을 통해서 프로이트는 신체적 마비를 주된 증상으로 나타내는 히스테리가 심리적 원인에 의해서 발생될 수있다는 것과 무의식이 존재한다는 것에 대한 확신을 갖게 되었다. 나아가서 히스테리의 원인이 과거에 경험한 심리적 외상(trauma), 특히 성과 관련된 충격적 사건일 수 있다는 점을 인식하게 되었다.

1886년에 파리에서 돌아와 결혼한 프로이트는 신경과 의사로 개업하여 신경증과 내과적 증상을 나타내는 다양한 환자를 치료하게 되었다. 특히, 신체적 마비증세를 나타내는 히스테리 환자에 대해 깊은 관심을 갖게 되었으며, 상처받은 사건의 기억이 증세와 관련되어 있다는 것을 발견하게 되었다. 당시 프로이트는 샤르코(Jean Martin Charcot)에게서 배운 최면치료와 더불어 브로어를 통해 알게 된 카타르시스 방법을 통해 치료했다. 1895년에는 브로이어와 함께 히스테리 환자의 증례를 보고하는 『히스테리 연구(*Studies on Hysteria*)』를 발표하였다. 이 당시에 프로이트는 심리적 외상이 히스테리를 비롯한 신경증의 주요한 원인이라고 생각했다. 특히, 성적인 내용의 충격적인 사건에 대한 기억과 감정이 무의식적 과정을 통해서 증상을 유발하며 망각된 기억을 회상하고 관련된 감정을 배출함으로써 증세가 호전될 수 있다고 생각했다. 이러한 생각은 '신경증의 심리적 외상론'이라고 할 수 있다.

제2기(1896~1923년) : 추동심리학의 시기

심리적 외상론에 근거하여 환자를 진료하던 프로이트는 새로운 사례들을 접하면서 최면술의 효과에 실망하게 된다. 최면에 걸리지 않는 환자들이 많을 뿐만 아니라, 그 효과도 일시적이어서 만족스럽지 않았기 때문이다. 또한 프로이트는 자신이 최면을 잘 유도

하는 스타일이 아니라고 생각하며 새로운 방법을 모색하게 되었다. 그래서 환자를 장의자에 눕게 하고 마음에 떠오르는 생각을 자유롭게 말하게 하는 자유연상법을 시도하게 되었다. 만 40세가 되던 1896년에 프로이트는 자유연상법을 통해 환자의 무의식을 탐색하여 치료하는 자신의 방법을 '정신분석'이라고 처음 명명하였다. 이러한 점에서 1896년은 정신분석이 시작된 해로 여겨지고 있다

프로이트는 환자의 사례분석뿐만 아니라, 자기분석을 통해 정신분석이론을 발전시켰다. 프로이트는 이미 1895년 7월에 꾼 '이르마의 주사에 관한 꿈(dream of Irma's Injection)'라고 명명된 자신의 꿈을 해석하면서 자기분석을 시작했다. 당시 프로이트는 겉으로 보기에 성공한 신경과의사로서 다섯 명의 자녀를 둔 행복한 가장이었으나, 내면적으로는 우울과 공포에 휩싸여 있었다. 자주 우울감에 빠졌고, 격렬한 분노를 경험했으며, 여행하기를 두려워했고, 때로는 길 건너는 것에서도 공포를 느꼈다. 그뿐만 아니라, 신체적 증상이 나타나서 위장장애와 심장장애로 진단받기도 했다. 그리고 절친한 친구이자 내과의사인 플리에스(Fliess)에게 과도한 의존성을 나타내고 있었다. 그러던 중 1896년 10월에 아버지가 사망했을 때, 프로이트는 심한 죄책감과 신경증 증세로 괴로워했으며, 이를 계기로 자기분석을 시작했다. 이러한 자기분석은 프로이트가 오이디푸스 콤플렉스와 유아기 성욕설을 비롯한 정신분석이론의 골격을 발전시키는 토대가 되었는데, 1895~1899년을 '프로이트의 자기분석기'라고 한다.

1897년에 프로이트는 불면증이 심한 한 여성환자를 치료하면서 발상의 전환을 가져온 새로운 임상경험을 하게 된다. 이 환자는 어린 시절에 아버지로부터 성적 유혹을 받은 기억을 떠올렸는데, 매번 그 기억의 내용이 달랐다. 과거에 실제로 있었던 사건에 대한 기

억이라면 기억의 내용이 매번 다를 수 없다는 것을 알게 되면서, 프로이트는 환자들이 호소하는 성적 외상의 내용은 실재한 사건에 대한 기억이 아니라, 환자의 공상과 상상에 의한 것이라는 것을 깨닫게 되었다. 즉, 부모로부터 유혹받기를 기대한 공상이 마치 실제 사건인 것처럼 기억된다는 것을 깨닫게 되면서 프로이트는 유아기 외상이론에서 유아기 공상이론으로 전환하게 된다. 즉, 실재하는 사건보다는 환자의 내면적 욕망과 공상이 증상을 초래하는 주된 심리적 원인이라는 것을 깨달은 프로이트는, 환자의 내면세계에서 일어나는 무의식적인 심리적 역동에 관심을 갖게 되었다 이러한 발상의 전환이 정신분석의 진정한 시작이라고 보는 이들도 있다

이러한 자기분석과 임상경험을 통해서 프로이트는 인간을 특정한 방향으로 몰아가는 내면적인 충동, 즉 추동(욕동, drive)에 깊은 관심을 갖게 되었다. 또한 이러한 추동에 대한 내면적 공상과 심리적 과정을 이해하는 것이 심리학의 주요 과제라고 생각하게 되었다. 이러한 생각 속에서 이루어진 프로이트의 이론적 작업을 '추동심리학(drive psychology)'이라고 한다. 그는 1900년에 발표한 『꿈의 해석(*Die Traumdeutung*)』을 통해서 인간의 내면세계를 무의식, 전의식, 의식으로 구분하는 지형학적 모델(topographical model)을 제시했다. 무의식은 원시적이고 비합리적인 '일차적 과정(primary process)'에 의해 작동하며 쾌락원리(pleasure principle)를 따르는 반면, 전의식과 의식은 외부 현실을 고려하여 합리적이고 논리적으로 기능하는 '이차적 과정(secondary process)'과 현실원리(reality principle)를 따른다는 것이 그 골자이다. 1905년에는 『성욕이론에 관한 세 편의 에세이(*Three essays on the theory of sexuality*)』를 통해서 유아기 성욕설을 제시했다.

『꿈의 해석』은 세간의 주목을 받았고, 추종자들이 생겨났다. 프로

이트는 수요일마다 집에서 추종자들과 토론모임을 열었으며, 점차 많은 사람들이 참여하게 되면서 정신분석학회를 결성하게 되었다. 아들러와 융은 이 시기에 프로이트의 인정을 받으며 학회활동의 중심인물로 떠오르게 되었다. 1909년에 프로이트는 미국의 클라크대학 총장이었던 심리학자 스탠리 홀(Stanley Hall)의 초청으로 정신분석에 대한 강연을 하게 되면서 세계적인 명성을 얻게 된다. 1910년에는 국제정신분석학회가 결성되면서 추종자들이 급격히 증가하게 되었다.

제2기는 프로이트가 40세에서 67세에 이르는 기간으로서, 그의 전집 23권 중 15권을 저술하고, 심리성적 발달단계와 오이디푸스 콤플렉스와 같은 정신분석의 주요한 개념과 이론을 제시하며, 가장 왕성하게 탐구했던 시기이다. 프로이트가 인간의 무의식 속에 어떤 추동이 있으며, 인간은 성장과정에서 이러한 추동에 어떻게 대응하고, 그 과정에서 어떤 심리적 갈등이 발생하며, 이러한 갈등이 신경증적 증상과 어떻게 관련되고, 이러한 증상을 치료하기 위해서는 어떤 치료기법이 효과적인가를 탐색했던 시기가 바로 제2기이다. 이 시기는 성적 추동을 중심으로 무의식적인 심리적 과정에 초점을 맞추고 있기 때문에 이 시기에 주장된 프로이트의 이론을 '추동심리학'이라고 부른다.

제3기(1923~1939년) : 자아심리학의 시기

프로이트가 궁극적으로 추구한 것은, 인간의 정신세계 전체를 통합적으로 설명할 수 있는 심리학 체계를 구축하는 것이었다. 제2기에는 프로이트가 인간의 추동을 중심으로 한 무의식 세계에 관심을 두었다면, 제3기는 인간이 환경과 상호작용하면서 내면적 추동과 외부적 현실을 조정하는 자아의 기능으로 프로이트의 관심이 옮겨간 시기라고 할 수 있다. 그래서 이 시기를 '자아심리학(ego psychology)'의 시기라고 한다.

1923년에 프로이트는 『자아와 원초아(*The Ego and the Id*)』의 발표를 통해서 지형학적 모델을 성격의 삼원 구조이론(tripartite theory of personality)으로 수정하면서 자아의 기능을 구체적으로 제시했다. 원초아(id)는 제2기에 제시한 추동이론에 의해서 거의 그대로 설명되었으며, 자아(ego)는 원초아의 일부가 변형된 것으로서 원초아와 현실의 요구를 조정하는 심리적 기능으로 보았다. 초자아(superego)는 어린 시절에 부모와의 관계를 통해서 내면화된 도덕관념과 이상적 자아상을 포함하는 것으로 제시하였다. 1926년에 발표된 『억압, 증상과 불안』에서는 불안을 위험신호에 대한 자아의 적극적인 반응으로 보았으며, 자아는 불안감소를 위해서 방어기제를 사용할 뿐만 아니라 현실적 적을 위한 여러 기능을 담당한다고 주장하였다. 프로이트의 막내딸인 아나 프로이트(Anna Freud)는 이러한 생각을 이어받아 1936년에 발표한 『자아와 방어기제(*The ego and the mechanisms of defense*)』에서 다양한 방어기제를 제시했으며, 프로이트 사후에 자아심리학을 발전시키는 데 크게 기여하였다.

프로이트는 평소에 하루 평균 20개비의 시가를 피우는 애연가였다. 1923년에 처음 턱에 암이 발생했으며, 그 후 16년 동안 33회의 턱 수술을 받았다. 이처럼 여러 번의 수술을 통해 심한 고통을 받으면서도 그는 정신분석에 관한 연구를 게을리하지 않았다. 1933년에는 히틀러에 의해 프로이트의 저서가 공개적으로 불태워졌으며, 유태인에 대한 박해가 심해졌다. 프로이트는 82세가 되던 1938년에 유태인 학살을 피해서 빈을 떠나 런던으로 피신했다. 1939년 병세가 악화되어 더 이상의 삶이 무의미하다고 판단한 프로이트는 안락사를 요구했으며, 9월 23일 모르핀 투여를 통해 잠이든 상태에서 세상을 떠났다. 프로이트는 호기심, 대담성, 불굴의 의지로 인간 정신의 심층세계를 철저하게 파헤친 위대한 탐구자였다. 또한 언어감각이 탁월한 문장가이기도 했다. 독일어로 쓰인 그의 글과 논문들이 영어로 번역되는 과정에서 미묘한 은유적 표현이 훼손되어 그의 사상이 왜곡되었다는 주장도 있다.

제4기(1939년~현재) : 프로이트 사후 정신분석의 발전

프로이트 사망 이후에 정신분석은 크게 두 가지의 흐름으로 발전했다. 한 흐름은 프로이트가 주장한 정신분석의 기본적인 주장을 고수하며 더욱 정교하게 발전시킨 것으로서 자아심리학, 대상관계 이론, 자기심리학, 관계적 정신분석이 여기에 속한다. 다른 흐름은 무의식을 인정하되 프로이트의 정신분석을 비판하고 독자적인 이론적 체계로 발전한 정신역동이론으로서 융의 분석심리학, 아들러의 개인심리학, 그리고 설리반, 호나이, 프롬 등과 같은 신프로이트 학파의 이론이 이에 해당한다.

Chapter 4

정신분석상담

1. 정신분석상담의 개념
2. 상담과정
3. 상담기법
4. 정신분석상담의 실제
5. 평가

04
정신분석상담

1. 정신분석상담의 개념

1) 정신분석상담의 개요

프로이트는 1896년에 '정신분석(Psychoanalysis)' 이란 용어를 처음 사용하고, 자유연상기법을 환자의 치료에 본격적으로 도입하였는데, 이 시기는 정신분석의 공식적인 출발점이다. 정신분석은 이제 100년이 넘는 역사를 가진 셈이다. 이 기간 동안 정신분석은 인간을 이해하는 중요한 철학적 접근으로서, 그리고 인간의 심리적 문제를 이해하고 치유하는 유력한 상담의 방법으로서 확고한 위상을 굳혀 왔다. 정신분석의 등장으로 인간의 마음을 심층적으로 이해하는 것이 가능해졌다는 것이 공통적인 견해이다. 이후에 생겨난 상담이론 중 상당수는 정신분석에 뿌리를 두고 있다.

정신분석상담은 내담자가 겪는 심리적 문제의 의미와 원인을 보다 근본적이고도 심층적으로 이해할 수 있다는 점에서 타의 추종을 불허한다. 왜냐하면 이는 심리적 문제를 이해하고 해결하는 데 있어서 출생에서 현재에 이르기까지 내담자가 걸어온 거의 모든 삶의 과정을 고려하기 때문이다. 이런 점에서 정신분석상담을 '뿌리치료' 라고 부르기도 한다. 겉으로 드러난 누렇게 뜬 잎사귀보다는 그러한 불량한 잎사귀를 만들어 낸 뿌리의 문제에 관심을 가지는 것,

즉 외현적인 심리적 문제보다는 그러한 문제를 낳은 근본적 원인을 찾아서 해소하는 것이 정신분석상담의 목표라고 할 수 있다(이장호 외, 2019: 58-59).

이러한 특징 때문에 정신분석상담은 장기적으로 진행되는 경향이 있다. 삶의 뿌리를 찾고 그것을 치유하는 데에는 그만큼의 노력과 시간이 뒤따라야 하기 때문이기도 하지만, 장기간의 투자를 통해 얻게 되는 성과는 매우 크다. 그것은 바로 삶의 방식에서의 근본적인 변화이다. 자신이 어떠한 삶을 살아 왔는지, 그것이 현재의 모습에 어떤 방식으로 영향을 미치게 되었는지를 깊고도 철저하게 이해하는 것, 그리고 보다 성숙하게 살 수 있도록 자신의 성격을 근본적으로 변화시키는 것이 정신분석적 상담을 통해 얻게 되는 열매다. 정신분석상담은 오늘날에도 여전히 가장 유력한 상담이론으로서 건재하며, 다른 한편으로는 보다 새로운 상담이론이 등장할 수 있는 토대를 마련해 주었다.

정신분석을 상담에 적용하는 데는 두 가지 방법이 있다(김충기 · 강봉규, 2003: 86-87).

첫 번째 입장은, 치료기법으로서의 정신분석을 가능한 상담과정에 도입하여 내담자의 무의식의 내용을 정면으로 분석함을 주안점으로 삼는 방식이다. 예를 들어, 일부 심리학자는 상당히 고도의 정신분석학적인 훈련을 받아 비의사인 분석자(lay analysist)로서 치료에 종사하고 있는 경우가 좋은 예이다. 그러나 일반적으로는 정신병리학적인 증상을 나타내는 내담자를 정신과 의사가 아닌 분석자가 장기간 분석치료하는 일은, 경험이 풍부한 정신과 분석의사의 협의지도 또는 개별지도하에 그것도 의료기관 안에서 이루어지는 경우 이외는 바람직하지 않은 일로 인식되고 있다.

두 번째 입장은, 정신분석이론을 내담자의 성격을 이해 · 평가하기 위해 응용하는 입장이다. 이 입장에서는 정신분석이론을 보통의 상담과정에 많은 응용을 하는 것이어서 인간의 이해와 상담의 발전에 시사하는 바가 매우 크다. 예컨대, 학교에서 자주 교사에게 반항을 하며, 교칙을 위반하는 한 학생의 공격성도, 정신분석이론을 기본으로 여러 정보에 비추어 진단한 결과, 원래는 부친에 대한 적대감이 다른 권위자이기도 한 학교나 교사에게 전위(displacement)된 것인데, 그것이 학교 측의 거절과 처벌로 이어져 점점 악화되는 악순환을 되풀이한 것으로 생각될 수 있다. 이 경우, 학생의 문제행동의 무의식적인 측면이 학교당국에 의해 이해된다고 하면 학교측의 태도는 학생을 이해하는 쪽으로 쉽게 달라질 것이며, 이에 따라 그 학생의 태도나 행동도 어느 정도 변화될 것으로 생각될 수 있다.

2) 정신분석상담의 목표

정신분석을 통한 상담목표는 내담자로 하여금 불안을 야기하고 있는 억압된 충동을 자각하게 하는 것이다. 프로이트에 따르면, 왜곡되고 억압된 성적 쾌락이 내담자의 주요한 문제가 된다. 정신분석자는 무의식에 숨겨진 억압된 비밀을 찾는 작업을 수행한다(노안영, 2018: 186).

정신분석상담의 목표는 자아의 기능을 강화하여 심리적 증상과 관련된 정신적 갈등을 해소하는 데 있다. 즉, 강화된 자아의 힘으로 증상과 관련된 정신적인 원인을 해결함으로써 심리적 문제를 해소하는 것이다. 겉으로 드러난 문제만 해결하는 것이 아니라, 원인으로 작용하는 무의식적 갈등에 대한 해결을 시도한다는 점에서 정신분석은 일종의 뿌리치료다. 이를 달리 이야기하면, 의식의 범위를 확대하는 것이다. 자신도 모르는 채 자신의 감정, 행동, 생각 등에 영향을 미치는 무의식적 요소를 의식의 영역 밖으로 이끌어 냄으로써 더 이상 무의식이 왜곡된 방식으로 현실에 영향을 미치지 못하도록 한다(정서영 외, 2017b: 39).

정신분석의 목표는 단지 원인을 멈추게 함으로써 결과를 멈추는 것(즉, 원인이 되는 무의식적 갈등을 해소함으로써 심리적 증상을 치유하는 것)에 그치지 않는다. 정신분석에서 무의식을 의식화하는 작업은 어둠에 빛을 비추는 것에 비유된다. 자신에 대한 무지에서 벗어나 철저히 이해하는 것, 자신을 맹목적이고 비이성적인 본능적 충동에 휘말리도록 내버려 두지 않고 이성의 힘으로 다스리는 것, 바로 그것이 정신분석상담이 지향하는 궁극적 목표다(이장호, 2009: 80).

결국 정신분석상담의 목표는 문제해결이나 새로운 행동을 학습하기보다는 깊이 있는 자기 통찰을 위해 과거의 억압된 세계를 깊이 탐색해 들어가는 것이며, 이를 의식화시켜 적응적이고, 문제해결적인 자아의 기능을 강화하는 데 있다고 할 수 있다. 따라서, 상담자는 내담자가 자신의 과거의 경험 그리고 감정을 드러내도록 도와주고 지금의 현재 상황에 미치는 영향에 대하여 스스로 깨닫게 한다. 그러한 결과로, 내담자로 하여금 자신에 대한 이해와 자각 그리고 전반적인 문제의 통찰을 통해 성장할 수 있도록 도와준다.

3) 상담자와 내담자

(1) 상담자의 기능과 역할

고전적 정신분석에서 분석가는 자신을 최대한 드러내지 않으며, 비판단적 자세를 견지한다. 이는 때로 '빈 화면 접근법(blank-screen approach)'으로 불리기도 한다. 분석가들은 자기개방을 피하고 전이관계, 즉 내담자가 분석가들에게 투사(projection)하도록 하는 관계를 촉진시키기 위해 중립성을 유지한다. 이 전이관계(transference relationship)는 정신분석의 초석인데, "본래 초기 관계에서 경험된 기분을 현 환경에서 중요한 타인에게 이동시키는 것을 뜻한다."(Lubborsky, et al., 2011: 18). 만약 치료자가 자신들에 대한 언급을 삼가고 개인적인 반응을 좀처럼 공유하지 않는 상태를 유지한다면, 내담자가 치료자에 대해 느끼는 것은 그것이 무엇이든지 간에 대부분 과거의 다른 중요한 인물과 관련된 기분의 산물일 것이라고 가정한다. 완료되지 못하고 억압된 과거의 상황으로부터 유래된 이런 투사는 '얻어낼 것이 대단히 많은 재료로 여겨지고, 그에 대한 분석은 치료적 작업에 절대적으로 필요한 것이라고 할 수 있다.

분석의 중심 기능 중의 하나는 내담자가 사랑하고, 일하고, 즐길 수 있는 자유를 누릴 수 있도록 돕는 것이다. 또 다른 기능은 내담자가 현실적인 방법으로 불안을 다루고, 충동과 비이성적인행동에 대한 통제력을 얻음으로써 자기 인식, 정직함, 그리고 더욱 효율적인 대인관계를 성취할 수 있도록 돕는 것 등이 포함된다. 치료적 동맹관계를 수립하는 것이 일차적인 치료의 목표이고, 훼손된 동맹관계를 회복시키는 것은 치료가 진행되는 필수 요소이다(McWilliams, 2014). 내담자에 대한 공감적 조율은 내담자가 경험하고 있는 정신내적 세계에 대해 분석가가 공감할 수 있도록 도와준다(Wolkzky, 2011b).

내담자의 저항에 특별히 주의할 필요가 있는데, 분석가는 내담자를 존중하며, 개방된 방법으로 경청하고 적절한 해석을 해야 하는 때를 잘 판단해야 한다. 또한 효과적인 해석에는 재치와 타이밍이 필수적이다(McWilliams, 2014). 해석의 주요 기능은 감춰진 무의식적인 내용의 처리과정을 가속화하는 것이다. 정신분석적 치료자들은 말로 표현된 내용과 말로 표현되지 않은 것들 모두에 주의를 기울이고, 내담자 이야기 속의 드러나는 빈 공간과 불일치를 경청하면서 찾아내며, 보고된 꿈과 자유연상의 의미를 추론하고, 치료자를 향한 내담자의 감정과 관련된 단서들에 민감한 자세를 유지한다.

성격구조와 정신역동에 대한 이해의 틀 안에서 이런 치료적 과정을 체계화하는 것은, 분석가로 하여금 내담자가 지닌 문제의 본질을 더 잘 이해할 수 있도록 도와준다. 분석가의 중심 기능 중의 한 가지는 이런 과정의 의미를 내담자에게 가르쳐서(해석을 통해) 내담자들이 경험하고 있는 자신의 문제에 대한 통찰력을 얻고, 변화방법에 대한 인식을 증대시키며, 결과적으로 자신들의 삶에 대한 통제권을 더 많이 얻도록 하는 것이다. 정신분석적 접근법의 주요 목표는 내담자로 하여금 자신들의 문제를 스스로 해결할 수 있도록 역량을 발전시키게 돕는 것이다.

정신분석적 치료과정은 퍼즐 조각들을 맞추어 합치는 것과 같다. 내담자의 변화가 치료자의 해석의 정확성보다는 변화에 대한 준비성에 의해서 더 좌우될 수도 있다. 만약 치료자가 내담자를 너무 급하게 밀어붙이거나 시의적절치 않은 해석을 제시하게 되면, 치료는 효과적이지 못하게 된다. 변화는 내담자들이 더욱 자유롭게 새로운 방식으로 행동할 수 있도록 오래된 방식들을 재작업하는 과정을 통해 발생한다(Luborsky et al., 2011).

(2) 상담에서 내담자의 경험

고전적 정신분석(classical psychoanalysis)에 관심이 있는 내담자는, 장기간에 걸쳐 집중적으로 진행될 치료과정에 기꺼이 헌신할 수 있어야 한다. 보통 내담자는 분석가와 몇 회에 걸쳐 면대면 초기

회기를 진행한 후, 긴 소파에 누워 자유연상에 참여하게 된다. 즉, 마음속에 떠오르는 말이 무엇이든지 자기검열 없이 말하도록 노력하게 된다는 뜻이다.

자유연상과정은 '핵심적 원칙(fundamental rule)'이라고 알려져 있다. 내담자는 자신의 감정, 경험, 연상, 추억, 공상을 분석가에게 말한다. 소파에 눕는 것은 보다 깊이 그리고 검열되지 않은 반영을 할 수 있도록 하기 위해서이며, 내적 갈등이나 정신역동적 내용에 접촉하는 것을 방해할 수도 있는 자극들을 최소화시켜주기 위한 것이다. 또한 내담자의 말에 반응하는 분석가의 얼굴 표정을 내담자가 '읽음'으로써 전이과정에서 투사시키는 성격 특성에 영향을 받을 가능성을 감소시키고자 하는 목적도 있다.

정신분석에 참여하는 내담자는 분석가와 독특한 관계를 경험하게 된다. 내담자는 자신의 생각이나 기분들을 대단히 무책임하고, 가증스럽고, 사회적으로 옳지 않으며, 이기적이거나 유치할지라도 자유롭게 표현하도록 격려받는다. 분석가는 분석이 진행되는 과정에서 주의 깊게 듣고, 질문하고 해석하면서 비판단적인 자세를 유지한다. 이런 구조는 긍정적인 치료적 성장을 도울 뿐 아니라, 어느 정도의 취약성을 포함할 수 있게 하는, 덜 엄격한 정도의 적응을 경험하므로 내담자가 자아 방어기제를 느슨하게 하고, '퇴보'할 수 있도록 조장하기도 한다.

내담자를 위해 분석적 환경을 안전하게 유지하는 것은 분석가의 책임이기 때문에 분석가는 자발적인 자기표현에 참여하는 것에서 자유롭지 못하다. 치료자의 모든 개입은 내담자의 과정을 발전시키기 위해 이루어진다. 고전적 분석에서, 치료적 중립성과 익명성은 분석가의 가치이고, 일관된 환경이나 '틀'을 유지하는 것이 분석적 기술의 많은 부분을 차지한다. 치료적 변화는 안전한 치료적 관계에서 이전의 양식들을 '작업해 나가는' 오랜 기간이 필요하다.

정신역동치료(psychodynamic therapy)는 고전적 정신분석의 긴 과정을 단축하고 소화하기 위해 생겨났다(Luborsky et al., 2011). 많은 정신분석을 지향하는 실무자, 또는 정신분석 치료자들(분석가와는 구분된)이 고전적 분석과 연관된 모든 기법을 사용하는 것은 아니다. 그렇지만 정신역동 치료자들은 전이 징후들에 대한 기민한 자세를 유지하고, 내담자 꿈의 의미를 발견하고, 과거와 현재를 모두 탐색하며, 방어와 저항에 대한 해석을 제공하고, 무의식적 내용들에 관심을 둔다. 전통적인 분석 치료자들은 더욱 빈번하게 전이를 해석하고, 정신역동 치료자들보다는 지지적인 개입에 덜 참여한다(Wolitzky, 2011a).

정신분석치료의 내담자들은 집중적인 치료적 과정 절차를 고수하기 위해 치료자와 함께 치료과정에 깊이 헌신한다. 이들은 언어적 부산물이 정신분석치료의 중심이 되기 때문에 적극적으로 말할 것에 동의한다. 이들은 보통 분석기간 동안 이혼을 하거나 직장을 그만두는 것과 같은 생활양식에 있어서 급격한 변화를 실행하지 않도록 하는 것이 좋다고 안내받는다.

이런 변화들을 피하는 이유는 치료의 과정과 관련이 있는데, 이런 변화들이 종종 내담자를 동요시키고 또한 방어를 느슨하게 만들기 때문이다. 이와 같은 제한들은 고전적 정신분석과 더 관련이 크고, 정신분석적 심리치료에서는 상대적으로 덜한 편이다. 정신분석적 심리치료는 보통 한 주당 회기의 횟수가 더 적고, 이 회기들은 일반적으로 대면식이며, 치료자가 지지적이기 때문에 치료적 '퇴행'이 덜하다.

정신분석의 내담자들은 자신 및 자신의 분석가가 이런 증상들과 핵심 갈등들을 해결하고, 남아 있는 감정적인 문제를 분명히 받아들이며, 이런 어려움들의 오랜 원인들을 이해하고, 핵심 주제들을 숙달하고, 환경이 그들에게 어떻게 영향을 끼치고 그들 또한 환경에 어떻게 영향을 끼치는지에 대한 통찰력을 얻고, 이제 방어를 감소시키고 과거문제에 대한 인식을 현재 관계와 통합할 수 있다고 상호 동의할 때에야 비로소 회기를 종결할 준비가 된 것이다.

월리츠키(Wolitzky, 2011a)는 그 밖에 종결에 대한 최상의 기준들에 대해 열거했다. 여기에는 전이의 감소, 치료의 주요 목표의 달성, 특정한 추구나 어린 시절 공상의 무익성 수용, 사랑하고 일할 수 있는 능력의 증대, 더욱 안정적인 대처 양식의 성취, 자기분석 역량 등이 포함된다. 성공적인 분석은 내담자의 삶에 관련된 내담자의 '왜'라는 질문에 답하는 것이다.

커티스와 허시(Curtis & Hirsch, 2011)는 종결이 애착, 분리, 상실에 관한 강한 감정을 일으키는 경향이 있음을 제언하고 있다. 종결 시기는 이런 감정에 관하여, 그리고 내담자가 심리치료에서 어떤 것들을 알게 되었는지에 대해 종결 이전에 충분히 이야기할 수 있도록 설정된다. 치료자는 내담자가 변화를 야기할 수 있도록 무엇을 했는지를 명확히 할 수 있게 돕는다.

(5) 상담자와 내담자의 관계

고전적 분석가(classical analysis)와 현대 관계 분석가(relational analysis)에 의해 치료적 관계가 어떻게 개념화되는지에 관해서는 몇 가지 차이점이 있다. 고전적 분석가는 관계의 밖에 위치하고, 이에 대해 견해를 말하며, 통찰력을 만들어내는 해석을 제공한다. 현대적 관계 정신분석의 경우, 치료자들은 객관적인 위치를 얻으려고 노력하지 않는다. 현대 정신역동 치료자들은 초기의 재현만큼 '지금 그리고 여기(here and now)'의 전이에도 초점을 둔다. 현재 관계에 과거를 가져오므로 과거에 대한 새로운 이해가 펼쳐질 수 있다(Wolitzky, 2011a). 현대적 정신역동 치료자들은 내담자와의 감정적인 대화를 정보를 얻고 연계를 만들어 내는 유용한 방법으로써 바라본다. 분석적 치료는 치료 회기의 순간에 발생하는 감정, 인지, 행동에 초점을 둔다(Luborsky et al., 2011 ; McWilliams, 2014 ; Wolitzky, 2011a, 2011b). 치료적 관계는 내담자의 자기 인식, 자기 이해, 탐색을 증대시키는 데에 핵심적이다(Barber, Muran, McCarthy, & Keefe, 2013). 대인관계와 관련된 신경생물학에서 이루어낸 최근의 연구 결과는 대인관계적 외상과 무시 때문에 고통을 받아온 내담자들을 치료하는 경우, 정신분석적 관계의 효과성을 강력하게 지지하고 있다(Schore, 2014).

전이와 역전이는 정신역동치료를 이해하는 데에 가장 중요하다. 치료적 관계의 중요한 측면은 전이 반응을 통해 드러난다. 전이(transference)는 내담자가 과거의 중요한 타인에게 가졌던 감정, 태도, 공상(긍정적 또는 부정적)들을 분석가에게로 무의식적으로 이동시켜 드러내는 반응이다. 전이는 현재에서 과거를 무의식적으로 반복하는 상태를 수반한다. 이는 오래전 관계의 경험이 대단히 깊은 정형화 과정을 거쳐 지금 삶 속에 드러나는 것이라고 할 수 있다(Luborsky et al., 2011: 47).

내담자는 종종 치료자에 대한 긍정적이고 부정적인 감정과 반응이 혼합된다. 이런 감정이 의식화되고 치료자에게 전이될 때, 내담자는 과거의 '해결되지 않은 일'을 비로소 이해하고 해결할 수 있다. 치료가 진행됨에 따라, 어린 시절의 기분과 갈등이 깊은 무의식으로부터 수면 위어 오르기 시작하고, 내담자는 감정적으로 퇴행한다. 전이는 내담자가 사랑, 성, 적대감, 불안, 분노와 관계된 초기의 강력한 갈등을 부활시키고, 현재로 가져오며, 재경험하고, 치료자에게 부여할 때에 발생한다. 예를 들어, 내담자는 엄격하고 애정이 부족했던 아버지를 향한 미해결된 감정을 자신이 보기에 엄격하고 애정이 부족하다고 생각되는 치료자에게 전이시킬 수도 있다. 화난 기분은 부정적인 전이의 산물이지만, 내담자가 반대로 긍정적 전이를 할 수도 있다. 예를 들어, 치료자를 사랑하게 되거나, 입양되길 원하거나, 그 밖의 다른 방식으로 전능한 치료자의 사랑, 수용, 인정을 추구하는 것과 같은 긍정적인 전이를 발달시킬 수도 있다. 따라서, 치료자는 중요한 타인에 대한 현재의 대리인이 되는 것이다.

만약 치료가 변화를 만들어내는 것이라면, 전이관계는 반드시 해결되어야 한다. 극복(working-through)과정은 대부분 초기 어린 시절에서 비롯된 무의식적 내용과 방어에 대한 반복적이고 정교한 분석으로 구성된다. 내담자는 이런 방어적 구조를 수용하고 이런 것들이 과거에 어떤 목적을 위해 사용되었는지를 인식하는 것을 배운다(Rutan, Stone, & Shay, 2014). 이는 이전 양식들을 해결하고 내담자가 새로운 선택을 할 수 있게 한다. 효과적인 치료에는 내담자가 현재에서 교정적이고 통합적인 경험인 치료자와의 관계를 발달시키는 것이 필요하다.

내담자는 자신들의 핵심 갈등과 핵심 방어기제들이 일상의 삶에서 나타나는 다양한 방식들에 대해 살펴볼 많은 기회가 있다. 내담자가 심리적으로 독립될 수 있기 위해서는 반드시 무의식적 소재들에 대해 인식해야 할 뿐 아니라, 부모와 같은 인물의 전적인 사랑과 수용에 대한 욕구와 같은 유아의 노력에 의해 동기화되는 행동으로부터 어느 정도 자유로워야 한다고 할 수 있다. 만일 이러한 치료적 관계가 요구되는 어려운 과정이 적절히 극복되지 못하면 내담자는 전적인 사랑과 수용을 원하는 유아기적 바람을 또 다른 인물에게 전이시키게 된다. 내담자와 치료자의 관계는 이러한 어린 시절의 부모를 향한 동기가 투영될 수 있는 대단히 유사한 관계인 것이다.

정신분석적 치료의 기간과 상관없이 우리의 유아기 욕구와 외상의 흔적은 절대로 완전히 지워지지 않는다. 전이의 대부분의 측면들이 치료자와 함께 다루어질 수 있음에도 불구하고, 이런 유아기의 갈등은 완전히 해결되지 않을 수도 있다. 우리는 일생에 걸쳐 다른 사람에게 투사하는 것 같은 기분뿐만 아니라, 다른 사람들이 나의 욕구를 충족시켜 줄 것이라고 기대하는 비현실적인 기대와 끊임없이 싸워야 할 필요가 있을지도 모른다.

이런 점에서 우리는 많은 사람들과의 전이를 경험하고, 그래서 우리의 과거는 항상 현재 우리가 되어가고 있는 존재의 중요한 부분이 된다.

내담자가 치료자에게 가지고 있는 모든 감정들이 전이의 발현이라고 가정하는 것은 오해이다. 대부분의 반응들이 현실적인 기반을 두고 있을 수 있고, 내담자의 감정은 치료자가 보여 주고 있는 '지금 그리고 여기' 양식으로 향하고 있을 수도 있다. 모든 긍정적인 반응들, 예를 들어 치료자를 좋아하는 것이 '긍정적인 전이' 등으로 단순히 명명되어서는 안 된다. 반대로, 치료자에 대한 내담자의 분노는 치료자의 행동에 대한 반응일 수 있고, 따라서 모든 부정적인 반응들을 '부정적인 전이'의 신호로 보는 것도 옳지 않다.

과거의 경험으로부터 절대로 완전히 자유로울 수 없다는 개념은 내담자의 해결되지 않은 갈등에 직접적으로 연관되게 된 치료자에게 중요한 함의를 제공한다. 치료자가 자기 자신의 갈등을 의식하고 있다 하더라도, 그리고 심지어 치료자가 이런 개인적인 문제를 자신의 치료에서 집중적으로 이미 다루었다고 하더라도, 내담자들에게 왜곡되게 투사하는 상황을 피할 수 없을 수도 있다. 모든 치료자들이 자신들의 전문적 작업을 통해서 활성화되는 미해결된 갈등과 개인적인 취약성을 가지고 있기 때문에 치료자들의 역전이 반응은 피할 수 없다. 전통 정신분석적 관점에서 역전이(countertransference)는 부적절한 영향을 미칠 때, 치료자가 비이성적인 방식으로 반응할 때, 또는 치료자들 자신의 갈등이 촉발되기 때문에 관계 내에서 치료자가 객관성을 상실할 때 발생하는 현상으로 본다. 역전이는 치료자 자신의 과거에 기반을 두고, 내담자 행동에 대한 왜곡된 인식을 가져오는 내담자에 대한 치료자의 무의식적인 감정적 반응으로 구성된다(Rutan et al., 2014). 시간이 지나면서 이 역전이에 대한 전통적인 관점은 내담자의 전이에 대한 것뿐만 아니라, 내담자의 성격과 행동의 모든 측면에 대한 치료자의 모든 반응을 포함하는 것으로 확대되었다. 이런 확대된 관점에서 역전이는 내담자에 대한 치료자의 모든 감정적 반응을 포함하고, 철회, 분노, 사랑, 짜증, 무력감, 회피, 과도한 동일시, 통제, 슬픔을 포함할 수 있다. 오늘날의 정신분석적 현장에서, 역전이는 의식적으로든지 무의식적으로든지 내담자에게 필히 영향을 미치는 미묘한 비언어적, 음조적, 태도적 행동의 다양한 형태로 나타난다(Curtis & Hirsch, 2011; Wolitzky, 2011b).

내담자를 잘못 이해하고 과도하게 동일시하는 것을 피하기 위해, 이 분석적 접근법은 치료자들 또한 분석적 심리치료를 받을 것을 요구한다. 맥윌리엄스(McWilliams, 2014)는 치료자들이 자신들의 무의식에 접근하고 이를 이해하는 것이 얼마나 중요한지에 대해 강조하였다. 치료자가 받는 심리치료의 주요 결과는 진실성, 이타성, 그리고 내담자와의 긍정적 치유 관계를 형성하도록 만드는 겸손함이라고 하였다. 치료자를 위한 개인치료와 임상감독은 치료과정에 내적 반응이 어떻게 영향을 미치는지와 어떻게 치료작업에서 역전이 반응을 도움이 되는 방향으로 사용할 수 있는지를 더욱 잘 이해하도록 도와줄 수 있다(Hayes et al., 2011).

모든 역전이 반응이 치료적 과정에 해로운 것은 아니다. 실제로, 역전이 반응은 종종 내담자의 세계를 이해하고 치료자의 자기 이해를 도와주는 강력한 자료가 된다. 예를 들어, 화가 나는 역전이 감정에 주목한 치료자는 내담자의 까다로운 요구를 지속하는 형태에 대해 치료과정에서 더 탐색해보고 배움을 얻을 수 있다. 이렇게 긍정적인 방식으로 볼 때, 역전이는 내담자가 자신에 대한 이해를 얻을 수 있도록 돕는 중요한 진입로가 될 수 있다. 역전이에 관한 대부분의 연구는 해로운 영향에 관해서만 다루었지만, 헤이즈(Hayes, 2004)은 역전이의 잠재적인 치료적 이점에 관한 체계적인 연구를 시작할 필요가 있다고 제언한다.

관찰된 역전이를 어떻게 사용하는가 하는 것은 정신분석적 치료의 종류만큼 다양하다. 어떤 접근들은 그 감정을 내담자와 공유해도 무방하다고 보지만, 전통적 분석치료자들은 피할 수 없는 역전이의 발생에 관하여 드러내지 않고 살펴보며 역전이에 대한 표현을 최소화하기 위해 노력한다. 내담자와의 적절한 경계를 만들고 자기 이해를 얻는 치료자의 능력은 그들의 역전이 반응을 다루고 효과적으로 사용하는 데에 있어서 매우 중요하다(Hayes et al., 2011).

치료자가 어느 정도의 객관성을 유지하고, 분노, 사랑, 과찬, 비난, 그리고 이외 내담자가 표출하는 강력한 감정에 대면하여 방어적으로나 주관적으로 반응하지 않는 것이 매우 중요하다. 만일 심리치료자가 특정 유형의 내담자에게 강력한 혐오, 강한 매력, 치료적 관계에서 확고하게 발생하는 신체화 반응들을 인식한다면, 효과적인 치료자가 되는 것에 방해가 될 수 있는 이런 개인적인 문제에 대해 작업할 수 있도록 당분간 치료를 받거나, 전문적인 자문이나 임상적 감독을 반드시 구해야 한다.

내담자–치료자 관계를 통해서 내담자는 무의식적 과정을 탐색하는 통찰력을 얻는다. 억압된 내용들에 대한 인식과 통찰력은 분석적 성장 과정의 기초이다. 이를 통해 내담자는 자신의 과거 경험과 현재 행동 간의 관련성에 대해 이해하게 된다. 정신분석 접근법은 이런 역동적인 자기이해 없이는 현재 갈등의 해결이나 상당한 성격의 변화는 없다고 가정한다(Corey, 2020).

2. 상담과정

정신분석은 내담자가 상담자를 일주일에 3~4회씩 5년 이상 만날 수도 있는 장기적이고 심오한 과정이다. 전이관계를 만들려는 노력으로, 분석가는 내담자에 대하여 상대적으로 침묵을 지켜야 한다. 공감과 함께 잘 들어주는 능력은 상담에서 협력 관계를 만들어나가는 데 중요할 뿐만 아니라, 그 관계 안에 내담자가 잘 정착하도록 만드는 노력도 상담과정 내내 중요하다. 관계가 처음 시작될 때부터 상담과정 동안에 내담자는 곤란한 주제에 대해 말하기를 꺼리면서 지각, 치료비 지불거부, 약속 잊기, 분석가의 능력 무시하기 등 저항행동을 두드러지게 나타낼 수 있다.

상담과정이 진행되면서, 해석과 분석이 중요한 기법이 된다. 시간이 흘러 문제가 해결되어 가면서 내담자는 상담자를 좀 더 객관적이고 현실적인 방식으로 바라보기 시작한다. 상담과정의 막바지에는 익명성이 크게 중요하지 않으므로 상담자가 자신에 대해 조금 더 노출시킬 수 있다. 궁극적으로 내담자가 자신에게 숨어 있던 역동에 대해 좀 더 배우고 인식하게 되고, 이 역동이 자신에게 어떤 증상으로 나타났는지 알게 되며, 이렇게 알게 된 것들을 통해 내담자가 자신을 변화시켰을 때 상담관계가 종료된다. 우리 행동의 많은 부분이 무의식적인 욕구와 요구에 의해서 중재되기 때문에 상담은 우리가 그 행동을 왜 하였느냐에 대한 이유를 아주 일부분 풀어냈을 뿐이라는 점을 꼭 알아야 한다. 하지만 우리의 정신과 행동을 만들어내는 힘에 대해서 좀 더 알아갈수록 어떤 종류의 제한적 자유를 끌어낼 수 있다. 그뿐만 아니라, 이제 우리는 우리의 정신에 대한 모형, 우리가 왜 그런 행동을 했는지에 대한 이해를 얻었기 때문에 분석과정이 끝난 뒤에도 내담자 스스로가 자신에 대해 탐구하고 이해할 방법을 가지게 된다(Neukrug, 2010).

정신분석상담에서는 우선 내담자가 정신분석상담에 적합한지를 파악하는 것으로 시작하여, 적합한 사람으로 판단이 되면 내담자가 호소하고 있는 문제가 무엇인지 확인한다. 문제가 확인되면 이것과 관련이 있는 억압된 무의식이 무엇인지 최면술, 자유연상법, 꿈의 해석 등과 같은 방법을 이용하여 의식으로 불러낸다. 이 과정에서 내담자는 상담자에게 과거 자신의 삶에서 주요 인물에 대하여 가지고 있는 감정을 투사하게 되는데, 이것을 '전이'라고 한다.

전이는 상담자가 내담자의 과거 주요 인물에 대하여 중립적 자세를 취함으로써 쉽게 유발된다. 중립적 자세를 취한다는 것은 내담자의 편에 서서 과거 인물을 보지 않는다는 의미이다. 전이를 통해서 내담자는 더 많은 자료를 내어 놓게 되며, 상담자는 전이를 분석하여 해석을 하게 된다. 이러한 해석을 통해 내담자는 통찰을 얻게 된다. 통찰이 얻어졌다고 해서 내담자의 문제가 해결된 것은 아니다. 내담자가 통찰한 것을 실제 생활로 옮기는 과정이 필요한데, 이것이 훈습이다. 긴 훈습과정을 통해 내담자의 행동변화가 안정되게 일어나면 종결을 하게 된다.

정신분석상담의 과정은 내담자의 문제 및 상담자의 접근방법에 따라 다양하다. 그 진행과정의 특징을 다음과 같다(이장호, 2019: 55).

① 내담자가 갈증 · 부정적 감정(불안 · 죄의식) 등 도움을 필요로 하는 심리적 불편을 말하기 시작한다.
② 상담 장면의 행동에서 내담자가 신경증적 증세를 보인다.
③ 상담자는 자유연상, 꿈의 분석, 최면 등을 통해 내담자의 신경증적 갈등을 탐색한다.
④ 상담자가 내담자의 언어내용에서 갈등의 핵심, 주제내용과 관련된 행동 측면을 추리한다.
⑤ 상담자는 전이현상(장면)에서 내담자의 갈등이 표면화되도록 한다.
⑥ 상담자는 내담자의 저항적 언어반응을 해석한다.
⑦ 상담자는 그러한 해석에 대한 내담자의 반응 및 수용을 격려한다(종결작업).
⑧ 신경증의 감소 및 제거가 시작된다.
⑨ 내담자의 부정적 감정이 해소되고 정신에너지가 해방된다.
⑩ 내담자에게 보다 적절한 언어반응은 물론이고 자아통정력 및 통찰이 생긴다.

상담과정은 내담자를 선정하고 상담상황을 구성하면, 다음과 같이 시작, 전이, 훈습, 전이 해소의 4단계를 거친다(강갑원, 2006: 40-43).

1) 시작단계

이 시기에는 내담자의 중요한 과거 역사에 대하여 청취한다. 3개월 또는 6개월에 걸쳐 내담자의 광범위한 무의식적 갈등을 파악한다. 이때에는 자유롭게 마음속에 떠오르는 생각이나 기억, 감정을 숨김없이 이야기하도록 격려한다. 그리고 솔직하게 말하는 것이 치료에 도움이 된다는 점을 이해시킨다. 내담자의 생각, 기억, 경험에 대하여 보다 세부적으로 관심을 가지고 자세하게 질문한다. 여기서는 내담자의 비합리적 반응이나 모순이 있더라도 지적하지 않는다. 지적하면 자유로운 표현이나 연상이 방해를 받기 때문이다.

이처럼 중립적 입장을 유지하면 내담자는 상담자가 자신의 경험 세계와 정서 세계를 깊이 이해하려고 노력하고 있다는 점을 알게 되어, 자신의 비합리적이거나 왜곡되어 있던 정서를 표현하게 된다. 이렇게 되면 상담자는 점차 내담자의 세부 내용에 대하여 질문을 통하여 그것을 명료하게 하여 여러 가지 갈등요소가 존재한다는 것을 지적해 나간다. 이러한 과정을 거치면서 내담자는 차차 자신이 말하고 느낀 것에 대하여 스스로 관찰하게 된다.

초기면접에서는 내담자의 과거 생활사보다는 현재의 경험, 대인관계, 감정 등에 관심을 가지고 현재의 대인관계나 상황이 어떤 의미를 지니고 있는지에 대하여 함께 논의해 보는 것이 중요하다. 상담이 진전되면서 상담자는 내담자의 어려움을 이해하려는 한 인간으로서 모범을 보이고, 내담자는 이에 동화되면서 차츰 상담자에게 관심이나 감정을 표현하기 시작한다. 만약 상담자가 이러한 모습을 보이지 않는다면 내담자는 상담자가 자신에게 관심이 없는 것으로 간주할 것이다. 상담상황이 잘 구성되어 내담자가 자신의 정서를 직접 체험할 수 있고, 내담자 자신이 스스로 정서 반응을 잘하는 자신을 관찰할 수 있게 되기까지를 시작 단계로 보면 된다.

2) 전이 및 통찰단계

이 단계는 전이가 나타나는 시기부터이다. 전이란 내담자가 상담자에게 중요 타인과 연합되어 있는 생각이나 감정을 투사하는 것을 말하는데, 내담자는 상담자와 전이관계를 맺는다. 정신분석에서는 전이를 장려한다. 상담자는 내담자가 자유연상(free association)을 통해서 편하게 과거의 경험이나 감정을 이야기하도록 하며 무의식적인 문제를 표출하게 한다. 즉, 내담자는 정서적 반응이 상담자를 향하여 나타나게 되고, 내담자가 상담에 대한 전이감정을 느끼고, 표현하며, 그 전이에 대하여 분석한다(한미희, 2013: 74).

전이는 미해결된 갈등을 표면화시키는 중요한 역할을 한다. 전이가 일어나면 갈등은 안전하고 지지적인 상담관계 내에서 해결될 수 있다. 전이분석은 정신분석의 초석이다. 전이분석을 함으로써 과거의 관계와 경험이 현재 관계의 문제를 어떻게 일으키는지를 통찰할 수 있다. 또한 내담자로 하여금 현재 관계에 대하여 적절하고 성숙된 결정을 할 때 통찰을 어떻게 이용할 것인지를 알도록 해 준다. 전이가 일어나면 상담자는 해석을 해 준다. 이것을 통해서 내담자는 과거에 상습적으로 잘못 사용해 왔던 방어기제의 제한점이나 그릇된 점을 인식하고 그 속박에서 벗어나 새로운 방어기제나 새로운 적응방식을 활용할 수 있게 된다. 이것을 '통찰'이라고 한다.

이 과정에서 역전이가 발생할 수 있는데, 역전이란 내담자로 인하여 상담자에게 왜곡된 관념이 생긴 경우를 말한다. 이러한 왜곡된 관념은 상담의 진전을 방해한다.

내담자의 분노, 사랑, 아첨, 비판 등의 강력한 감정을 받을 때 발생하기 쉬운 역전이를 객관적으로 처리할 수 있어야 한다. 실제로 역전이는 대부분 발생하므로 항상 이를 의식하고 처리할 수 있는 능력을 갖추어야 한다.

내담자는 의식적으로는 도움을 받으려고 하지만, 무의식적으로 갈등을 의식하고 직면하기를 꺼리는 저항을 보이기도 한다. 상담자는 이 저항을 신속히 식별하고 대처할 수 있어야 한다. 과거에는 저항을 부정적으로 보아 되도록 빨리 해결하려고 하였으나, 오늘날에는 내담자가 자신의 방어와 저항의 영향을 이해하면 자기 이해가 넓어진다는 것이 알려짐에 따라 저항을 더 수용해 주며 관심을 보여준다. 상담자는 저항이 일어나면 내담자에게 해석을 해준다. 저항을 해석해 준다는 것은 저항이 무엇을 의미하는지, 왜 저항을 하는지 등에 대하여 설명을 해주는 것이다. 이러한 과정 속에서 내담자는 자신을 폭넓게 이해하고 내적 갈등과 대인관계, 현실 지각과의 관계를 바르게 인식하고 감정으로 체험하는 통찰을 얻게 된다.

3) 훈습단계

내담자가 통찰한 것을 실제 생활로 옮겨서 변화를 일으키는 단계이다. 상담은 통찰만 얻었다고 모든 것이 해결된 것은 아니다. 예를 들어, 우리가 부모님께 존댓말을 써야 한다는 것을 아는 것만으로는 충분하지 않고, 지속적으로 존댓말을 반복하여 사용하는 경험이 뒤따를 때, 부모님께 존댓말을 쓸 수 있는 논리와 같다. 이 단계에서는 통찰하고 학습한 것을 공고히 하기 위하여 역시 추가적 전이분석도 이루어진다. 이처럼 상담에서 얻은 통찰을 현실 생활에 적용해 봄으로써 과거보다 효과적으로 적응하도록 해나가는 과정을 '훈습(working-through)'이라고 한다. 이 과정은 비교적 긴 시간이 소요된다. 이때 상담자는 내담자의 행동을 지지해 주고 강화해 주는 것이 필요하다. 이러한 과정이 성공적으로 이루어지면 내담자의 갈등이 해소되고 현실적 적응생활도 가능하게 된다.

3. 상담기법

정신분석학자들은 효과적인 양육 방식으로 아동의 발달을 돕더라도, 모든 아동이 각 심리성적 단계마다 타고난 갈등을 겪는다고 생각하였다. 이러한 단계를 거쳐 가는 길이 도달하는 결과는 방어기제의 발달이다. 고전적인 정신분석의 목적은 정신적인 에너지를 중재하기 위해 내담자가 어떻게 방어기제를 사용하게 되었는지를 이해하도록 돕는 것이다.

방어기제가 정신적 에너지를 용인 가능한 행동으로 효과적으로 발산할 수 있도록 한다면, 그것은 건전하다. 하지만 방어기제가 일상생활에 문제를 일으키는 신경증이나 정신질환으로 발현되는 행동을 이끈다면, 그것은 역기능이다. 따라서, 내담자의 정신적 에너지가 방향 전환해서 나타난 그들 행동의 진정한 의미를 밝히도록 격려해야 한다. 이는 분명히 수년이 걸릴 수 있는 노력이 수반되는 과정이다. 내담자를 좀 더 깊이 이해하기 위한 여러 가지 기법이 발전되어 왔다(Neukrug, 2010).

정신분석학의 원리는 사례의 성질에 따라 다양하게 변하는 치료절차에 적용되며, 동일한 내담자를 치료하는 동안에도 가변적으로 적용될 수 있다. 매일매일의 면접이 몇 달 또는 수년간 계속되는 전통적인 정신분석학의 방법은 단지 하나의 기법에 지나지 않으며, 모든 사례에 가장 효율적이고 효과적인 방법이라고는 할 수 없다. 이 방법이 적합한 것은 심한 만성적 신경증과 성격장애이지만, 이러한 경우에도 개인 내담자의 변화하는 욕구와 치료시기에 적합하도록 절차를 수정한다면, 치료는 더욱 효과적일 것이다. 상담기법은 다음과 같다(김충기 · 강봉규, 2003: 95).

1) 자유연상

자유연상(free association)은 정신분석적 치료의 핵심 기법이고, 분석적 틀을 유지하는 과정에서 중요한 역할을 한다. 자유연상에서 내담자는 마음속에 떠오르는 것이 무엇이든지 간에 그 내용이 얼마나 고통스럽고, 바보 같고, 하찮고, 비논리적이거나 관련 없어 보이더라도 말하도록 격려 받는다. 본질적으로, 내담자는 이런 것들을 검열 없이 즉각적으로 보고하므로 감정이나 생각을 따라 흘러가도록 노력한다. 분석적 작업이 진행됨에 따라, 대부분의 내담자는 때때로 이 기본적인 원칙에서 벗어나게 되는데, 이런 저항은 시의적절할 때에 치료자에 의해 해석된다.

자유연상은 무의식적인 바람, 공상, 갈등과 동기에 대한 문을 열기 위해 사용되는 기본적인 도구 중의 하나이다. 이 기법은 종종 과거 경험의 기억, 그리고 가끔은 닫혀있었던 강력한 감정의 방출이나 카타르시스를 이끌어낸다. 연속적 연상은 치료자로 하여금 내담자가 만드는 이런 사건 간의 연결들을 이해할 수 있도록 돕는다. 연상의 저지나 혼란은 불안을 자극하는 소재에 대한 단서 역할을 한다. 치료자는 이런 내용들을 내담자에게 해석해 줌으로써 근원적인 역동에 대한 통찰력을 높일 수 있도록 안내한다.

분석적 치료자들은 내담자의 자유연상을 들을 때에 그 표면적인 내용뿐만 아니라, 숨겨진 의미도 듣게 된다. 내담자가 말한 것들 중 그대로 받아들여지는 것은 없다. 예를 들어, 실언하는 것은 갈등하는 감정을 동반하는 표현된 감정으로 간주될 수 있다. 내담자가 말하지 않는 영역은 그들이 말하고 있는 영역 못지않게 중요하다 (Corey, 2020).

자유연상기법은 내담자에게 의식적인 선택이나 생각의 흐름에 논리를 적용하지 않고, 마음에 떠오르는 대로 이야기하도록 하는 것이다. 환상, 꿈, 감정 및 사고는 무의식적 재료의 근원이며, 따라서 자유연상의 실험재료이다. 자유연상은 과거를 회상하고 과거의 외상적 사건과 결합된 정서를 배출하는 방법이다.

내담자 편에서 보면 자아평가를 도모하는 수단이므로, 이것은 상담치료자의 객관적이고 이해하는 태도에 의해 촉진된다. 자유연상의 법칙은 의식적인 억압의 소재를 무의식에 머무르도록 하는 요인이라고 간주하여 이것을 제거하고, 단지 억압만을 요인으로 남겨두며, 이렇게 된 억압은 그 자체가 강력하지 못해서 어떤 소재가 의식적으로 들어오는 것을 제지하지 못한다. 일정한 기간에 걸쳐서 과거의 억압된 재료와 충동이 많이 나타나게 된다. 억압된 경향이 의식되어야만 그들은 자아의 통제 아래 수정과 승화를 거칠 수 있다.

자유연상의 예

『심리치료의 기법』
(1995년 출판)

월버그(Lewis R. Wolberg)는 그의 저서『심리치료의 기법(*Technique of Psychotherapy*, 1995)』에서, 자유연상의 예로 다음과 같이 설명하고 있다. 여기에서 인용하는 내담자는 공포증을 가진 38세의 여성으로, 자유연상을 통해 자신의 무의식적인 갈등의 한 면을 이해하게 된다(내담자의 언급 뒤에 붙어 있는 설명은 원저자의 설명이다.).

내담자 : 그래서 걷기 시작했어요. 그러다가 박물관 뒤로 가서 공원을 가로 질러 가기로 결

정했지요. 그렇게 걷고 있는데 아주 흥분되고 신나는 기분이 들었어요. 관목 숲 옆에 벤치가 보이길래 거기 앉았는데, 내 뒤로 뭔가 바스락거리는 소리가 들려 겁이 났어요. 숲속에 남자들이 숨어 있지 않나 하는 생각이 들었는데, 언젠가 그 공원에 성도착자들이 있다는 기사를 읽었거든요. 내 뒤에 누가 있는 것 같았어요. 불쾌했지만 한편으론 흥분되기도 했답니다. 아버지 생각이 나는군요. 흥분되는 기분이에요. 발기된 남근이 생각나요. 아버지와 연결되어 있어요. 그 점에 대해 뭔가 생각날 듯한데, 뭔지 모르겠어요. 기억의 가장자리에 머물러 있는 것 같아요. (침묵)

상담자 : 음. (침묵) 기억의 가장자리라구고요?

내담자 : (급하게 숨을 쉬며 매우 진정하고 있는 듯이 보인다.) 어렸을 때 아버지와 함께 잠을 잤어요. 재미있는 느낌이 드네요. 피부가 콕콕 쑤시는 것 같은 재미있는 느낌이 들어요. 이상한 기분인데요. 장님처럼, 뭔가 안 보이는 느낌. 정신이 흐릿해지는데요. 내가 보는 것에 얼룩이 번져가는 것 같아요. 공원을 산책한 이후 이런 느낌이 생겼다 말았다 해요. 마음이 빈 것 같아요. [내담자의 이 반응은 억압의 출현을 가리키는 것으로 볼 수 있다. 억압과 함께 지적 기능이 방해를 받는데, 억압되었던 것이 의식화됨으로써 생기는 불안에 대처하는 방편일 것이다.]

상담자 : 마음이 흐릿해지는 것은, 보고 싶지 않은 것을 마음에서 몰아내는 방법일 수 있겠죠. [내담자의 증상을 저항으로 해석함.]

내담자 : 금방 생각이 났는데요. 아버지는 옷을 벗고 있는 상태에서 돌아가셨어요. 마음속에 아버지가 보여요. 그렇지만 아무것도 볼 수가 없었어요. 생각을 분명히 할 수가 없었어요. 나는 자랄 때 남자와 여자의 차이를 알지 못하게끔 자라났지요. 아버지가 무서웠지만, 그래도 아버지를 사랑했어요. 내가 아주 어렸을 때는 토요일과 일요일 밤에는 아버지와 함께 잠을 잤어요. 너

무나 따스하고 편안했지요. 그보다 더 따뜻하고 편안한 건 없었어요. 기분도 아주 좋았고. 지금 온 몸이 콕콕 찌르는 것 같아요. 아버지와 함께 잠을 잘 수 있었던 날은 멋진 휴일이었죠. 더 이상은 기억이 안나요. 마음에 얼룩이 있어요. 긴장되고 두려워요.

상담자 : 그 얼룩이 당신의 삶을 오염시켜 왔군요. 당신은 지금 그 뭔가를 기억해 내는 것이 두려운 모양입니다. [내담자의 저항에 초점을 맞춤.]

내담자 : 예. 맞아요. 하지만 어떻게 할 수가 없어요. 내가 어떻게 할 수 있겠어요? 어떻게?

상담자 : 지금 어떤 생각이 마음에 떠오르나요?

내담자 : 지난 일요일엔 위통으로 고생했어요. 우울하고 겁에 질렸었죠. 소리 내어 울었어요. 어머니에게 매달리고 싶었어요. 그렇지만 채울 수 없는 욕구를 의식하는 것만으로 무슨 소용이 있겠어요? 그날 밤 꿈을 꾸었어요. 많은 장교들이 내 여동생의 방에 있었어요. 질투를 느꼈죠. 내게는 관심이 없었거든요. 그러다가 내가 물위에 서 있었는데, 다리가 없는 한 남자가 물 위를 걸어왔어요. 아주 자신 있게 걷더군요. 그에게 다리는 어디 있냐고 물었더니, 자기가 다리가 있을 때는 강하고 남자다웠노라고 말하더군요. 그 다음엔 꽃을 봤어요. 그 다음엔 황폐한 거리에 서 있었어요. 야위고 늙은 말이 도살될 순서를 기다리고 있더군요. 나는 겁에 질렸고, 메스꺼웠어요. 나는 꽃을 안고 있었는데, 모두들 형편없다고 비난했어요. 나도 별로 좋지 않다고 느꼈어요. 그게 전부에요.

상담자 : 꿈과 관련해 어떤 생각이 떠오르죠?

내담자 : 장교들이 내 여동생과 어머니에게는 키스를 했는데, 내게는 안 한 것 같아요. 아버지는 동생과 어머니에게는 모든 것을 주었는데 내게는 아무것도 안 준 것처럼 생각이 되요. 난 내 동생이 장교들과 함께 있는 방을 들여다보고 싶었는데, 어머니가

허락해 주지 않더군요. 미칠 것 같았어요. 꿈에 이런 부분도 있었어요. 상자에 콘돔이 들어 있었는데, 내 동생은 그걸 가져도 좋지만, 나는 안 될 것처럼 느껴졌어요. 불구가 된 사람처럼 박탈당하고, 무력하게만 느껴졌지요. 물위를 걸은 사람은 틀림없이 나 자신이었을 거예요. 나는 걷긴 했지만, 마치 절름발이처럼 걸었죠. 강하고 싶어요. 남자들은 강하죠. 아버지는 내가 강하게 성장하도록 해 주지 않으셨죠. 내 동생은 남편이 있지만, 나는 없어요. 동생은 모든 것을 가지고 있어요. 나는 아무것도 없어요. 가치 있는 건 아무것도 없어요. 난 항상 강해지길 바랐어요. 난 남자애가 되고, 또 남근을 가지는 환상을 자주 그려보곤 했지요. 꿈속의 그 꽃은 아마도 내 여성다움을 가리키는 건가 봐요. 난 내 자신에게 아무런 가치도 두지 않죠. 이제 알겠군요. 아버지가 내게 관심을 기울여 주지 않은 것에 대해 얼마나 괴로워하고 원망했는지 알겠어요. [내담자는 계속해서 자신의 근친상간적 소망과 거세불안과 남근선망을 연결지어 나갔다.]

2) 공감

[하인쯔 코헛]

현대 정신분석 관점에서는, 가장 근본적인 개입은 공감이다. 내담자와 동일시하고 우리를 내담자의 경험 속으로 몰두하게 만드는 능력은 치료동맹을 확립하는 데 핵심적이다. 또한 치료자 자신을 내담자와 동일시하고 치료자의 공감적인 경험을 내담자에게 전달하는 능력은 그 자체로 변화의 핵심적인 기제이다. 정신분석 저술에서 전통적으로 공감이란 주제는 방치되어 왔고, '정확한 해석'을 하는 것이 중요하다고 강조해 왔다.

그러나 코헛(Heinz Kohut, 1913~1981 ; 오스트리아 출신 미국 정신분석학자)의 자기심리학(self psychology)의 발전과 함께, 공감이라는 주제가 전면에 놓이게 되었다. 코헛은 해석이 '정확'한 것으로는 충분하지 않다고 주장하였다. 정확한 해석이란 내담자가 공감적이라고 경험하는 것이어야 한다고 한다.

코헛은 대리적 내성(vicarious introspection)으로 불렀던 것의 중요성을 강조하였다 즉, 치료자가 자신을 내담자의 입장에 놓고 내담자가 현상학적으로 경험하는 것이 어떤 느낌인지를 알아내려고 시도하는 것이 중요하다고 보았다. 또한 그는 공감적 반영 혹은 거울되어주기(mirroring)라는 치료적 과정이 내담자가 일관된 자기감을 발전시키도록 돕는 역할을 한다는 것을 강조하였다. 엄마-유아 관계에 대한 발달연구가 정신분석적 사고에 점점 더 많은 영향을 주게 된 것도 공감의 중요성을 강조하는 데 일조하였다(안명희 외, 2016: 101-102). 그 예로, 스턴(Daniel N. Stern)은 2000년 그의 저서 『유아의 대인관계 세계: 정신분석과 발달심리학의 관점(*The interpersonal world of the infant: A view from psychoanalysis and developmental psychology*, 1988)』에서, 엄마-유아 관계에서의 감정조율에 대한 연구는 내담자의 정서적 경험을 조율하고 공명하는 치료자의 능력이 어떻게 내담자가 자신의 정서적 경험을 설명하고 이해하도록 도울 수 있는지에 대한 개념적 모델을 제공한다.

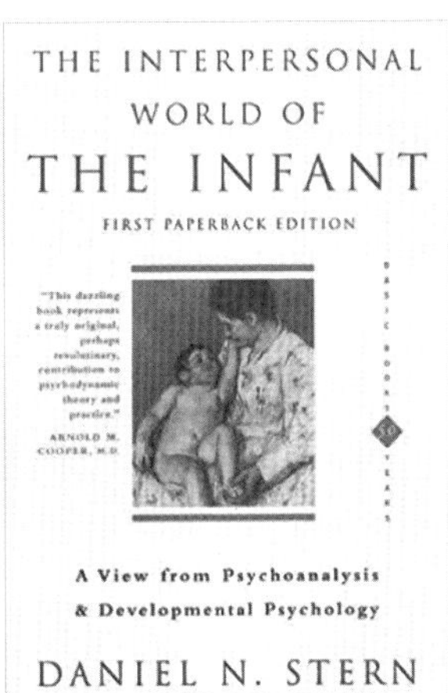

『유아의 대인관계 세계』
(2000년 출판)

3) 저항

상담치료의 진전을 방해하고 상담치료자에게 협조하지 않으려는 내담자의 무의식적 행동을 저항(Resistance)이라고 한다. 이를테면, 약속을 어긴다거나 특정한 생각 · 감정 · 경험을 털어놓지 않는 것도 저항의 한 형태이다. 내담자가 저항하는 이유는 자신의 억압된 충동이나 감정을 알아차렸을 때 느끼게 되는 불안으로부터 자아를 보호하기 위해서이다. 따라서, 내담자의 갈등을 근본적으로 해결하기 위해서는 상담치료자가 이를 지적해 주어야 한다. 상담치료는 내담자가 보이는 가장 큰 저항에 내담자의 주의를 환기시킨 후에, 내담자가 수용할 수 있도록 배려하면서 해석을 가한다.

저항이란 내담자가 상담에 협조하지 않는 모든 행위를 말한다. 정해진 시간에 상담에 오지 않거나, 상담과정에서 아무런 의미도 없는 말만 되풀이하거나, 중요한 내용을 빠뜨리고 사소한 이야기만 하거나 등이 그 예이다. 정신분석에서는 이러한 저항이 큰 의미를 지닌다고 본다. 그것은 저항을 하는 데에는 그럴 수밖에 없는 이유가 있다고 보기 때문이다.

가기 싫은 곳을 가야 할 때 사람들은 온갖 핑계를 다 대서 끝내 가지 않으려 한다. 알게 되었을 때 고통이 온다는 것을 미리 예상할 수 있는 사람은 차라리 모르는 채로 지내려고 한다. 알아봤자 좋을 게 없다는 것이다. 정신분석에서 내담자가 바로 그러하다. 무의식의 저장고에 숨겨진 내용을 인식하는 것은 내담자에게 고통스러운 일이다.

대개 사람들은 고통스러운 것은 피하려 한다. 저항은 고통스런 무의식적 자료가 의식의 표면으로 올라오려 하고 있음을 나타낸다. 상담에 대한 협조는 고통스러운 무의식에 직면해야 함을 의미하며,

반면에 상담에 대한 비협조는 고통스런 무의식을 직면하지 않으려는 내담자의 태도를 반영하는 것이다. 따라서, 상담자는 내담자가 보이는 저항의 의미를 이해하고, 이를 내담자에게 적절히 해석해 줌으로써 상담에 대한 내담자의 협조를 이끌어 낼 수 있어야 한다. 그렇게 하지 않으면 상담은 진전되기 어렵다(김헌수 · 김태호, 2006: 114).

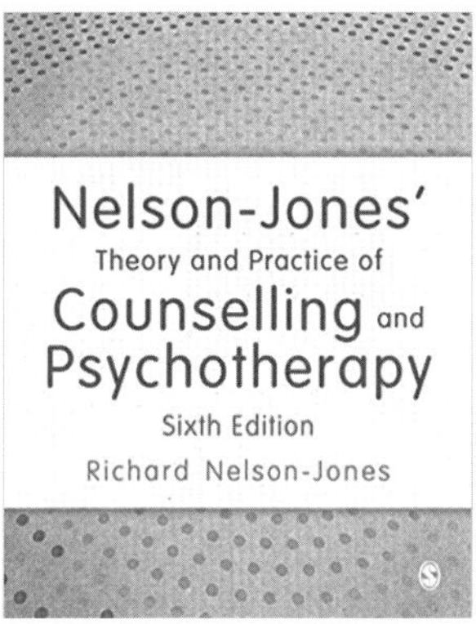

『Nelson-Jones의 상담 및 심리치료 이론과 실제』
(2000년 출판)

넬슨-존스(Richard Nelson-Jones)는 그의 저서 『Nelson-Jones의 상담 및 심리치료 이론과 실제(*Nelson-Jones' Theory and Practice of Counselling and Psychotherapy*, 2014)』에서, 프로이트는 회복작업에 반하는 모든 힘을 내담자 저항이라고 하였다. 그에 따르면, 다음과 같은 다섯 가지 저항이 있다.

① 위에서 기술한 억압저항
② 다음에 언급될 전이저항
③ 질환으로부터의 이득을 포기하는 것에 대한 저항(이차적 이득의 저항)
④ 이드의 저항. 이것은 그것을 만족시키는 방향에의 변화에 대한 저항일 수도 있고 새로운 만족 모드로의 작업을 필요로 하는 것일 수도 있다.
⑤ 초자아에서 방출된, 분석에서의 어떤 성공도 거부하는 무의식적 죄의식이나 처벌 필요성에 대한 저항, 더 나은 것을 받을 자격이 없기 때문에 아픈 채 남아 있어야 한다는 내담자의 생각은 가장 강력한 형태의 저항으로서 분석가들이 가장 두려워하는

것이다.

저항 극복의 투쟁은 정신분석가의 주요 과업이기 때문에 이 분석치료의 한 부분은 이를 서둘러선 안 된다. 분석가가 저항을 극복하도록 돕는 힘은 내담자들의 회복에 대한 욕구이며, 분석과정에 대해 그들이 가질 수 있는 지적 흥미이며, 그리고 가장 중요한 것으로 분석가에 대한 그들의 긍정적 전이이다.

4) 전이와 역전이

전이와 역전이는 정신분석의 주요한 기법이다. 왜냐하면 정신분석자는 치료과정에서 내담자로 하여금 전이를 유도하고 전이를 해결하는 작업을 수행하기 때문이다. 그리고 치료자가 내담자에게 역전이를 하고 있는 것을 이해하지 못하다면 효과적인 치료에 방해가 되기 때문이다. 정신분석의 목표는 내담자로 하여금 불안을 야기하고 있는 억압된 충동을 자각하게 하는 것이다.

(1) 전이

프로이트는 초기부터 내담자들과의 관계를 매우 중요시했다. 그는 내담자들이 어린 시절 중요했던 인물들의 모습을 분석가에게서 발견하여 분석가가 감당할 정도나 혹은 그 이상으로 강력한 느낌과 감정을 전이(transference)시킨다는 것을 발견했다. 프로이트는 전이애(transference-love)에 대해 언급하면서 이는 양가적인 것이라고 하였다. 즉, 애정과 이에 반하는 적개심, 배타성, 질투의 혼합이라는 것이다. 전이는 원형노이로제(original neurosis)가 분석가와의 관계에서 전이노이로제로 발전함을 나타낸다.

전이는 최소한 다음 세 가지의 장점을 지닌다(Nelson-Jones, 2014).

첫째, 처음 시작은 긍정적일 수 있어 내담자가 분석가를 기쁘게 하려고 하기 때문에 이는 분석가에게 도움이 된다. 내담자의 약한 에고는 강해지고 내담자는 분석가에 대한 사랑으로부터 이득을 얻는다.

둘째, 내담자가 분석가를 자신의 아버지나 어머니로 생각할 때, 내담자는 분석가로 하여금 내담자의 초자아가 자아에 대해 갖는 힘에 접근할 수 있도록 한다. 새로운 초자아로서의 분석가는 그 힘을 노이로제에 대한 '일종의 사후-교육'을 위해 사용할 수 있다(Freud, 1949: 67). 분석가는 부모의 초기 교육의 실수를 바로잡을 수 있다. 그러나 분석가는 내담자의 독립성 욕구를 항상 존중해야 한다.

셋째, 전이에서 내담자는 자신의 삶의 중요한 부분을 단순히 기억하기보다는 재생한다. 내담자는 분석가 앞에서 노이로제와 관련한 자신의 정신적 태도와 방어적 반응을 실연한다.

대체로 전이는 부정적이고 적대적으로 변해 결국 저항이 되고 만다. 부정적 전이의 시작은 분석가에 대한 내담자의 에로틱한 욕구를 분석가가 만족시켜 주지 않음으로써 내담자를 좌절시키는 것과 관련이 있다. 이 병적 갈등의 재발을 통해 분석가는 많은 억압된 내용과 통찰에 접근해서 내담자의 자아를 강화하는 것을 돕는 기회를 가질 수 있다.

전이분석은 여러 차례에 걸쳐 다양한 방법으로 지속되어야 한다. 훈습(working through)은 반복, 정교화, 증폭의 과정이다. 성공적인 전이분석의 경험은 종종 중요한 사건이나 환상을 상기시켜 전이의 본질을 조명하게 한다.

전이를 다루는 것은 내담자가 어린 시절에 느낀 감정의 원형을 내담자에게 몇 번이고 보여 주어야 하는 분석가에게는 중요한 기술이다. 분석가는 전이가 걷잡을 수 없는 상황이 되지 않도록 유의해야 한다. 분석가는 그렇게 될 가능성을 내담자에게 미리 알릴 수 있으며, 그럴 가능성의 초기 징후를 잽싸게 알아차릴 수 있도록 경계의 끈을 놓지 말아야 한다. 분석가는 내담자를 격려해 분석상황 이외의 경우에 전이가 일어나지 않도록 격려할 수 있다.

(2) 역전이

역전이(countertransference)는 상담자가 내담자에게 일으키는 전이현상을 말한다. 즉, 상담자가 자신의 갈등으로 파생되는 왜곡된 관념이 내담자로 인하여 발달되는 경우이다. 이것은 내담자를 싫어하는 감정이나 과잉애착 또는 과잉관여로 나타난다. 이러한 상담자 자신의 왜곡된 반응은 상담의 진전을 방해하기 마련이다. 따라서, 효과적인 상담을 위해 상담자는 내담자의 분노, 사랑, 아첨, 비판 등의 강력한 감정을 받을 때 발생하는 역전이를 객관적으로 처리할 수 있어야 한다(노안영, 2018: 191).

역전이는 상담자의 자기자각의 부족을 통해 상담에 영향을 미친다. 왜냐하면 역전이는 상담자가 자신의 신념, 욕구, 특성, 태도가 상담관계 형성 및 상담과정에 영향을 준다는 것을 인식하지 못하고 있다는 가정에서 일어나기 때문이다. 역전이는 전통적으로 상담자의 무의식적인 불안과 특정 갈등에 기초한 내담자에 대한 상담자의 반응으로 정의된다.

5) 해석

내담자는 감정전이 사태가 원래의 사태와 다르다는 것을 경험한다. 그러나 상담자는 내담자의 태도가 과거 어린 시절에 뿌리 박혀 있어서, 내담자에게 적합한 반응이 아니라는 점을 지적하거나 해석(Interpretation)해 준다. 이것 때문에 통찰이나 지적 인지가 생긴다. 해석은 이렇게 구별을 촉진시킨다. 분석자의 해석은 내담자가 오래되고 자동적인 초자아 기능 대신 의식적 판단으로 대체하도록 보조한다. 다시 말하면, 초자아의 기능을 자아의 기능으로 대체하는 것이다.

해석은 치료를 촉진시킨다. 해석이 무의식 소재를 내담자가 이미 이해한 것과 결합시키며, 따라서 해석은 이전의 통찰에 주목하게 해야만 한다. 해석은 어린 시절의 마음에 따라 형성되었던 관계를 지적하며, 이에 따라 환자는 그릇된 동일시와 일반화를 파악할 수 있게 된다. 내담자가 아무런 도움을 받지 않고서도 유아적인 일반화를 자명한 것으로 인식할 수 있으리라고 기대하는 것은 너무 지나친 것이다. 그러나 오래되고 유아기적인 관계가 해체된 후, 자신의 자아의 통합력 때문에 내담자가 조만간 새로운 통합만을 확립시킬 것이라는 점은 분명하다. 상담자는 해석을 통해서 이와 같은 통합과정에 박차를 가할 수 있으며, 그럼으로써 과정의 능동적 참가자가 된다.

해석을 통해서 자아의 통합하는 기능에 도움을 줄 수 있다. 개개의 내담자들이 얼마나 많은 능동적 협조를 바라는지는 가장 시기적절한 문제의 하나이다. 해석의 일반 원칙은 이것이 항상 표면으로부터 출발해서 내담자가 그 장면을 정서적으로 경험하면서 나아갈 수 있는 한, 깊숙이 파고 들어가는 것이다.

실제의 생활장면을 과거경험 및 감정전이 장면으로 연결시키는 해석은 전반적 해석이다. 이것은 해석의 이중 목표, 즉 자아에 의한 새로운 재료의 동화의 촉진과 나아가서 무의식 소재의 가동을 달성하는 것이다.

그러므로 해석이란 내담자의 사고나 감정, 행동의 이면에 감추어진 욕구나 의미, 동기 등을 파악해서 이런 것을 내담자가 깨닫도록 하기 위해 언어적으로 대응하는 기법을 말한다. 내담자의 내적 세계에 대한 이해만큼, 해석도 심리치료사의 중요한 역할이다. 내담자의 통찰을 유도하기 위해 다음과 같은 방법을 사용한다(현정환, 2016: 81).

① 이야기 내용의 일부를 강조한다.
② 이야기 내용을 요약한다.
③ 놓쳐버린 상황이 있다면 그것을 명확히 하기 위해 이야기 내용을 반복한다.
④ 이야기에 수반되는 감정을 반사한다.
⑤ 증상과 감정과 갈등의 관계를 연결해 본다.
⑥ 문제를 깊이 있게 생각하도록 하기 위해 긴장상태를 유지한다.
⑦ 무의식적 내용을 의식시키기 위해서 해석하는 방법을 사용한다.

해석의 원칙은 다음과 같다.

첫째, 해석을 시도하는 시기의 적절성이다. 왜냐하면 적절하지 못한 때에 해석을 하면 내담자가 거부반응을 일으킬 수 있기 때문이다. 우선, 해석하려는 내용이 내담자의 의식수준에 가까이 왔을 때 하는 것이 원칙이다.

둘째, 내담자가 소화해 낼 수 있을 정도의 깊이까지만 해석해야 한다. 내용이 내담자의 의식수준에 가까이 왔을 때 하는 것이 원칙이다.

셋째, 저항이나 방어의 저변에 깔려 있는 무의식적 감정 및 갈등의 의미를 해석하기에 앞서 그 저항과 방어가 어떻게 나타나고 있는지를 먼저 지적해 줄 필요가 있다.

해석의 세 범주는 다음과 같다.

명료화해석은 내담자의 생각과 감정을 구체화함으로써 보다 깊은 탐색이나 해석이 요구되는 어떤 주제에 내담자의 관심을 집중시키기 위한 상담자의 언급이다. 이러한 언급은 질문, 재진술, 가벼운 명령 등의 형태를 취하기도 한다.

비교해석에서는 상담자가 내담자의 두 가지 이상의 사건 · 생각 · 감정들을 나란히 대비시킨다. 이 대비되는 사건 · 생각 · 감정들은 유사하거나 대조적인 것들이다. 흔히 비교되는 주제는 현재행동과 과거행동, 공상과 현실, 내담자와 다른 사람, 아동기와 성인기, 부모에 대한 태도와 상담자에 대한 태도 등이다. 이런 비교는 반복되어 나타나는 행동 · 감정양식이나, 모순점을 지적하는 데 사용된다.

소망-방어의 해석은 신경증적 갈등의 소망-방어적 요소를 지적하는 언급이다. 소망과 방어는 이론상으로는 분리된 것으로 취급되지만, 실제로는 이를 분리해서 관찰하거나 다루는 것이 어렵다. 그러나 상담의 초심자들은 우선 가능한 한 방어요소를 먼저 해석하도록 노력해야 한다는 점을 기억해야 할 것이다.

해석의 예

『중심은 잡을 수 없다』
(2008년 출판)

삭스(Elyn R. Saks)는 그녀의 저서 『중심은 잡을 수 없다: 광기를 통한 나의 여행(*The center cannot hold: My journey through madness*, 2008)』에서, 개인적으로 정신병과 사투를 벌인 경이로운 경험을 회고하면서, 숙련된 분석가와의 경험에 대해서 말한 적이 있다. 그 분석가인 존스 부인(Mrs. Jones)은 삭스가 무의식적으로 심한 시기심을 느끼는 것과 분노와 적대적인 감정을 다른 사람에게 투사하는 것과 같은 요인들이 그녀로 하여금 정신병적 증상을 갖게 하는 데 일조하였다고 해석함으로써 삭스의 이해를 도왔다. 그 내용은 다음과 같다(Saks, 2008: 92-93).

> 나는 Mrs. Jones를 일주일에 세 번 만났다. … 나는 망상과 내가 통제할 수 없는, 참을 수 없이 사악한 힘들을 보고하였다. 나는 악의적이고, 나쁘고, 세상을 파괴시키는 사람이었다. 하지만 그녀는 두려워하지 않았다. 그녀는 놀라서 쳐다보는 일이 없었다. 그녀는 판단하지 않았고 오로지 들어주었다. 그리고 내가 한 말의 의미를 어떻게 해석했는지 말해 주었다.
>
> Mrs. Jones : 대학에서 겪는 어려움에 대해서 말해보세요.
>
> Saks : 나는 별로 똑똑하지 않아요. 나는 제대로 하는 일이 없어요.
>
> Mrs. Jones : 당신은 밴더빌트대학교(Vanderbilt University) 수업에서는 일등을 했었지요. 그런데 옥스포드대학교에서는 속이

상하는군요. 왜냐하면 당신은 최고가 되기를 원하는데 할 수 없을까 봐 두렵기 때문이지요. 당신은 당신 어머니 엉덩이에서 나온 똥덩어리처럼 느끼는군요.

Saks : 나는 지금부터 커텐을 치고 있을 거에요. 왜냐하면 길을 건너는 사람들이 나를 보고 있기 때문이에요. 그들은 내가 말하는 것을 들을 수 있어요. 그들은 화가 났고 나를 해치고 싶어해요.

Mrs. Jones : 당신은 당신의 화나고 적대적인 감정을 다른 사람들에게로 철수시켜버리는군요. 화가 나고 비판적인 사람은 당신인데요. 그리고 당신은 여기서 일어나는 것을 통제하고 싶어 하는군요.

Saks : 나는 통제권을 쥐고 있어요. 나는 세상을 통제해요. 세상은 내 변덕스러움을 따르죠. 나는 세상과 그 안에 있는 모든 것을 통제해요.

Mrs. Jones : 당신은 통제한다고 느끼고 싶군요. 사실은 너무 무기력하기 때문에요.

Mrs. Jones이 홀에게 말한 내용이 항상 위로가 되는 것은 아니었지만(자주, 그것은 놀랄만한 것이고 놀라서 멈칫할 만한 것이었다.), 이 방에서의 그녀의 존재는 고요하고 적절하였다. 그녀는 내가 말하는 것이 무엇이든지, 얼마나 역겹고 싫은지 간에 내가 말한 것에 절대 움찔하지 않았다. 그녀에게 나의 생각과 느낌은 옳거나 틀린 것이 아니고, 좋거나 나쁜 것이 아니고 그냥 있는 그대로였다.

6) 꿈의 해석

꿈(dream)은 위장된 형태로 내담자의 용납되지 않는 충동과 욕망을 표시한다. 꿈은 충동이 일으킨 저항에 의해 왜곡된다. 꿈의 표출

(공개적인) 내용은 잠재적(억압된) 요소를 압축이나 간략화한 것이다. 세부적인 것이 숨겨진 개인적인 암시로 나타날 때가 많다. 인과관계는 감정적인 순서로 대치되며, 어떤 것은 그 반대적인 것으로 표시된다. 꿈은 두 가지 상반되는 힘이 타협한 결과이다. 즉, 욕망을 표현하거나 긴장을 완화시키고자 하는 욕구와 욕망을 거부하는 경향의 타협이다. 고통스러운 꿈일 때 꿈꾸는 사람은 놀라서 깨는데, 이것은 꿈이 반대될 만한 내용을 충분히 위장하는 데 실패한 것이거나 죄책감의 결과로 인한 것이다.

꿈의 표출내용에 관해 자유연상을 시키는 것으로 내담자에게 분석된다. 또한 상담치료자의 도움으로 잠재적 요소가 발견되며, 자유연상과 치료 장면이 내담자의 무의식적 검열을 완화시키고, 그럼으로써 억압된 욕망의 압력이 터져 나온다. 꿈의 요소 가운데 어떤 것은 보편적인 인간 경험의 공통적 표상이다.

한 가지 꿈에 상담치료자의 해석에 대한 저항은 해석을 거부하는 다른 꿈을 가져온다. 두 번째 꿈은 저항의 성질에 대한 단서를 마련해준다. 꿈은 치료가 진행됨에 따라 정신역동적 장면을 훌륭하게 측정할 수 있도록 해 준다.

꿈의 해석은 한 때 정신분석의 실제에 핵심으로 간주되었다. 프로이트는 꿈을 '무의식으로 가는 왕도'로 언급하였고, 정신분석이론과 실제에서 초창기 그의 획기적인 학문적 발전이 자신의 꿈과 내담자의 꿈 해석으로부터 비롯되었다. 프로이트는 꿈을 일종의 소망 성취로 생각하였고, 꿈에 대해 작업하기 위해 잘 다듬어진 방법론을 활용했다. 프로이트 시대 이후로, 꿈의 의미를 개념화하고, 꿈 작업을 하기 위해서 다양한 정신분석적 모델이 개발되었다. 꿈 해석에 특별히 유용한 접근법은 페어베언에 의해 개발되었는데, 그는 꿈속에서의 모든

인물들은 자기의 다양한 측면들을 나타낸다고 하였다. 예를 들어,

> 나는 남편이 없을 때 혼자 집에서 자는 것을 두려워하는 여자 내담자를 만난 적이 있다. 그 당시에, 그녀는 일상적으로 도끼 살인마에게 쫓기는 꿈을 꾸었다. 나는 그녀에게 도끼 살인마의 역할에서 자신을 볼 수 있는지를 실험해 보라고 제안하였다. 그녀는 그 역할에서 연상되는 공격적인 감정과 접촉할 수 있었고 궁극적으로는 남편의 잦은 출장 때문에 받았던 그러나 애써 부인해 온 버림받은 느낌과 관련된 분노에 접촉할 수 있었다.

꿈 해석에 대한 여러 가지 다양한 정신분석적 접근들이 시간이 흐르면서 발전되었다. 하지만 한때 핵심적인 역할을 하던 꿈 해석이 더 이상은 미국 정신분석이론과 실제에서는 그다지 중요한 역할을 하지 않는다. 전이, 역전이, 그리고 재연을 탐색하는 것이 더 핵심적이 되었다. 그럼에도 불구하고, 대부분의 정신분석가들과 홀을 포함한 정신분석적 치료자들은 특정 치료과정 상황에서는 꿈을 가지고 작업하는 것이 매우 유용하다는 것을 잘 알고 있다. 꿈이 특히 유용한 상황은 내담자가 치료시간 동안 자신의 내면세계를 접촉하고 표현하는 것을 어려워할 때이다. 이런 상황에서, 내담자들에게 그들의 꿈에 주목하고 꿈을 적어 보라고 제안하는 것은 내담자가 자고 있는 동안에 즉흥적으로 떠오르는 자료들을 치료를 위해서 제공하도록 할 수 있다. 이렇게 하면 내담자의 경험의 폭을 극단적으로 제한할 수 있는 방어적 과정에 제약을 받지 않아도 된다. 물론 내담자가 꿈을 기록하고 이후의 치료시간에 그것을 이야기하는 것은 재구성하는 과정이지만, 재구성되는 방식 또한 그 자체로 흥미로울 수가 있다. 꿈을 가지고 작업하는 것이 중요한 또 다른 이유는, 내

담자들은 주로 생생하게 기억되는 꿈이나 충격적이고 놀라운 이미지와 연상되는 감정이 들어있는 꿈을 보고하기 때문이다.

꿈에 대해서 들을 때, 꿈의 다양한 측면들이 무엇을 상징하는지에 대하여 예견하거나, 꿈을 어떻게 작업할지에 대하여 미리 생각하는 것을 피하는 것이 좋다. 상담자는 수용적이고 개방적인 태도로 꿈을 들으려고 하고 꿈이 자신의 감정, 공상, 무의식적 경험에서 작동하도록 한다. 내담자가 꿈에 대해서 말하는 방식에 주의를 기울이고, 꿈을 회상하는 동안에 내담자의 정서적 경험이 변동하는 것에 주목한다. 종종 특정한 지점에서 내담자를 멈추게 하고 내담자가 경험하고 있는 것을 물어보기도 한다. 내담자가 꿈에 대해 어떻게 생각하는 지를 물어보면서 시작할 수도 있다. 내담자의 해석을 완전히 이해할 때도 있고, 상담자 마음속에 불쑥 떠오르는 생각이 내담자의 개념화와 극히 다른 경우도 있다. 만약 해석에 큰 차이가 있으면, 상담자의 생각을 전달하고 내담자가 어떻게 반응하는지를 탐색한다. 내담자에게 꿈을 다시 천천히 말하도록 요청하고 그 길을 다시 따라가다가 다양한 지점에서 내담자를 멈추게 하고 무엇이 떠오르는지를 물어보는 과정을 반복한다.

가장 중요한 것은, 꿈을 해석하는 데에는 수없이 다양한 경로가 있고, 그 꿈의 재료가 우리에게 상호작용에 참여할 기회를 제공해 준다는 점이다. 그리고 상호작용을 하는 동안에 우리는 사물을 보는 여러 가지 방식에 대해 실험하고, 이 다양한 대안들이 우리 둘 모두가 사물을 이해하는 데에 어떻게 영향을 주는지 탐색할 수 있다. 내담자가 꿈을 설명할 때, 내 안에 떠오르는 것들이 내담자의 심리보다는 자신의 심리를 더 많이 반영하는 것은 당연하다. 하지만 그럼에도 불구하고, 내담자가 자신의 경험을 심화시키는 방식으로 되돌아보도록 돕기 위해서 상담자의 반응, 환상, 연상, 생각들을 자극제로 사용하는 과정에 동참하도록 내담자를 초대한다. 상담자는 꿈 작업을 내담자와 치료자가 자료를 가지고 유희하듯 함께 작업하는 과정으로 본다. 논리적이고 선형적인 사고에 기반을 둔 일상에 대한 대화와 달리 직관과 상호작용을 통해 둘이 같이 의미를 만들어가는 과정이라고 생각한다. 항상 상담자는 꿈의 어떤 측면들이 상담자와 내담자 관계와 상담자에게 주는 암묵적인 암시로서(정신분석가들은 암시를 전이라고 부른다.) 해석되는 것에 특히 주목한다.

4. 정신분석상담의 실제

정신분석상담은 일반적으로 장기간에 걸쳐 이루어지며, 내담자에 따라 매우 다양하고 변화무쌍한 과정을 거치게 된다. 그러나 정신분석상담의 과정은 편의상 초기, 중기, 종결기로 구분해 볼 수 있다. 내담자가 정신분석상담에 적절하다고 판단되어 치료약속을 하면서부터 본격적인 상담이 시작된다. 일반적으로 상담이 시작되어 전이관계가 형성되기까지를 상담의 초기라고 볼 수 있으며, 상담 중기는 전이와 저항이 나타나고 훈습이 진행되는 기간을 말한다. 상담 중기는 가장 긴 기간으로서 전이에 대한 통찰이 생기고, 이 통찰을 훈습하는 과정에서 많은 시간이 소요된다. 종결기는 상담의 성과가 나타나면서 상담을 마무리하는 시기이다. 전이가 해소되어 상담자를 현실적인 대상으로 볼 수 있게 되고, 무의식적인 갈등이 해결되면 상담과정을 종료하게 된다. 프로이트의 방식을 고수하는 정통적인 정신분석에서는 환자를 장의자에 눕히고 상담자는 환자가 볼 수 없게 머리맡에 의자를 두고 앉는 형태로 상담이 진행된다. 그 내용은 다음과 같다(권석만, 2018: 78-79).

1) 초기 상담

정신분석상담을 시작할 때는 내담자가 정신분석상담에 적합한 사람인지를 평가하여 결정하는 것이 중요하다. 정신분석을 통해 상담효과를 얻기 위해서는 많은 시간, 진지한 노력, 상담비, 희생과 인내가 요구된다. 내담자의 성격적 구조와 현실적 여건 그리고 상담자의 여건 등을 고려하여 상담의 적합성이 평가되어야 한다.

상담과정은 상담자가 내담자의 건강한 자아와 상담적 동맹을 맺고 공동작업을 통해 내담자의 무의식 속에 숨어 있는 신경증적 갈등을 찾아 변형시켜 나가는 과정이다. 따라서, 상담의 성패를 결정하는 중요한 요인은 내담자의 자아강도(ego strength)이다. 신경증적 장애에도 불구하고 다양한 사회활동에 잘 참여하며 주어진 책임을 잘 수행하고 있다면 자아기능이 비교적 잘 유지되고 있다고 볼 수 있다. 반면에, 생활이 반복적인 실패와 부적응으로 점철되거나, 심각한 정신병적 장애를 지닌 내담자의 경우에는 정신분석 상담이 적절한지를 신중하게 판단해야 한다.

내담자가 정신분석상담에 적절하다고 판단되면 상담에 필요한 계약을 한다. 먼저, 상담자와 내담자는 상담목표에 대해서 합의를 해야 한다. 상담계약의 구체적인 내용으로는 상담시간, 상담비, 불참시 지불문제, 결석처리, 환자의 개인적 비밀보장 등이 있다. 이 과정에서 상담자는 내담자에게 정신분석상담과 내담자의 역할에 대해서 설명한다. 내담자의 문제와 과거사를 탐색하는 것과 더불어, 상담동맹을 형성하는 것은 초기에 해야 하는 중요한 과제이다.

2) 중기 상담

내담자의 저항과 전이가 나타나면서 상담은 중기에 접어들게 된다. 상담자는 내담자에게 자유연상을 시키거나 꿈을 기억해 오도록 하는데 상담에 협조적이던 내담자가 어느 시점부터 다양한 방식으로 저항하기 시작한다.

상담시간을 잊어버리거나, 중요하지 않은 자질구레한 이야기를 늘어놓으며 상담시간을 허비하거나, 아무런 생각도 떠오르지 않는다며 침묵하거나, 이유를 알 수 없는 분노를 터뜨리는 행동을 통해서 상담자에게 저항할 수 있다.

상담자의 첫 과제는 내담자의 저항을 인식하는 것이다. 저항의 이면에는 억압된 무의식적 동기가 숨겨져 있다. 저항을 분석하는 것은 정신분석상담의 필수적인 요소이다. 저항을 분석하는 첫 단계는 내담자로 하여금 자신이 저항하고 있다는 것을 이해시키는 것이다. 상담자는 내담자가 비난 받는다는 느낌을 갖지 않도록 하면서 저항의 의미를 함께 탐색해 나간다.

상담 중기에는 내담자의 전이가 나타난다. 내담자는 상담자의 의도를 자주 오해하며 부적절한 감정을 표출하거나, 또는 지나치게 접근적이거나, 회피적인 태도를 취할 수 있다.

전이는 내담자의 어린 시절에 중요한 역할을 했던 사람, 특히 부모에게 느꼈던 감정과 갈등이 상담자에게 반복되어 나타나는 것이다. 내담자는 상담자를 마치 어린 시절의 중요한 사람을 대하듯이 행동하지만, 내담자 자신은 이러한 현상을 자각하지 못한다. 상담자는 내담자의 전이를 인식하고 관찰하면서 그 무의식적 근원과 의미를 탐색한다. 이러한 전이분석을 통해서 내담자는 자신의 무의식적 갈등에 대한 통찰을 얻게 된다.

내담자는 저항과 전이를 경험하고 그 무의식적 의미를 이해하게 되면서 자신의 무의식적 갈등에 대한 통찰을 얻게 된다.

통찰은 자기문제에 대한 이해로서 두 가지 유형의 구분이 필요하다. 그 하나는 모호하게 알고 있던 자신의 문제를 이성적인 지식수준에서 좀 더 분명하게 이해하게 되는 지적 통찰(intellectual insight)이다. 다른 하나는 과거에 경험한 심리적 상처와 감정을 재경험하면서 현재 문제와의 관련성을 가슴 깊이 인식하며 감동적인 깨달음을 얻게 되는 정서적 통찰(emotional insight)이다. 정서적 통찰은 흔히 쏟아지는 눈물이나 웃음과 같은 감정반응을 동반한다.

지적 통찰보다는 정서적 통찰이 더 치유적이며 더 많은 행동변화를 유발한다. 그러나 통찰만으로 내담자의 생활방식이 적응적으로 변화되지 않는 경우가 많다.

상담자는 내담자와 함께 무의식적 갈등이 현실생활에 미치는 영향을 검토하고 통찰에 근거하여 새로운 적응행동을 실천하도록 격려한다. 이러한 훈습과정을 통해서 내담자는 서서히 증상을 해소하고 건강한 생활방식을 습득하게 된다.

이처럼 정신분석 상담의 중기는 상담자와 내담자가 저항과 전이를 매개로 실랑이를 하면서 무의식적 갈등에 대한 통찰을 얻고 훈습을 해 나가며 변화하는 기나긴 과정을 포함한다.

3) 종결 상담

통찰과 훈습을 통해서 저항이 극복되고 상담자에 대한 전이가 해소되면, 상담자는 상담의 종결을 고려한다. 일반적으로 상담의 종결 여부는 다음과 같은 기준에 따라 결정하게 된다.

① 심각한 갈등의 해결과 자아기능의 향상

② 병리적 방어기제의 사용 감소,

③ 성격구조의 중요한 긍정적 변화

④ 증상의 상당한 호전 또는 증상을 스스로 극복할 수 있는 능력이 생겼다는 증거의 존재, 상담자는 내담자와 상담효과를 검토하면서 상담의 종결을 암시하며, 자연스러운 종결을 준비한다.

여기서 유의해야 할 점은, 내담자의 갈등이 완전히 사라졌을 때가 상담의 종결 시점이 아니라는 것이다.

정신분석상담은 내담자가 자신의 무의식적 갈등을 이해하고 그것에 휘둘리지 않으면서 적응적인 생활을 해 나갈 수 있는 방법과 능력을 길러주는 작업이다.

상담자는 내담자가 스스로 자신의 무의식을 탐색하고 분석하는 작업을 계속하도록 권장한다. 상담이 종결된 후에도 상담자는 간헐적인 면담을 통해서 내담자의 현실적응과 자기분석을 도울 수 있다.

5. 평가

정신분석상담이 공헌한 점은 다음과 같다(임상록 외, 2012: 62-63).

첫째, 정신분석상담은 우리의 많은 행동이 발달 초기단계에서 형성된 패턴의 반복이라는 사실을 이해하는 데 기여하였다.

영유아기의 초기 경험은 대상관계이론으로 발전했으며, 중요한 타인과 초기에 어떤 경험과 교류를 했으며, 그 경험이 현재의 관계에 어떤 영향을 미치는지를 밝히는 데에 도움을 주었다. 분리와 개별화, 친밀성 대 불신, 의존과 독립, 정체감 문제는 발달의 어느 부분이 고착되었는가를 이해하고 통찰하는 데 기여하였다(Corey,

2020).

둘째, 정신분석상담은 치료나 훈련의 일부를 통해 집중적으로 정신분석치료를 받는 것을 강조한다. 이는 역전이의 근원을 알아내는 데에 도움을 준다.

정신분석상담에서는 치료자의 역전이를 인식하고 알아차리며 훈습하는 것을 강조한다. 상담자는 자신의 편견과 편향을 인식하고 직면할 필요가 있다.

셋째, 정신분석이론은 정신의학이나 심리학뿐 아니라, 인문사회과학 분야인 문학과 예술에도 많은 영향을 미쳤고, 후에 융, 아들러, 에릭슨 같은 신프로이트학파들이 발전하는 계기가 되었다.

프로이트의 심리성적 발달단계의 개념은 심리사회적 요소를 강조한 에릭슨의 발달단계에 결정적으로 영향을 미쳤고, 에릭슨의 이론은 더 완전한 모습을 보여주고 있다.

프로이트와 에릭슨의 두 관점은 성격발달에 대한 핵심 주제로 인간을 생물학적 · 심리학적 · 사회적 존재로 확장하여 바라보았고, 이것이 프로이트 정신분석이론의 공헌이라고 본다.

정신분석상담의 탁월성과 우수함에도 불구하고, 한계와 비판은 다음과 같다(김계현 외, 2016: 190).

첫째, 프로이트이론은 폐쇄적이기 때문에 이론이 이론을 설명하는 순환론적 특성이 있다.

둘째, 임상집단에서 끌어낸 이론이어서 일반화가 어렵다.

셋째, 오이디푸스 콤플렉스나 엘렉트라 콤플렉스 이론 등은 지나치게 남성 중심적인 사고에 기반을 두고 있다.

넷째, 유아기에서부터 성적인 동기와 파괴적인 소원에 의하여 행동이 동기화된다고 보고, 유아기의 경험들과 억압된 무의식의 내용을 중요시함으로써 인간을 결정론적이고 비합리적인 존재로 보고 인간의 자율성과 책임성 그리고 합리성을 무시하고 있다.

그러나 이러한 단점에도 정신분석이론은 한 세기 동안 유지되었으며, 앞으로도 새로운 변화와 도약의 과정을 거쳐 현대 심리학에 크나큰 공헌을 할 것이라는 점은 부정할 수 없다.

Chapter 5

정신역동 가족치료

1. 이론적 배경
2. 정신역동 가족치료의 개요
3. 정신역동 가족치료의 핵심 개념
4. 치료목표와 치료과정
5. 치료기법
6. 평가

05
정신역동 가족치료

1. 이론적 배경

정신분석은 프로이트에 의하여 개발된 이론이다. 프로이트는 가족관계의 영향은 인정했지만 개인적인 정신내적 갈등을 해소시키는 데에만 주력하고, 가족체계의 특성을 변화시키는 데에는 관심을 두지 않았다. 즉, 정신분석은 정신 내적 이론이자 개인치료 중심이다. 그런데 가족치료는 사회체계이론 내지는 가족집단의 치료라고 할 수 있으므로, 정신분석과 가족치료의 결합은 상당부분 역설적일 수 있다. 그래서 '정신분석 가족치료'라는 용어 대신 '정신분석지향 가족치료 (psychoanalytically oriented family therapy)', 또는 '정신역동 가족치료(psychdynamic family therapy)'라는 용어로 대치하기도 한다(서혜석 외, 1997: 52).

1930년대에서 50년대에 정신분석학 연구자들은 가족에 더 흥미를 갖고 연구하기 시작하였다. 에릭슨(E. Erickson)은 자아심리학의 사회적 측면을, 프롬(E. Fromm)은 문화적인 힘(cultural forces)과 개별화(individuality)를, 보웬 (M. Bowen)은 가족 내에서의 분화과정을, 그리고 설리번(H. S. Sullivan)은 대인관계에서 어머니의 역할을 강조하였다.

1950년대에 이르러 정신분석 분야에서 크게 두드러진 것은, 개인의 정신 내적 구조에 관심을 지닌 미국에서의 자아심리학과 대인관계적 분석에 치중했던 영국의 대상관계이론이었다. 특히, 대상관계이론은 이 시기에 크게 주목을 받기 시작했는데, 이는 타비스톡 클리닉(Tavistock Clinic)을 통해 부부갈등 해결에 대상관계이론을 적용했던 딕스(H. Dicks)의 공로가 컸다. 오늘날의 정신역동모델이 갖는 위상은 대상관계이론에 그 토대를 두고 있다. 대상관계이론은 프로이트의 심리 내적 및 본능이론과는 차별적으로 유아와 양육자의 애착을 둘러싼 주요 욕구와 성인이 되어서도 그러한 욕구와 관련해 계속 만족을 추구하게 만드는 내면화된 정신적 표상에 대한 분석을 다룬다(Goldenberg et al., 2016).

1960년대와 1970년대를 거치면서 가족치료가 급속히 퍼져 나가게 된 당시에는 정신분석적 사고가 무시되었는데, 그 이유는 정신분석이 근본적으로 개인치료를 중심으로 하기 때문이다. 즉, 정신분석은 문제의 원인이 개인 내부에 있다는 가정을 하고 있는데, 가족치료는 개인 간에 문제가 발생할 수 있다고 보고, '관계'를 중심으로 접근하기 때문에, 개인치료에 만족할 수 없었던 가족치료의 선구자들은 바로 이러한 측면에서 정신분석에 한계를 인식하고, 가족치료의 필요성을 느꼈던 것이다.

하지만 1980년대에 이르러 반전이 일어나게 된다. 가족치료 분야에서 다시금 개인심리학에 대한 관심이 일어나게 된 것이다. 이러한 관심의 배경에는 두 가지 흐름이 존재하였는데, 하나는 정신분석 분야 내에서, 그리고 다른 하나는 가족치료 분야 자체 내에서 일어난 변화에 기인하였다. 전자의 흐름을 살펴보면, 정신분석 내에서 그동안 절대시되었던 프로이트이론을 중심으로 한 개인주의 심리학에서 관계를 더 중시하는 대상관계이론과 자아심리학으로 관심이 옮겨 간 것이다. 또한 후자의 흐름을 더듬어 보면, 가족치료 내에서 지배적 위치를 차지했던 사이버네틱스 모형의 기계적 요소 중심으로 살펴보는 시각에 대한 반발로 새로운 변화에 대한 요구가 존재했다는 것이다. 이 두 가지 흐름이 그동안 가족치료 내에서 정신분석에 대해 비판적이고 부정적이었던 견해를 바꾸게 되는 계기로 작용하게 되었다. 특히, 대상관계이론은 개인과 관계를 동시에 살펴볼 수 있는 모델로서 새로운 주목을 받게 되어 가족치료와 정신분석을 접목하고자 하는 사람들에게 관심을 불러 일으켰다(최연실, 2020: 91-92).

한편, 미국에서는 가족치료를 출범시키는 데 기여하였던 정신분석가들이 이후 그들의 작업에서 의도적으로 정신분석을 약화시켜 갔다. 하지만 그러한 분위기 가운데에서도 지속적으로 정신분석적 관점을 고수한 학자는 애커먼으로서, 그는 초창기 가족치료 선구자들 중 예외적인 인물이었다. 그는 '가족치료의 시조'로 불리게 된다(이화여대 사회사업학과, 2000: 277).

1960년대에는 미국 의과대학 정신의학과에서 가족치료 훈련 프로그램을 개설하면서 가족역동에 관한 강좌도 포함시켰으며, 대상관계이론에 바탕을 둔 대상관계치료(object relations therapy)도 가족에 접근하는 치료자들 가운데에서 지속적인 관심을 끌게 되었다. 그 가운데 주목해 볼 만한 사람들은 대상관계와 원가족 치료를 연결한 프라모(James Framo), 개방체계, 집단분석 접근을 시도한 스키너(Robin Skynner) 그리고 대상관계 가족치료를 본격화한 질 샤프(Jill Scharff)와 데이비드 샤프(David Scharff) 부부가 있다.

2. 정신역동 가족치료의 개요

정신역동 가족치료(psychodynamic family therapy)는 한마디로 설명하기 힘들다. 정신역동은 개인에 관한 치료이기 때문이다. 그렇다면 가족치료는 사회체계이론을 바탕으로 하는 치료법이라고 생각할 때, 가장 먼저 떠오르는 의문은 과연 정신역동적 가족치료라는 것이 가능한가 하는 것이다. 이처럼 지향하는 방향이 상반된 두 가지가 합해진 정신역동 가족치료를 한마디로 정의하기는 쉬운 일이 아니다. 정신역동 가족치료를 정의하자면, 가족을 대상으로 정신역동 치료를 하는 것이며, 체계적 가족치료에 정신역동적 통찰과 개입을 선택적으로 도입하는 것이라고 할 수 있다. 이와 같은 접근방법의 주된 목적은 치료자, 가족구성원 또는 다른 사람 간에 생기는 반응방법에 대한 통찰을 얻도록 치료사가 원조하는 데 있다.

근본적으로 정신분석에 기반을 둔 치료적 개입은 무의식적 충동과 방어를 찾아내고 해석하는 것에 초점을 맞춘다. 이를 가족을 비롯하여 대인관계에 적용한다면, 정신역동적(Psychodynamic) 접근은 개인들이 원활한 상호작용을 해 나가는 데 방해를 하는 기본적인 결핍과 두려움이 무엇인가를 밝혀내는 데 관심을 두게 된다. 이러한 접근방식은 가족이 대표적이지만, 모든 사람은 서로 연관되어 살아가면서 상호작용을 하는 것이 불가피한데, 그러한 상호작용은 너무도 복잡한 개인들의 정신 조직과 연루되어 있기 때문에 이러한 개인들의 특성을 무시해서는 상호작용의 본질도 파악하기 어려워진다고 보는 입장을 취하게 된다(최연실 외, 2020: 94).

정신분석적 관점에 기초한 정신역동모델은 개인들의 힘이 어떻게 개인들 간에 상호작용하는지에 관심을 갖는다. 정신분석 관점에 기반을 둔 치료는 단일 개인 환자의 성격에 초점을 맞추었지만, 정신역동 가족치료모델은 성격성에서 가족맥락의 역할에 관심을 둔다. 가족치료 초기에는 기계적인 인공 두뇌적 견해가 지배적이었으나, 가족기능을 통합적으로 이해하는 데 개인의 경험과 견해를 포함 시키려는 새로운 노력들이 출현하면서 이에 부응하는 정신역동모델도 점차 주목을 받게 되었다.

이러한 새로운 노력들은 대상관계이론의 영향을 받았으며, 보다 관계 중심적인 지향을 갖고 있었으므로, 가족구성원의 내적인 삶과 갈등이 어떻게 맞물려 돌아가고, 그것이 가족구성원의 장애에 어떻게 영향을 미치는지에 관심을 기울였다. 대상관계이론은 1950년대에 영국에서 시작된 정신역동 중심의 치료로서, 애착과 관계에 대한 사람들의 근본적 욕구를 강조한다. 대상관계 가족치료에서는 치료과정에서 개인 내적 힘과 개인 간 힘의 상호작용이 탐색되고, 특히 생애 초기의 왜곡된 관계 경험이 개인에게 내면화되어 현재의 선택과 경험에 어떻게 영향을 미치는지를 검토하는 데 노력을 기울인다. 따라서, 대상관계 가족치료에서는 각 가족구성원과 보다 복잡한 가족 상호작용 및 가족역동에서 나타나는 동기, 환상, 무의식적 갈등과 억압된 기억 등을 다루게 된다(Goldenberg et al., 2016).

정신역동적 가족치료는 가족치료의 전성기에 해당하는 1960년대와 1970년대에는 가족치료자들의 주목을 받지 못하였다. 그러나 1980년대에 정신분석이 개인 중심인 프로이트의 이론에서 벗어나 관계 중심인 대상관계이론으로 이행하면서 새롭게 주목을 받게 되었다. 정신역동 가족치료모델에 속하는 이론가들의 견해는 다음과 같다(최연실 외, 2020: 95-103 ; 김용태, 2019: 194-201 ; 김규수 외, 2010: 147-151).

3. 정신역동 가족치료의 핵심 개념

1) 대상관계

대상(objects)은 유아를 양육하는 사람으로 유아의 삶과 발달에 결정적 영향을 미치는 존재를 의미한다. 대상관계는 생애 초기 주요 타자와의 관계에서 경험한 것이 어떤 정신적 표상(mental representation)과 상호작용의 틀로 내면화된 것을 의미한다. 대상관계는 자기표상(self-representation)과 대상표상(object-representation) 그리고 이 둘을 연결 짓는 정서상태로 구성된다. 표상은 자신과 대상에 대해 갖는 정신적 상(image)을 의미하며, 초기 양육자와의 경험을 통해 대상과 자신에 대한 지각, 느낌, 감각, 기억, 기대, 의미가 내면화되어 존재하게 된다. 대상과 자신에 대한 지각, 느낌, 감각, 기억, 기대, 의미가 내면화되어 존재하게 된다.

2) 분열

유아는 초기 양육자와의 경험에서 만족과 불만족으로 원시적인 분리를 시작하여 배가 부르면 좋고, 배가 고프면 나쁘고, 안아주면 좋고, 접촉이 거부되면 나쁘다고 느낀다. 그리고 초기 양육자의 전체 대상이 아닌 부분 대상을 좋고 나쁜 것으로 이분화하게 되는데, 이를 분열(splitting)이라고 한다.

유아는 초기 어머니와의 관계에서 좋은 어머니, 나쁜 어머니로 분열기제가 작동한다. 그 후 좋은 어머니 이미지와 나쁜 어머니 이미지를 발달시키고, 그 이후에는 자기에 대한 표상이 '좋은 나', '나쁜 나'로 분열된다. 성인이 되면 사회적으로 분화된 자기표상에서 정체성의 분열이 나타나게 된다. 즉, 유능한, 성공적인, 가치 있는, 강한 속성을 지닌 좋은 자기표상과 무능한, 실패적인, 가치 없는, 약한 속성 을 지닌 나쁜 자기표상으로 모든 대상관계에 나뉘어 나타난다. 개인의 심리적 건강은 이러한 분열이 통합되어 온전한 대상으로 지각되고 경험되는 것이다.

3) 환상

가족상담 시 가족구성원의 환상(fantasy)이 무엇이며, 그 환상이 현재 어떻게 작용하고 있는지를 알아보는 것은 가족의 내면의 역동을 탐색하는 데 도움이 된다. 유아는 태어날 때부터 환상을 가지고 있고, 이 환상을 통해 자기의 세계를 탐험하고 나아가 어머니와 소통하게 된다(Klein, 2011). 따라서, 환상은 유아의 발달에 중요한 역할을 하며 유아가 환경에 적응하도록 돕는다. 환상은 좋음과 나쁨의 느낌을 내면에서 서로 분리하지만, 서로 다른 두 개의 감정을 내면에 동시에 존재할 수 없게 만든다. 성장하면서 어머니가 자기의 욕구를 모두 충족시킬 수 없음을 알게 되면 위기를 맞는다. 이때 어머니의 자상한 보살핌이 결여되면, 유아는 자기의 환상을 유지하기 위하여 분열과 투사적 동일시 등의 방어기제를 사용하게 된다.

4) 내사

내사(introjection)는 내면화의 가장 초기 형태이다. 대상에 대한 이미지와 대상과 상호작용하는 자아, 그리고 그와 관련된 감정의 기억들을 구조화하여 주위환경과 상호작용하는 패턴을 재생산하고 고정화시킨다. 내면화된 대상들은 그들이 좋은 대상이든 나쁜 대상이든 간에 자신과 대상에 대한 이미지를 갖는다. 따라서, 만약 어머니가 큰 소리를 친다면 나쁜 엄마와 무가치한 자아에 대한 상이 저장된다. 내사는 자아-타인의 상호작용 부분이 모두 받아들여진 것과 같은 정제되지 않은 원형의 형태이다.

5) 역할 상보성

가족 내에서 기능이 파괴되는 것은 역할 상보성의 붕괴로 보았다. 가족통합의 상징은 애정, 관심 그리고 신뢰이다. 이것은 역할 상보성(role complementarity)을 통해서만 이루어질 수 있으며, 치료를 통하여 병리증상을 제거하고 새로운 삶의 방식 을 창조하여 성격이 환경에 적응하도록 하는 것이다. 그리고 변화는 가족 내의 균형을 변화시킴으로써 일어난다고 보았다. 이때 치료자는 가족활동의 촉진자, 도전자, 지지자, 해석자, 재통합자와 같은 다양한 역할을 수행한다.

6) 관계윤리

관계윤리(relational ethics)는 가족구성원 간에 그리고 세대 간에 상호교류와 주고받음의 균형을 추구하는 것을 말한다. 좋은 가족관계란 가족구성원 상호 간의 윤리적 행위와 서로 간의 복리와 관심을 포함한다. 가족이나 공동체를 지탱해 주는 기본적인 힘은 바로 관계적 윤리라고 할 수 있다. 가족 내 구성원들 간에 공평성을 느끼고 장기적인 관계를 유지할 수 있기 위해서는 바로 이러한 친밀한 관계에서도 윤리적 책임이 수립되어 있어야 한다.

7) 보이지 않는 충성심

보이지 않는 충성심(invisible loyalty)은 가족구성원 중 한 명이 자신을 개인적으로 희생해 가면서까지 전체 가족의 유지와 안녕을 위하려는 것이다. 가족 내에서의 불공평한 요구나 과장된 의무감

등이 자녀로 하여금 무의식적으로 부모에게 끝없이 갚아야 하는 빚처럼 느끼게 만들 수 있다. 그 결과, 자녀는 자신도 의식하지 못하는 채 가족을 위해 투신할 수 있는데, 이를 통해 병리적 증상이 발달할 수 있다. 부모를 재결합시키기 위하여 자녀가 병에 걸리는 경우 등이 그 예이다.

8) 가족구성원장

가족구성원장(family ledger)은 가족관계에 대한 개인의 심리정서적 손익을 대차대조표(재무상태표)처럼 기록함을 비유하는 것이다. 여러 세대에 걸쳐 이것이 기록될 수 있는데, 건설적 관계는 가족구성원 간에 의무와 권리의 균형이 있는 반면, 부정적이고 건강하지 못한 관계는 근원적 채무와 만성적인 적자, 장기간의 부채상환이 특징적으로 나타나고 가족의 이익을 위해 개인의 이익을 희생시킨다.

9) 가족신화

가족신화(family myth)는 이전 세대에서부터 가족에게 전해 내려오는 기대이며, 가족구성원들이 공유하는 비합리적인 신념이다. 가족은 가족신화를 통해 그들 정신역동 가족치료에게 부정적이거나 고통스러운 사실을 외면하도록 만든다. 하지만 이를 통해 가족구성원을 보호할 수 있고, 난처한 현실을 직시하는 것으로부터 눈길을 돌릴 수 있다. 전형적인 가족신화는 가족의 조화에 대한 신념이다. 충돌을 회피하려는 가족이 자신들의 가족은 아무 문제없이 조화롭게 잘 살아가고 있다고 믿는 경우가 그 예이다.

10) 투사

투사(projection)는 자신이 스스로 받아들일 수 없는 충동이나 태도 등을 무의식적으로 타인이나 환경의 탓으로 돌리는 행동기제이다. 이는 자신의 결점을 다른 사람이나 사물에 전가시켜 비난함으로써, 자신의 결함이나 약점 때문에 갖게 되는 위험이나 불안으로부터 자아를 보호하고자 하는 것이다. 투사는 종종 정상인에게도 찾아볼 수 있는 것으로, 사실성에 근거하여 과도하게 사용하지 않는다면 그 자 신에 대한 신화와 자존심을 유지할 수 있게 하지만, 사실성에 근거하지 않고 과도하게 사용한다면 망상이 될 수도 있다.

11) 동일시

동일시(identification)는 내면화의 가장 높은 수준으로 역할의 내면화를 의미한다. 가장 초기의 내사단계에서는 대상과 자아상이 분명히 분화되지 않으나, 동일시단 계에서는 완전히 분화된다. 동일시의 결과는 아이가 부모들이 하는 것과 같은 방식으로 어떤 행동과 역할을 취하게 되는 것이다.

에릭슨(E. Eriksrn)의 자아정체감은 동일시와 내사가 통합된 것으로, 내면화의 가장 정교화된 단계를 나타낸다. 자아정체감은 내적 구조의 통합을 의미하며, 이것은 자아 일관성과 연속감을 제공한다. 자아정체감은 통합된 자아개념과 대상표현에 대한 통합된 세계를 포함한다.

12) 투사적 동일시

『아동정신분석』
(1997년 출판)

1932년에 처음 출판되어 아동분석에 혁명을 일으킨 클라인(Melanie C. Klein)의 저서 『아동정신분석(*The Psycho-Analysis of Children*)』에서, 클라인은 "투사적 동일시(projective identification)는 상호작용에 의한 과정이다."라고 주장한다. 그녀에 따르면, 부모는 아이에게 자신의 불안을 일으키는 측면을 투사하고, 그 아이는 부모의 공포를 충족시키는 방식으로 공모하고 행동한다. 그렇게 함으로써 그들은 비난을 받거나 또는 비행행동에서와 같이 공격적 충동에 만족을 느끼며 희생양이 되어간다. 반면, 부모들은 자녀를 벌하는 등 그들의 아동을 통해 투사적 충동의 대리만족을 경험하며, 어떤 충동에 관련된 공포를 회피할 수 있다. 이런 방법은 정신 내적 갈등과 구조적 갈등을 외형화시킨다. 부모 자신의 자아에 대한 권위적 행동, 즉 처벌이 초자아의 행동인 것처럼 표출한다. 부모가 자녀에 대하여 과잉반응하는 것은 부모 자신들의 충동을 두려워하기 때문이다.

투사적 동일시 사례

자기 안에 상대방을 향한 공격성이 일어나서 비난하고 싶을 때, 상대방도 같은 감정으로 생각하고 상대방에게 지금 자신을 비난하고 공격한다고 말한다. 그러나 상대방이 인정하지 않자 지속적으로 공격하면서 말한다. 그래서 결국 상대방이 화를 내면 자신은 차분해지면서 더 이상 비난하지 않는다(김지영 외, 2017: 57).

4. 치료목표와 치료과정

1) 치료목표

정신역동 가족치료는 가족구성원들을 무의식적인 제약에서 벗어나게 해 줌으로써 과거의 무의식적 상이 아닌 지금의 현실에 바탕을 둔 전인적이고 건강한 사람으로서 상대방과 상호작용을 할 수 있게 하는 것이 목표이다. 즉, 가족들이 발달상에서 이루었어야 할 통합을 이루도록 돕는 일이다(이희세 외, 2017: 216).

분리와 개별화의 과정을 통하여 유아들은 자신들의 자아 속에 좋은 측면들과 나쁜 측면들을 서로 통합함으로써 자신이 싫어하고 좋아하지 않는 부분들도 자신 안에 받아들일 수 있는 능력이 생기게 된다. 또한 다른 사람들에게 보이는 좋지 않은 점과 싫어하는 점들도 받아들일 수 있게 된다. 좋은 점과 나쁜 점을 서로 공유하고 견딤으로써 투사동일시를 통해서 관계가 이루어지는 것이 아니라, 서로를 유지하고 지탱하면서 관계를 유지해 나간다.

건강한 가족관계는 서로의 약점 또는 싫어하는 부분들을 견딤으로써 치료가 일어나고 발전이 일어나는 상호작용이다. 가족들이 서로 부분적으로 공유하는 방식으로 관계를 하기보다는 서로 한 사람의 전체 인격체로서 상호작용을 할 수 있도록 관계를 만들어 갈 때 건강한 관계를 유지하게 된다(Nichols & Davis, 2016).

무의식 속에 잠재하고 있던 초기 부모들에 대한 형상의 투사과정에서 서로 버텨 줌으로써 초기 아동기의 욕구가 충족되고, 이와 같은 충족으로 가족들은 서로 성장하고 발달하게 된다. 이러한 성장과 발달은 통합을 이루는 결과가 되며, 좋은 점들과 나쁜 점들이 새로운 관계를 통해 통합됨으로써 발달이 완성된다.

치료는 발달상에 이루어야 할 통합이 목표이므로 부부의 발달이 완성되면 건강한 방식으로 관계가 이루어지고, 건강한 관계는 자녀들이 분리와 개별화를 통해 자신의 고유한 세계를 형성할 수 있는 좋은 환경을 갖게 한다.

정신역동 가족치료는 앞에서 살펴본 바와 같이 다양한 분화가 진행되어 있으므로, 서로 다른 차이를 보이나, 전반적인 치료목표는 현재의 가족관계에 어려움을 가져오고 갈등을 유발시키는 무의식적 욕구와 제약으로부터 가족구성원들이 벗어날 수 있도록 하는 것이다. 각 이론에 따른 치료목표를 살펴보면 다음과 같다(최연실 외, 2020: 106-107).

첫째, 가족치료의 선구자로서 체계이론적 시각을 받아들이면서도 정신분석적 접근을 고수했던 애커먼은 가족환경이 아동기 문제의 발달에 미치는 영향에 관심을 가졌고, 가족구성원들 간의 무의식적 과정의 상호작용에 주목한 최초의 인물이었다. 애커먼의 치료목표는 가족의 깊은 정서적 상태를 드러내고, 그들 간의 역할 상 호보완성의 유형을 밝혀내며, 가족구성원들이 방어를 풀고 자신들의 느낌과 사고에 접촉하도록 함으로써 서로 간의 상호작용 과정 속에서 새로운 수준의 친밀감, 공유 및 동일시를 통해 가족관계유형을 변화시키는 것이었다.

둘째, 대상관계이론에 기초한 대상관계 가족치료의 목표는 가족구성원들이 인생 초기에 형성된 대상관계의 영향이 현재 어떻게 영향을 미치고 있는지를 인식하게 하고, 가족구성원 각자의 애착 욕구를 충족시키고 성장할 수 있도록 돕는 것이다. 그 과정에서 분열이나 투사적 동일시 등에 기인한 상호작용과 원인 등을 살피게 하고 상호 간의 병리적 의존 등에서 벗어나도록 함으로써, 현재에 기반을 둔 '온전한 대상관계(whole object relations)'를 형성하는 것이다.

셋째, 맥락적 가족치료의 목표는 역기능을 경험하는 가족이 심리정서적 손익계산을 통해 기록한 가족구성원장의 균형을 맞추고, 가족구성원 간 상호작용에서의 공평성과 서로에 대한 윤리적 책임을 발전시키는 데 있다. 맥락적 가족치료는 관계적 윤리와 다세대적 신화 그리고 과거로부터의 영향이 어떻게 가족의 현재 기능에 영향을 미치는지를 밝히는 데 초점을 둔다. 맥락적 가족치료는 가족 내 관여된 모든 사람의 권리를 고려하면서, 동시에 가족구성원들이 서로에 대해 책임감 있고 신뢰성 있는 행동을 하도록 재구축하는 것을 목표로 삼는다.

결론적으로 정신역동적 접근에 속하는 모든 가족치료모델의 공통적인 특징은 과거에 무의식적으로 내면에 새긴 이미지와 방어기제의 힘에 의해서가 아니라, 현재의 상황에 바탕을 두고 가족구성원들끼리 상호작용할 수 있도록 돕는 것이다. 이를 다시 표현하면, 원가족에서 유래된 무의식적 구속에서 자유로워지고 현실에서 건강하고 성숙한 개인과 가족으로 기능하도록 하는 것이다.

2) 치료과정

치료과정은 가족이 현재 겪고 있는 갈등의 역사적 뿌리를 노출하여 통찰하게 하고, 가족구성원들이 과거에 왜곡된 어린 시절의 이미지를 현재까지 계속하여 어떻게 재현시키고자 하는지에 대해서 해석을 해 준다. 그 방법으로 개인으로 하여금 가족의 얽매임과 숨겨진 과거의 사건들과 억압된 감정을 표현하게 하고, 현재행동에 숨겨진 과거의 어린 시절의 기억과 부모와의 상호작용을 연상하게 하여 해석해 주며, 상처나 욕구, 동기를 통찰할 수 있는 힘을 키워 준다(최규련, 2020: 92).

가족구성원의 자기보호와 자아노출 염려를 고려할 때 가족치료에서 충분한 안정감은 필수적이다. 따라서, 정신역동적 가족치료는 가족의 치료자에 대한 신뢰감 형성에 큰 비중을 두고 매우 천천히 진행되며 1년 이상 수년까지 계속되기도 한다.

가족치료자는 처음부터 개인보다는 가족을 대상으로 반복적인 과거 패턴이나 병리적 연쇄를 깨트리기 시작한다. 그리고 가족이 공유하고 있는 의식적 · 무의식적 대상이미지를 끌어내기 위하여 탐색한다. 그러기 위하여 고려할 점은 누가 치료에 참여해야 하며, 누구에게 중점적으로 도움을 주어야 하는가이다. 대부분의 정신역동적 가족치료자들은 모든 가족구성원을 치료해야 하는데 동의하지만, 치료 시작 전에 예비적 사정을 한 후에 치료에 포함시킬 사람을 정한다. 흔히 정신역동적 가족치료자들은 언어적 · 지적 수준이 높은 성인 중심의 치료를 선호한다(Nichols & Davis, 2016).

그들은 가족을 하나의 전체적인 유기체로 돕기보다는 각 가족구성원의 성장과 성숙을 돕는 데 중점을 둔다. 예를 들어, 갈등을 겪는 부부를 돕기 위하여 부부단위의 상호작용 패턴을 변화시키는 것보다는 부부 각자의 독특한 생각과 느낌과 행동의 근본적 이유를 이해하게 만든다. 그 결과, 생애 초기에 나쁜 대상관계로부터 형성된 분열되고 왜곡되어진 자신에 대한 통찰을 얻고 과거로부터 자유로워져서, 배우자를 과거의 반영이 아닌 현재의 실체로 대하게 되면서 진정한 상호작용을 하게 되고 자율적이고 성숙한 관계를 맺게 되는 것이다.

그러므로 대상관계 치료과정은 치료자와 내담자, 가족구성원 간의 관계 그 자체를 치료의 초점으로 본다.

5. 치료기법

정신분석이론의 복잡함에 비해서 정신분석적 기법은 상대적으로 단순하지만 반드시 쉽지만은 않다. 기본이 되는 기법은 경청, 공감, 해석, 분석적 중립 유지하기의 네 가지이다. 이 중에서 두 가지 기법, 즉 경청과 중립을 유지하기는 다른 가족 치료사들이 시행하고 있는 것들에 비해서 아주 난해하거나 크게 다르지 않아 보이지만, 실제로는 큰 차이가 있다(Nichols & Davis, 2016).

(1) 경청

경청은 격렬하면서도 조용한 활동으로서, 이는 우리 문화에서는 진기한 기법이다. 대부분의 시간을 우리는 너무나도 바쁘게 지내기 때문에 남의 말을 잘 듣기 위해서 끝까지 기다리지 못하고 그저 건성으로 듣게 되는 경우가 많다. 이러한 경향은 특히 가족치료사가 자기에게 맡겨진 문제에 직면한 가족들을 돕기 위해서 무엇인가를 해야겠다는 생각으로 과중한 압박감을 느낄 때는 더욱 현저하게 드러난다.

치료자의 듣는 방법은 가족구성원들 자신의 이야기나 다른 가족들의 이야기에 반응하는 방법을 안내하는 역할을 한다. 치료자가 침묵을 유지한 채 가족구성원들의 이야기에 집중하는 것은 상대방의 이야기에 대한 존중이므로 가족구성원들도 상대의 이야기를 끝까지 듣고 이해하려고 노력함으로써, 서로에 대해서 존중과 이해를 전달하게 된다. 치료자가 침묵을 지키면서 경청하는 활동은 가족구성원들 자신들의 의식과 무의식 속에 잠재하고 있는 부모들의 형상을 볼 수 있는 기회와 분위기를 제공한다.

가족구성원들은 자신의 이야기를 하면서 자신의 이야기를 다시 경험하게 되어 잠재하던 과거 사건들을 의식화하게 된다. 의식화한 과거 사건들을 재경험하게 되어 가족들은 그 경험과 관련된 형상과 정서를 다시 점검하거나 재구성할 수 있게 된다.

(2) 공감

가족구성원들의 마음을 열도록 원조하기 위해 치료사는 공감적 이해를 표현한다. 가족구성원들이 이야기를 하기 시작하면 치료자는 이야기의 내용보다는 이야기 속에 있는 감정, 태도, 그리고 형상들을 이해하기 위해 질문을 한다. 치료자는 가족들의 내면을 다음과 같이 탐색한다.

첫째, 문화가치와 규범들이다. 자아 속에 내면화된 내용들은 문화와 규범에 의해 형성된 행동패턴과 가치관을 가지고 있다.

둘째, 중심자아이다. 중심자아가 형성되면 같은 문화와 규범을 가지고 있어도 다른 방식으로 형성된 가치관의 행동유형을 갖게 된다. 의식적인 판단, 기대, 습관, 취향 등은 중심자아를 형성하는 주된 내용들이다. 이와 같은 내용들은 대화를 통해 공유되고 변화된다.

셋째, 무의식 세계의 힘들이다. 어떤 대상과 관계를 가지려는 동기는 무의식적인 것이다. 무의식 속에는 분열되고, 억압된 기억들과 정서들이 있으므로 분석 대상은 억압된 내용과 분열의 형태로 저장되어 있는 내용들이다.

결론적으로 가족구성원들의 무의식적 내용은 의식적 수준에서 일어나는 행동들과 일치하기도 하고 다를 수도 있다. 따라서, 의식적으로 예의바른 행동을 하는 사람이 어떤 상황에서는 무의식적인 동기로 인해 타인을 비난하거나 비판하는 행동을 하게 된다.

(3) 해석

해석(interpret)은 규명하고 명료화하고 그리고 설명하는 것이다. 적절한 되기 위해서는 내담자의 준비성에 따라 해석을 해야 한다.

가족문제들은 어린 시절 부모와의 관계에서 비롯된 것과 관련이 있으므로, 해석은 연관 짓기와 의미를 발견하여 가족들이 스스로 자신들의 발달을 촉진하도록 원조하는 역할을 한다. 현재 가족구성원들이 경험하는 현상들은 과거의 부모와 자녀들의 상호작용에서 비롯된 것이다. 이와 같은 해석은 수직적 해석이라고 할 수 있다. 수직해석은 가족구성원들의 현재 경험과 행동들을 부모와의 수직적 관계와 관련을 지으려는 치료자의 활동이다.

반면, 의미의 발견은 수평해석이라 할 수 있다. 수평해석은 관련을 통해 이해하고 깨닫는 내용들이 현재의 관계를 확장하고 바람직하게 하기 위해 어떻게 기여하는가를 이해하고 숙지하도록 하는 치료자의 활동이다. 즉, 수평해석은 치료자가 현재의 상호작용을 원활하게 하거나, 수평관계를 바람직하게 만들기 위해 과거의 태도나 행동들을 재구성하는 방법이다.

가족구성원들의 저항을 해석하는 것은 치료자의 필수적이고 기본적인 기법이다. 저항은 아동기에 경험하였던 상호작용과 밀접한 관련이 있다. 가족구성원들의 저항은 많은 자료를 가지고 있으므로 저항의 해석은 과거와 관련 짓기 위해 매우 중요한 치료자의 활동이다. 저항은 가족구성원들의 억압된 행동들이 현재 상황에서 표현된 내용이므로 치료자에게 아주 중요한 자료이다.

(4) 분석적 중립 유지하기

치료자의 중립 유지하기는 가족구성원들이 비지시적 상황에서 자유롭게 자신들을 표현할 수 있는 분위기들 만든다. 치료자의 중립적인 태도는 가족구성원들이 무의식을 자유롭게 탐색하고 자신들의 상호작용이 무의식과 관련이 되었다는 것을 이해하는데 중요한 역할을 한다.

정신분석적 치료 분위기를 조성하기 위해서는 변화를 도모한다거나 문제를 해결하고자 한다는 생각을 떨쳐버리고, 그저 듣고 이해하려는 데 목표를 두는 것이 필수적이다. 변화는 이해의 부산물로 얻어질 수 있는 것이지만, 치료사는 결과에 연연해서 안달을 하게 될 수도 있다. 분석적 탐색을 위한 분위기 조성에 있어서 이러한 마음가짐의 중요성이 결코 간과될 수는 없다. 정신분석적 치료사는 침묵을 지킴으로써 가족들을 안심시키거나, 어떤 충고를 해 주고 싶은 유혹은 되도록 배제한다. 그들은 또한 자신을 잘 드러내지 않는 가족들과의 대면도 거부한다. 오히려 그들은 자신의 체험을 통해서 침묵을 지켜야 할 경우라고 생각될 때에만 침묵을 지킨다.

치료자의 중립 유지는 가족구성원들의 투사동일시 현상을 객관적으로 볼 수 있게 해 준다. 치료자가 중립 유지가 불가능하다면, 가족구성원들의 투사동일시현상을 치료자 자신의 억압된 내용에 의해 해석하게 된다. 그 이유는 치료자의 억압된 감정으로 인해 가족구성원들의 상호작용을 자신의 관점에서 보고, 가족구성원들의 상호작용을 왜곡하고 저해하는 해석을 하기 때문이다.

치료자의 중립적인 태도 유지는 가족구성원들에게 그들의 무의식적 마음과 상호작용을 객관화할 수 있는 역할을 하므로 가족구성원들은 자신들의 모습을 정확하고 분명하게 이해할 수 있게 된다.

6. 평가

가족치료사들 중에서 너무나도 많은 이들이 일반적으로는 심리학에, 그리고 구체적으로는 정신분석이론을 등한시하고 있다. 한 치료사가 여러 가지 치료기법들 을 사용하는 것과는 상관없이, 정신분석적인 치료사들의 저술들은 풍성한 자료가 된다(Nichols & Davis, 2016).

이 이론의 장점으로는, 정신역동 가족치료는 과거 성장기에 부모와의 문제나, 부모의 결혼생활 문제, 기타 문제로 상처를 받았거나, 보이지 않는 충성심에 얽매여서 벗어나지 못하는 가족들에게 효과가 있고 필요하다고 밝혀졌다.

정신역동 가족치료의 한계는 대상관계의 핵심이 모자관계에만 초점을 두고 있고, 아버지의 양육역할을 경시하고 있는 점이다. 따라서, 여성의 사회참여가 증대하고 아버지의 양육역할이 강조되고 있는 현대사회에서 모성이데올로기를 강조하는 오류를 보인다는 것이다. 치료의 효과는 주로 치료자의 주관적인 관찰과 임상적 판단에 달려있어서 그 타당도에 대해 증명하기가 쉽지 않다. 그리고 비지시적이고 장기적인 개입을 하는 특성상 단기개입을 통한 문제해결과 치료자의 적극적 역할을 기대하는 가족에게는 부담이 있을 수 있다(최규련, 2020: 97-98).

결론적으로 정신분석 가족치료를 도입하기 위해서는 이 이론에 대한 충분한 이해와 접근법에 대한 훈련이 필요하다.

Chapter 6

주요 학자들의 생애와 사상

1. 프로이트 : 정신분석의 창시자
2. 아나 프로이트 : 아동심리학
3. 에릭슨 : 사회심리학적 이론
4. 아들러 : 개인심리학
5. 융 : 분석심리학
6. 애커먼 : 역동적 가족치료
7. 설리번 : 대인관계이론
8. 페어베언 : 대상관계론
9. 보스조르메니-나지 : 맥락적 가족치료

06
주요 학자들의 생애와 사상

1. 프로이트 : 정신분석의 창시자

프로이트(Sigmund Freud, 1856~1939)는 1856년 5월 6일 오스트리아 모라비아(Moravia, 현재 체코 동부)의 프라이베르크에서 유대인으로 출생하였다. 아버지 쪽의 집안은 오랫동안 라인 강변의 케룬에 살고 있었으나, 14,5세기경 유대인이 박해를 당할 때 동방으로 이주하였고, 19세기 때 또다시 리투아니아에서 가리시아를 거쳐 옛 오스트리아에 되돌아왔다. 그가 태어난 오스트리아 · 헝가리 제국에서는 유대인에 대한 편견이 심했다. 그의 아버지는 세 번째 결혼한 아말리에(Amalie)와의 사이에서 프로이트를 낳았다. 그의 이복형은 어머니와 나이가 비슷했으며, 이복형제들에 비해 어머니의 보살핌을 많이 받았다. 네 살 때 빈으로 와서 모든 학업을 이곳에서 끝마쳤다. 김나지움(Gymnasium, 독일의 중등교육기관) 7학년 내내 수석을 하였으므로 시험은 거의 면제받았다. 집안이 가난하였음에도 불구하고, 아버지께서는 자기의 적성에 맞는 직업을 선택하라고 하셨다. 젊었을 때는 의사라는 직업에 별다른 관심이 없었다. 이것은 나중에도 역시 그랬다. 오히려 관심이

지그문트 프로이트

있는 것은 일종의 지식욕이었는데, 자연을 대상으로 한 것보다는 인간관계에 관한 것에 매력을 느끼고 있었다(Hall, 2021: 11).

빈대학교(University of Vienna) 의학부에 입학하여 폰 브뤼케(Ernst Wilhelm von Brueke, 1819~1892) 실험실에서 신경해부학(neuroanatomy)을 공부하였다. 졸업 후 얼마 동안 뇌의 해부학적 연구를 하였고, 코카인의 마취작용을 연구하여 우울증 치료제로 시도하였지만 결과는 좋지 못했다. 1885년 파리 살페트리에르 정신병원(Pitié-Salpétrière Hospital)에서 신경과장 샤르코(Jean Martin Charcot, 1825~1893)의 지도 아래 히스테리(hysteric) 환자들을 관찰하였다.

1886년에 빈으로 돌아온 프로이트는 베르나이스(Bernys)와 결혼하여 세 딸과 두 아들을 두었는데, 그중 아나 프로이트(Anna Freud)는 훗날 유명한 아동정신분석가가 되었다. 빈에서 프로이트는 오스트리아의 의사이자 생리학자이며, 스승 브로이어(Josef Breuer, 1842~1925)로부터 환자가 자신의 증세에 관해 이야기하는 것(정화법)만으로도 히스테리 증상이 치료되는 새로운 방법을 알게 되었다. 브로이어의 방법이 환자치료에 효과적이라는 것을 깨닫고는 그와 함께 정화법 치료 사례들에 관한 저서 『히스테리 연구(*Studies in Hysteria*, 1895)』를 출판하기도 하였다. 그러나 이 저서가 완성된 뒤 두 사람은 히스테리에 있어서 성적 요인의 중요성에 관한 견해 차이로 결국 결별하였고, 프로이트는 최면요법이나 정화법과는 또 다른 자유연상법(free association)을 개발하여 임상치료에 적용하기 시작하였다. 그는 성적 갈등이 히스테리 증상의 원인이라고 하는 자신의 주장을 굽히지 않았다는 이유로, 마침내 1896년 빈의사회에서 탈퇴당하기도 하였다.

1889년 여름에는 낭시(Nancy, 프랑스 북동부)의 베르넴과 레보

밑에서 최면술을 보게 되어, 인간의 마음에는 본인이 의식하지 못하는 과정, 즉 무의식이 존재한다는 것을 믿게 되었다.

이보다 앞서 브로이어는 히스테리 환자에게 최면술을 걸어 잊혀 가는 마음의 상처(심적 외상)를 상기시키면 히스테리가 치유된다는 사실을 발견하였다. 프로이트는 브로이어와 공동으로 그 치유의 방법을 연구하였고, 1893년 카타르시스(katharsis, 정화)법을 확립하였다. 그러나 얼마 후 이 치유법에 결함이 있음을 깨닫고 최면술 대신 자유연상법을 사용하여 히스테리를 치료하는 방법을 발견하였으며, 1896년 이 치료법에 '정신분석'이라는 이름을 붙였다. 이 말은 후에 그가 수립한 심리학의 체계까지도 지칭하는 말이 되었다(김영철 외, 2022a: 107).

프로이트는 어머니와의 관계에서 비교적 괜찮은 편이었지만, 아버지와의 관계는 복잡하였다. 1896년 아버지의 죽음을 겪으면서 의식적-무의식적 죄의식으로 그는 매우 고통스러워하였다. 그런 중에 자신의 꿈의 의미를 탐색하는 과정에서 성격발달의 역동에 대한 새로운 통찰을 얻을 수 있었다. 이것은 그가 자기분석에 몰입하게 된 결정적인 계기가 되었으며, 후일 정신분석을 구축하는 태동이 되었다. 또한 이 시기에 프로이트는 환자에게서 얻는 자료들을 확인하기 위해 자신의 무의식을 집중적으로 분석하기 시작하였다. 자신의 꿈을 분석하고 자신의 마음에 떠오르는 온갖 생각을 탐색함으로써 자신의 내면의 역동을 이해할 수 있었다. 그리하여 그는 환자들과 자기 자신의 분석에서 얻은 지식을 근거로 하여 정신분석의 기초를 이루는 개념을 발전시켜 나갔다. 그 결과, 1900년에 그의 이론에 관한 최초의 위대한 업적인 『꿈의 해석(*Die Traumdeutung*)』을 출간하였다. 이 책이 출판된 후 프로이트는 정신병리학회로부터는 무시되었지만, 곧 의료계뿐만 아니라, 일반 대중의 많은 관심을 불러일으켰다. 1902년에는 젊은 의사들이 정신분석의 이론과 실제에 관심을 갖고 모여들어 정기적인 연구모임이 생겼고, 나중에 이 모임은 빈정신분석연구회(Vienna Psychoanalytic Society)로 발전하였다.

1900년 이후 그는 꿈 · 착각 · 말실수와 같은 정상심리에도 연구를 확대하여 심층심리학을 확립하였고, 1905년에는 유아성욕론을 수립하였다. 초기 그의 학설은 무시되었으나, 1902년경부터 점차 공명하는 사람들(슈테켈, 아들러, 융, 브로일러 등)이 나타났으며, 1908년에는 제1회 국제정신분석학회가 개최되어 잡지 『정신병리학 · 정신분석학연구연보(1908~1914)』, 『국제정신분석학잡지』 등이 간행되었다. 또 1909년 미국 클라크대학교(Clark University) 총장인 홀(Calvin Springer Hall)로 부터 20주년 기념식에 초청되어 행한 강연은 정신분석을 미국에 보급시키는 계기가 되었다. 이 시기를 전후하여 추종자가 늘어나기도 했지만, 다른 한편으로는 브로이어, 아들러, 융 등과 같은 동료와 후학들이 프로이트가 인간행동의 동기로서 성적 충동을 주장하는 입장에 반대하여 그들의 독자적인 이론이나 학파를 만들어 프로이트와 작별을 고하기도 하였다.

아들러와 융의 결별 이후, 저항과 전이 개념, 원초아 · 자아 · 초자아의 구조론, 생의 본능에 대비하는 죽음의 본능의 제창 등 프로이트이론은 수정과 발전을 거듭하였다. 1914년 무렵에는 히스테리 환자들이 실제 일어난 것처럼 보고하는 외상(trauma) 혹은 무의식적 환상이 병의 원인이 된다는 점을 알아내고, 실재적 현실 외에도 심리내적인 현실이 존재한다는 새로운 사실을 파악하였다. 여기서 프로이트는 무의식적 환상의 기능과 그것이 지닌 힘을 발견하였다. 아동들도 무의식적인 환상과 더불어 성에 관심을 갖게 되며, 그들 나름대로 성에 대해 미숙한 해석을 함으로써 의미를 왜곡시킬 수 있다는 아동기 성욕이론을 정립하였다. 이로 인해 프로이트는 아동의 순수성에 대한 금기를 깼다며 사회적 비난을 받았다.

제1차 세계대전 후 사변적 경향을 강화하여 원초아 · 자아 · 초자아와 같은 생각과, 생의 본능인 에로스, 죽음의 본능인 타나토스(Thanatos) 등의 이론을 주장하였다. 1920년대에 접어 들어서는 무의식(unconscious)과 억압(repression)에 관해 집중적으로 연구하였고, 그 후 종교, 도덕성, 문화 등의 주제에 관심을 가지고 연구하면서 다수의 저서를 출간하였다. 프로이트는 매우 열정적으로 일에 몰입하여 하루에 무려 18시간이나 연구에 전념하는 경우도 자주 있었다. 이러한 집필의 결과로, 정신분석에 관련된 그의 전집은 총 24권이나 된다. 그의 학문적 생산성은 구개암으로 수십 번의 수술을 받았던 생애 후반까지 계속되었다.

1938년 오스트리아가 독일에 합병되자 나치스에 쫓겨 런던으로 망명하였고, 이듬해 암으로 세상을 떠났다. 그의 유골은 영국 런던 골더스 그린(Golders Green)에 안장되었고, 그가 마지막 저서를 집필했던 마레스필드(Maresfield) 가든 20번지에는 프로이트 박물관이 세워졌다. 그곳에서 프로이트는 지금도 세계화시대를 맞이한 정신분석은 어떤 모습이어야 하는지, 세계는 어떠해야 하는지를 꿈꾸는 방문자를 맞으며, 그의 영향력을 과시하고 있다(강응섭, 2010: 30-31).

파시즘으로 열망하는 역동의 시대를 거슬러 살았던 프로이트는, 나치즘의 시기를 보낸 유대인이었다. 그가 정신분석을 하게 된 두 가지 요소 역시 유대혈통과 특수했던 가족환경을 들었다. 그는 편견이나 선입관에서 벗어나는 법을 자신의 혈통을 통해서 배웠고, 나이 차이가 많은 자신의 아버지와 어머니를 통해 심리학적 현상을 발견하게 되었다. 또한 그가 좋아했던 성경과 문학에 대한 해박한 지식은 그의 정신분석학적 텍스트에 큰 영향을 끼친다. '오이디푸스 콤플렉스(Oedipus complex)'나 '나르시시즘(narcissism)' 같은 이론은 문학작품이나 신화를 통해 설명되었으며, 그의 작품 곳곳에는 성경이 등장하게 되고 무의식 개념을 새로운 미학으로 인문학에 영향을 미치게 된다.

프로이트의 특징은 수많은 임상경험을 토대로 자신의 이론을 발전시킨다는 점이다. 당시에 유행하던 최면요법 대신, 그는 수많은 환자들과의 면대면 대화를 통하여 그의 무의식이론체계의 핵심이 될 개념을 도출했고, 개별적인 치료가 아닌 보편적인 무의식이론으로 발전시켰다. 그는 미숙한 인간이 성인으로 성장해 가는 과정에서 무의식이 생성되며, 꿈과 환상은 기억 조각 사이의 공백을 메워주는 중요한 요소라는 확신을 가지고 있었다. 따라서, 과거를 객관적으로 복원하는 일은 불가능하며, 언제나 기억은 환상이나 욕망에 의해 왜곡된다는 결론을 얻게 되었다. 수많은 사례를 통하여 전개되고 있는 그의 논리는 책 속에 담겨졌다. 그리고 끊임없이 학문과 작용하며 나치가 현대에 부여했고 끔찍했던 보편성으로 부정되었던 개별성과 주관성을 존중하는 새로운 시각을 제공하게 되었다.

『정신분석입문』
(2015년 출판)

20세기의 사상가로 프로이트만큼 큰 영향을 끼친 인물은 없다고 평가되며, 심리학 · 정신의학에서 뿐만 아니라, 사회학 · 사회심리학 · 문화인류학 · 교육학 · 범죄학 · 문예비평에도 큰 영향을 끼쳤다. 이 같은 그의 정신분석 발견은 코페르니쿠스(Nicolaus Copernicus)의 지동설이나 다윈(Charles Darwin)의 진화론에 필적하는 것으로 평가되고 있으며, 오늘날 상담이나 심리치료이론 또는 기법의 중요한 기반이 되고 있다.

주요 저서에는 『히스테리 연구(*Studien über Hysterie*, 1895)』, 『꿈의 해석(*Die Traumdeutung*, 1900』, 『일상생활의 정신병리학(*Zur Psychopathologie des Alltagslebens*, 1902)』, 『성욕에 관한 세 편의 에세이(*Drei Abhandlungen zur Sexualtheorie*, 1905)』, 『토템과 터부(*Totem und Tabu*, 1913)』, 『정신분석입문(*Vorlesungen zur Einführung in die Psychoanalyse*, 1916)』, 『쾌락 원칙을 넘어서(*Beyond The Pleasure Principle*, 1920)』, 『새로운 정신분석입문(*Neue Folge der Vorlesungen zur Einführung in die Psychoanalyse*, 1932)』, 『정신분석학 개요(*Abriß der Psychoanalyse*, 1943)』 등이 있다.

2. 아나 프로이트 : 아동심리학

아나 프로이트(Anna Freud, 1895~1982)는 지그문트 프로이트(Sigmund Freud)와 마르타 프로이트(Martha Freud) 사이에서 난 6명의 자녀 중 막내로, 빈(Vienna)에서 태어났다. 1901년 6세 되던 해 초등학교에 입학한 아나는 아버지인 프로이트가 교수가 되면서 유복한 가정생활을 할 수 있었지만, 어머니와의 관계는 그리 좋지 않았다. 아나는 어려서부터 자매인 소피 프로이트(Sophie Freud)와 늘 비교를 당하면서 부모의 애정을 얻기 위한 쟁탈전을 벌

아나 프로이트

였다. 학창시절에는 따분한 성격에 놀 줄도 모르고 학교에 가는 것을 싫어하였다. 아나 스스로도 학교에서 배운 것보다 집에서 아버지에게 배운 것이 더 많다고 회고하였다. 아나는 아버지에게서 히브리어, 독일어, 영어, 프랑스어, 이탈리아어 등 여러 나라 말을 배우기도 하였다.

한편, 1908년에 아나는 맹장수술을 받았는데, 수술대에 오를 때까지 아무도 자신에게 수술 사실을 말해 주지 않았던 것이 큰 스트레스가 되어 회복기간만 수개월이 걸렸다. 1912년 17세에 고등학교를 졸업한 아나는 1914년 모교에서 수습교사를 뽑는 시험에 합격하여, 1915~1917년까지 임시교사로 일하다가 1917~1920년까지 정식교사로 근무하였다. 그러던 중 아버지 프로이트의 저서를 독일어로 번역하는 작업을 도와주면서 아동심리학과 정신분석학에 관심을 갖게 되었다. 아나는 교사 출신이면서 정신분석계에 발을 들인 인물로, 비의료계 출신이 정신분석을 할 수 있는 길을 닦은 인물이기도 하다. 그녀의 교사 경험이 아동정신분석의 선구자가 되는 데 기여했다고 할 수 있는데, 이때 클라인은 독일 베를린에서 아동 분석을 하고 있었다. 이 분야에서 대표적인 두 선구자는 각기 다른 분석기술을 활용하였다. 아나 프로이트는 아이들의 놀이가 성인의 자유연상과 동등한 형태라고 본 클라인의 믿음에 이의를 제기했고, 이 점이 둘의 차이를 결정적으로 갈랐다. 클라인은 1927년 영국으로 가서 영국정신분석협회에 지대한 영향을 끼쳤으며, 이후 빈학파와 영국학파의 관점 상의 차이는 특히 아동분석실천을 기초로 하여 두드러지게 되었다.

아버지의 저서에서 상당한 영향을 받은 것도 사실이지만, 아나는 독자적인 사상을 가지기도 하였다. 아버지인 프로이트의 사상을 확장시킴과 동시에 아동정신분석학이라는 분야를 새롭게 개척한 것이다. 아나는 학업을 더 이어 나가지는 않았지만, 정신분석학과 아동심리학에 큰 영향을 미쳤다. 1923년 빈에서 아동정신분석 임상을 시작하였고, 1925년에 빈정신분석연구회(Vienna Psychoanalytic Society) 회장이 되어 1928년까지 봉사하였다. 또한 1925년부터 1934년까지 국제정신분석학회의 사무총장을 역임했으며, 아동분석 실습을 계속하고 세미나 및 학술회의에 참여했다.

아나 프로이트가 빈에서 열었던 세미나의 주된 관심은 아동의 정상발달과 병리학과의 관계였는데, 이 주제를 확장하여 교사와 학부모에게 교육분야와 관련된 지식을 전파하였다. 특히, 빈의 빈곤층 아이들의 신체적이고 심리적 돌봄에 지대한 관심을 가지고 소아과 치료에 대한 토대를 쌓았다. 빈에 있던 시기에는 에릭슨(Erik Erikson)에게 많은 영향을 주기도 하였다. 1936년에는 『자아 및 방어기제(*The ego and the mechanisms of defense*)』를 출간하여 억압이 인간의 주요 방어기제임을 밝혔다. 1938년 아나는 게슈타포(Gestapo)에게 체포되었다가 아버지와 함께 런던으로 건너갔다. 즉, 나치의 오스트리아 침공으로 인해 프로이트와 아나를 비롯한 프로이트가(家) 사람들과 협회 회원들이 런던으로 이주하여 영국정신분석협회에서 활동을 인준 받게 되었다.

아나 프로이트는 1939년 아버지의 사망 후 간호사가 되었지만, 계속해서 정신분석적 사고의 원칙들을 유지하고 발전시켰다. 전쟁기간 동안 아동발달에 대한 지식과 거주간호문제를 발전시켰으며, 1941년 벌링톤(Torothy Burlington)과 함께 햄스테드보육원(Hampstead Nursery)을 설립하였다. 이곳은 정신분석 프로그램을 실시하면서 집 없는 아동들에게 쉼터를 제공하였다. 보육원에서의 경험을 바탕으로 『전시아동(*Young Children in Wartime*, 1942)』, 『가정이 없는 아동(*Infants Without Families*, 1943)』,

『전쟁과 아동(*War and Children*, 1943)』 등의 저서를 출간하였다. 그러나 이론과 치료에 대한 입장 차이로 1941년부터 1945년까지 논쟁이 빈번했다.

1945년에 햄스테드보육원이 문을 닫자, 아나는 햄스테드 아동치료과정 및 클리닉(Hampstead Child Therapy Course and Clinic)을 만들어 1952년부터 1982년 사망할 때까지 대표직을 맡았다. 1950년대부터는 정기적으로 미국에 강의를 하러 다니기도 하였다. 아동정신분석뿐만 아니라, 아나는 자아 혹은 의식이 고통스러운 생각, 충동, 감정 등을 회피하는 데 어떻게 기능하는가에 대한 이해에도 크게 공헌하였다.

아나의 사상을 집적한 책으로는 1968년에 출간한 『아동기 정상성 및 병리학(*Normality and Pathology in Childhood*)』을 들 수 있다. 프로이트의 딸로 누군가의 지도를 받지도 않고 아동분석기법을 개발한 아나와 당시 아동분석을 시작한 클라인학파(Kleinian Psychoanalysis)와의 20여 년간의 논쟁은 유명하다. 아나는 치료동기의 존재, 부모의 협력, 치료자의 중립적 태도 등을 아동정신분석의 요소로 내세우면서 클라인학파와의 차이를 보여 주었다. 정신과 의사이자 정신분석학자인 하르트만(Heinz Hartmann, 1894~1970) 등과 더불어 저술한 『아동심리분석연구(*The Psychoanalysis study of Child*)』는 매년 간행되면서 햄스테드 아동치료과정 및 연구소의 연구와 아나의 이론을 집약하여 보여 주었다.

『아동기 정상성과 병리학』
(2018년 출판)

이와 같이 아나는 아버지로부터 정신분석학을 배움으로써 뒤이어 정신분석학자가 되었다. 특히, 아동정신의학에 지대한 영향을 미친 인물로, 아동심리학 부분에서 권위자이다. 그녀의 이론은 현대에도 해당 분야의 중심적인 자리를 점하고 있다. 그녀는 아버지의 제자이자 학문적 동지였으며, 아버지의 말년에 간호와 비서 역할을 맡기도 했다. 그녀는 결혼하지 않고 독신으로 살다가 1982년 세상을 떠났다.

아나 프로이트는 아동분석을 넘어 교육학과 소아과 그리고 가족법 등의 분야에 영향을 끼쳤는데, 이 공로를 인정받아 1967년 대영제국훈작사(CBE)를 받았다. 이외에도 1975년에는 빈대학에서 명예석사학위를, 1981년에는 독일 프랑크푸르트대학의 괴테연구소에서 박사학위를 받았고, 괴테문학상 등을 수상하였다.

주요 저서로는 『자아와 방어기제(*The ego and the mechanisms of defense*, 1936)』, 『가족 없는 유아들(*Infants without families*, 1943)』, 『프로이트의 저작들(*The writings of Freud*, 1968)』 등이 있다.

3. 에릭슨 : 사회심리학적 이론

에릭슨(Erik Homburger Erikson, 1902~1994)은 덴마크계 독일인, 미국인 발달심리학자이자 정신분석학자이다. 인간의 사회성 발달이론으로 유명하고 '정체감 위기'라는 말을 만들어 냈다.

그는 1902년 6월 5일 독일 프랑크푸르트 암 마인(Frankfurt am Main)에서 출생하였다. 그의 부모는 덴마크 코펜하겐(Copenhagen)에서 살았으나 이혼으로 어머니가 독일로 이주하여 프랑크푸르트에서 출생하게 되었다. 그가 3세 때 어머니는 유대인이며 아동소아과 의사인 홈부르거(Homburger)와 재혼하였다. 그의 친아버지는 그가 태어나기 전에 어머니를 버리고 떠났다. 에릭 에릭슨은 성인이 된 후 이 사실을 알게 되었다. 어머니 카를라 아브라함센(Karla Abrahamsen)은 코펜하겐의 유명한 유대인 가족 출신으로, 카를라의 어머니인 헨리에타(Henrietta)는 카를라가 13살 때 사망하였다. 아버지 요세프(Josef)는 말린 상품을 파는 상인이었다. 카를라의 세 오빠들은 지역 유대인 자선단체에서 활동하면서 러시아에서 온 궁핍한 유대인 이민자들에게 식량을 공급해 주었다. 카를라 아브라함센은 유대인 주식 중매인인 발데마르 이시도르 살로몬센(Waldemar Isidor Salomonsen)과 정식으로 결혼한 사이였기 때문에 독일에서 태어난 에릭 에릭슨은 출생 후 '에릭 살로몬센'으로 등록되었다. 생부는 덴마크인이고 성이 Erik일 것이라는 것 외에는 어떤 정보도 남아 있지 않다. 에릭슨이 뱃속에 있을 때에 생부가 결혼했을 것이라는 주장도 있다. 카를라는 에릭 에릭슨이 태어난 이후 간호사가 되기 위해 카를스루에(독일, Karlsruhe)로 이주하였고, 1904년 유대인 소아과 의사인 테오도어 홈부르거(Theodor Homburger)와 결혼하였다. 1909년 에릭 에릭슨의 이름은 '에릭 살로몬센'에서 '에릭 홈부르거((Erik Homburger)'가 되었고, 에릭 에릭슨은 1911년 '에릭 홈부르거'로서 법적으로 계부의 아들이 되었다.

자아정체감 발달은 에릭슨의 삶과 이론에 있어 가장 중요한 문제였던 것으로 인식된다. 어린 시절과 성년기 초기의 이름은 '에릭 홈부르거'였으며, 부모는 에릭슨의 출생에 관한 자세한 사항을 비밀로 하였다. 유대교 가정에서 자란 푸른 눈을 가진 금발의 소년 에릭슨은 사원학교에서는 노르만인이라며 괴롭힘을 당했고, 문법학교에서는 유대인이라며 놀림을 당했다. 그의 어머니는 철학과 문학,

예술에 깊은 관심을 가지고 있었으며, 에릭슨은 이런 분위기 속에서 성장하였다.

에릭슨은 초등학교를 수학하고, 18세에 김나지움(Gymnasium, 독일의 중등교육기관)을 졸업한 것이 최종 학력이다. 그는 라틴어와 그리스어에 능했지만, 대학에 진학하지 않고 유럽을 여행하면서 방랑과 방황을 하였다. 이때 독학으로 독서와 사색에만 몰두하였다. 한때 미술가가 되기 위해 고전미술 공부에도 전념하였지만 곧 포기하였다. 방황기에 피렌체(Firenze)에서 만난 아동정신분석학자 페이스 블로스의 추천으로 카를스루에(Karlsruhe)에서 학교운영을 돕는 역할을 하였다. 이를 계기로 에릭슨은 정신분석학을 접하게 되었으며, 인생의 전환기를 맞이하게 되었다. 즉, 에릭슨은 미술학도이면서 교사였다. 빈의 사립학교에서 학생들을 지도하면서 지그문트 프로이트의 딸인 아나 프로이트를 만났다. 이를 계기로 에릭슨은 정신분석학을 알게 되었고, 이 경험으로 정신분석학자가 되기로 결정했다. 빈정신분석연구소에서 정신분석을 배우면서 몬테소리교육법을 아동발달에 초점을 두어 공부하였다. 특히, 그는 학교와 아버지의 병원에서 아이들을 관찰하게 되었다. 그의 폭넓은 체험을 바탕으로 아동정신분석학자로 발전하게 되었다.

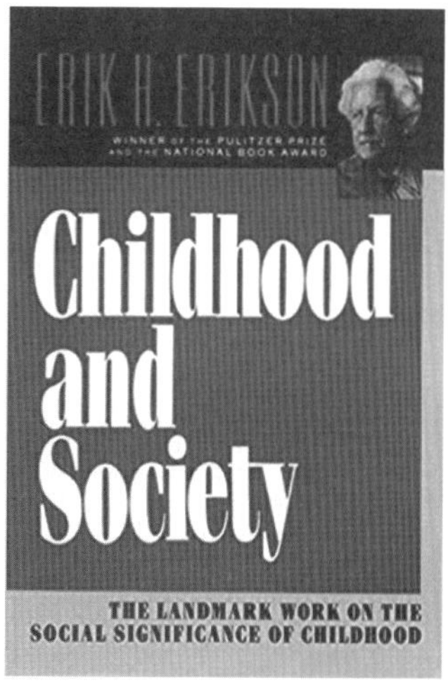

『아동기와 사회』
(1993년 출판)

1933년 31세에 미국 보스턴(Boston)으로 이주하였으며, 보스턴 최초의 아동정신분석학자가 되었다. 1936년 예일대학교(Yale University)에서 강의하였고, 1938년 인디언 아동에 관해 연구하였다.

1939년 버클리대학교(University of California, Berkeley)에서 아동발달에 대한 연구를 진행하였으며, 이 연구의 결과로 『아동기와 사회(*Childhood and Society*, 1950)』를 저술하였다. 에릭슨은 미국 각지에서 임상연구에 종사하였으며, 인간형성을 문화 · 사회와 관련지어 설명하고, 특히 청년기의 '정체성(Identity) 위기' 해결방법 여하에 따라서 역사의 양식을 창조하는 측면을 밝혀냈다. 그의 정체성이론은 임상의 세계를 바꾸고, 사회과학, 인문, 역사연구에도 영향을 주었을 뿐만 아니라, 1960년대의 흑인해방운동과 인종집단이나 학생의 저항운동 속에서 중요한 역할을 하였다.

1960~1970년 하버드대학교(Harvard University) 교수로 재직하였으며, 은퇴 이후 샌프란시스코에서 마운트 지온병원(Mount Zion Hospital)에서 고문으로 재직하였다. 1994년 5월 사망하였다. 그의 업적에서 심리사회적 발달단계(8단계설), 동일성(identity), 자아동일성(ego identity), 동일성 위기(identity crisis), 동일성 확산(identity diffusion), 기본적 신뢰(basic trust), 모라토리엄(moratorium) 등의 개념이 유명하다.

에릭슨의 연구는 프로이트의 성 심리적인 발달에 문화인류학적 지식을 추가하여 발달을 문화적 · 역사적으로 다루고, 자아심리학의 영역을 발달시켜 자아의 독자성이나 동일성 등을 나타낸 '아이덴티티', 청년기의 '모라토리엄' 등의 개념을 제창했다. 말년에는 연상의 아내 조안 에릭슨(Joan M. Erikson)과 함께 기존의 8단계의 노년기에서 80~90세를 분리하여 9단계를 주장하였으며, 그녀는 '정체성 위기'라는 용어를 만들어 내기도 했다. 이 용어로 인해 에릭슨은 청년기의 정체성 위기 해결방법에 의해서 역사의 양식을 창조하는 측면을 밝혀, 정체성 개념에 의해 프로이트 이후의 정신분석학적 자아심리학을 비약적으로 발전시켰다. 에릭슨은 인간형성에 대해 문화 · 사회와 연관 지었다. 또한 루터(Martin Luther, 1483~1546)와 간디(Mahatma Gandhi, 1869~1948) 등에 대해 역사적 · 심리학적인 연구를 시도하기도 하였다.

주요 저서로는 발달의 사회성을 주창하는 『아동기와 사회(*Childhood and Society*, 1950)』, 『정체성과 생애주기(*Identity and the Life Cycle*, 1959)』, 개인생활사와 역사의 만남을 예증하는 『청년 루터(*Young Man Luther*, 1962)』, 『간디의 진리(*Gandhi's Truth: On the Origins of Militant Nonviolence*, 1970)』 등이 있다.

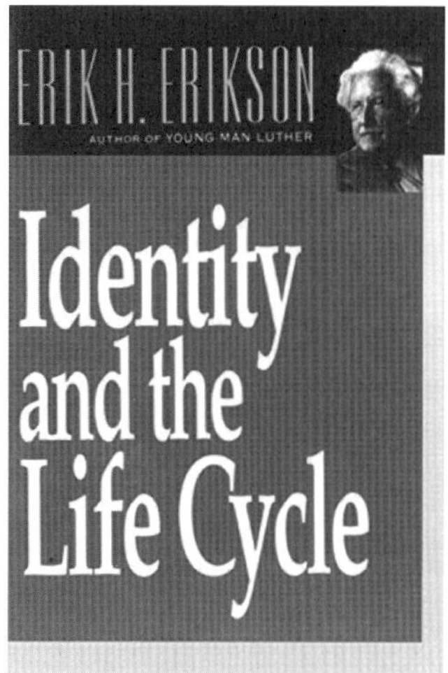

『정체성과 생애주기』
(1994년 출판)

프로이트와의 비교

많은 사람들이 프로이트의 이론보다 에릭슨의 이론을 선호한다. 그 이유는 인간의 성적 본능을 지나치게 강조한 프로이트에 비해, 인간의 이성과 적응을 강조한 에릭슨의 이론이 훨씬 더 호소력이 있기 때문이다.

에릭슨은 프로이트 이론의 경험적 기초를 확장하여 정신분석이론의 신뢰도와 적용 가능성을 증가시켰다. 다시 말해서 에릭슨은 심리성적 단계에 심리사회적 단계를, 생물학적 영향에 문화적 영향을, 자아방어에 자아정체감을, 비정상적인 연구대상에 정상적인 연구대상을, 특정한 문화적 시각에 비교문화적 시각을, 아동기에 대한 성인의 회상에서 아동에 대한 관찰을, 그리고 아동발달에 성인발달을 첨가시켰던 것이다.

특히, 인간발달에서 전 생애발달적 접근을 한 점과 문화적 상대성을 인정한 점은, 에릭슨의 매우 중요한 공헌이라 할 수 있다(정옥분, 2014: 76).

프로이트와 에릭슨의 이론적 차이점은 〈표 6-1〉와 같다.

〈표 6-1〉 프로이트와 에릭슨의 이론적 차이

관점	프로이트	에릭슨
행동동기	원초아에 두고 본질적으로 충동적	의사결정과 문제를 해결하는 합리적 · 이성적 존재인 자아 강조
성격구조	5세 이전까지의 유아기의 경험이 더 중요	전체 생애를 통한 사회적 경험에 의하여 발달
아동의 성장과 발달배경	부모와의 관계성에서 경험이 발달에 중요	부모뿐만 아니라, 가족, 친구, 사회, 문화적 배경도 중시
성격 발달배경	심리성적 발달 5단계에서 형성	사회적 관계에서 인간의 전 생애를 거쳐서 8단계로 성격발달
발달단계의 실패	발달단계의 실패를 고착으로 보며 수정이 어렵다고 봄.	발달단계에서의 실패의 수정은 언제라도 적절한 사랑과 보살핌으로 가능
병리와 건강성	정신생활의 무의식을 강조하며, 초기 외상 경험의 억압을 정신병리의 원인으로 봄.	자아의 능력이나 자질, 사회적 지지체계의 기능이 중요

자료: 강기정(2020: 77).

4. 아들러 : 개인심리학

아들러(Alfred W. Adler, 1870~1937)는 오스트리아 정신의학자이자 심리학자이다. 그는 오스트리아 빈(Vienna)에서 곡물상을 하던 아버지로부터 6남매 중 둘째로 태어난 유대인으로, 후에 미국으로 이주했다(Adler, 1931: 11). 그는 프로이트와 달리, 자신이 유대인임을 별로 의식하지 않았다. 빈대학교(Universität Wien) 의 학부 졸업 후, 트로츠키(Leon Trotsky, Lev Davidovich Bronstein, 1879~1940)의 친구인 러시아 여성과 결혼하여 친구 중에는 사회주의자가 많았고, 그 자신도 사회주의자였다. 프로이트의 강연에 매혹되어 문하로 들어갔으나, 프로이트의 범성욕설을 받아들이기 어려워 분파하여 사회감정을 중요시하게 되었다.

알프레드 아들러

다시 말해서 어떠한 형태의 사회도피든 간에 모두 불건강의 징후이다. 그는 아동기에 매우 병약했다. 구루병(rickets)을 앓았으며, 때때로 후두 경련을 일으켜서 큰소리로 비명을 지르거나 할 때는 질식의 위험이 따르기도 했다. 아동기에 가장 의미심장한 사건은 바로 밑의 동생이 그의 옆 침대에서 죽어간 사건이었다. 그로 인해 어린 아들러에게 삶과 죽음이라는 문제가 커다란 마음의 과제로 움트기 시작했다. 병약한 데다 2남이고 형과 사이가 나빴던 데에서 출생순위와 성격관계에 주목하던 중 열등감을 특히 중요시하게 되었다. 곧 인간은 누구나 여러 가지 원인으로 열등감을 가지고 있으며, 이를 보상하려고 노력하는 과정에서 그 사람의 생활양식이 형성되어 가므로, 만일 보상될 수 없는 열등감이나 과도하게 보상된 열등감이 있으면 인격의 왜곡이 생긴다고 생각하여 이를 시정하기 위한 재교육이 중요하다고 하였다. 그 때문에 정신분석에 관심을 가지면서도 성욕주의를 혐오하고 있는 교육자 · 사회사업가 · 종교가 등에게 환영받았다(Sweeny, 2015).

아들러는 프로이트의 강연에 매료되어, 그의 문하에 들어가 빈 정신분석학회(Wiener Psychoanalytische Vereinigung, Vienna Psychoanalytic Society: WPV)를 결성하고 초대 회장을 맡았다. 아들러는 1902년부터 프로이트와 함께 '수요모임'에서 활동하였고, 프로이트의 저서인 『꿈의 해석(*Die Traumdeutung*, 1900)』을 서평했으나, 근본적인 견해 차이로 프로이트의 이론을 거부하고 분파하여, 1912년 프로이트를 비판하는 동료들과 함께 '개인심리학회' 를 설립하였고, 이를 중심으로 독자적인 학문 세계를 구축해 나갔다. 1912년 『신경증 기질(*The Neurotic Constitution*)』을 발표하면서 그중 자신의 학설을 '개인심리학(individualpsychologie)' 이라고 이름 짓고, 1914년에는 『국제개인심리학잡지』를 창간했다. 프로이트의 범성욕설에 반대한 것인데, 덕분에 성에 대해 보수적인 교육자, 종교인들에게 그의 정신분석은 환영을 받았다.

제1차 세계대전 이후 빈에서 정신병원을 시작했으나, 나치당은 아들러가 유대인이라는 이유로 강제 폐쇄시켰다. 그 결과, 그는 1934년 미국으로 이주했다. 아들러는 이론적인 문제에만 관심을 기울인 학자가 아니었다. 그는 직접 사람들을 만나 상담과 치료를 하는 데 더 역점을 두었고, 구미 전역에서 수많은 강연을 하였다. 1937년 5월 강연차 영국 스코틀랜드 북부 에버딘대학교(University of Aberdeen)를 3주일 예정으로 찾았었는데, 강연 뒤 심근경색으로 길거리에서 돌연사 했다. 그는 평생을 '인간이해의 심리학' 을 체계화하는 데 전념하였으며, 인간을 이해하는 것이 곧 삶의 주인이 되는 길임을 알려준 최초의 인본주의 심리학자이다.

아들러의 주된 관심은 우월함의 추구, 육체적 허약함이 개인에게 미치는 영향, 권력의 추구, 출생순위에 따른 성격의 형성 등이었으며, 프로이트의 환원적인 관점과도 거리를 두었다. 아들러의 관점은 이후 의미치료(logotherapy)의 창시자인 프랑클(Viktor Emil Frankl, 1905~1997)에 의해 비판받기도 했다. 그리고 과학의 기준으로서 반증주의를 제시한 포퍼(Karl Raimund Popper, 1902~1994)의 첫 번째 공격대상이 되기도 했다.

포퍼는 빈대학교 사회주의 서클에서 활동했으며, 아들러심리학에도 빠져 관련 사회사업까지 함께 할 정도였으나, 마르크스주의와 아들러심리학의 도그마성에 회의를 느껴 둘 다 포기하게 되고, 반대로 빈대학교에서 아인슈타인(Albert Einstein, 1879~1955)의 상대성이론 강의를 듣고 과학의 방법에 대해 영감을 받았는데, 결국 자신이 내놓은 반증주의에 대한 최초의 문헌에서 마르크스주의와 아들러심리학을 반증 불가능한 대표적인 비과학이라고 비판했다.

아들러는 프로이트의 원인론적 분석에서 탈피하여 목적론적 분석을 기반으로 자신의 학설을 세웠다. 대표적인 것이 '개인심리학(individual psychology)'인데, 개인심리학은 신프로이트학파에 큰 영향을 끼쳤다. 아들러와 입장을 같이하는 흐름을 '아들리안학파' 또는 '아들리안(Adlerian)'이라고 부른다.

아들러는 성년기 중 많은 기간 동안 모든 형태의 탄압과 싸웠고, 열등감이 어떻게 권력의 남용을 낳는가를 보이기 위해 애썼다. 사실 아들러는 여성의 권리를 위해 캠페인을 벌였고, 소수자를 향한 부당함에 대해 자주 발언하였다. 평화활동가로도 알려진 아들러는 개인적으로는 딸 발렌타인이 나치로부터 탈출하기 위해 러시아로 건너갔다가 잘못된 정치적 고발로 스탈린 정권에 억류되었을 때, 전쟁의 황폐함과 권력의 남용을 겪었다. 첫딸인 발렌타인은 시베리아 수용소의 매우 혹독한 상황에서 1942년에 사망하였다(Neukrug, 2010).

『개인심리학의 실제와 이론』
(2013년 출판)

아들러는 전 생애에 걸쳐 300권 이상의 책과 저작을 남겼는데, 동시대 다른 무의식을 정립하여 사상계를 뒤흔든 프로이트나 종교학, 문화인류학 분야에 새로운 관점을 제공한 융(Carl Gustav Jung)에 비해, 아들러는 교육학 · 교육심리학 · 사회복지 분야에서 종종 언급되거나, 프로이트나 융을 언급할 때 같이 언급될 뿐 그다지 인지도가 높지 않았다. 그러다가 아들러의 목적론을 기반으로 일본인 철학자 기시미 이치로(岸見一郎)와 작가 고가 후미타케(古賀史健)의 저서 『미움 받을 용기(嫌われる勇氣, 2014)』가 베스트셀러 반열에 오르면서 최근 일본뿐만 아니라, 우리나라에서 아들러와 그의 목적론이 각광을 받기 시작했다.

주요 저서에는 『기관 열등성의 연구(*Studie uber die Minderwertigkeit der Organe*, 1907)』, 『신경증 기질(*Uber den nervosen Charakter*, 1912)』, 『개인심리학의 실제와 이론(*The Practice and Theory of Individual Psychology*, 1920)』 등이 있다.

프로이트의 정신분석이론과 아들러의 개인심리이론의 기본 관점을 비교정리하면 〈표 6-2〉와 같다.

〈표 6-2〉 아들러와 프로이트의 비교

구분	프로이트	아들러
이론의 토대	생리학	사회심리학
인간행동	행동의 인과론적 결정론	행동의 목표지향성 강조
인간관	수동적 인간관	창조적 · 능동적 인간관
심리치료의 목표	정신 내적 조화를 이루는 것이 심리치료의 이상적 목표	자기실현 및 사회적 관심의 고양이 심리치료의 이상적 목표
인간관계	인간은 경쟁자이므로, 우리는 그들로부터 우리를 보호해야 함	사람들은 동료들이므로, 우리의 인생에 도움을 주는 존재
신경증	성적 문제가 원인	학습의 실패이며, 왜곡된 지각의 산물

자료: 강상경(2018: 105).

5. 융 : 분석심리학

칼 구스타프 융

융(Carl Gustav Jung, 1875~1961)은 1875년 스위스 바젤(Basel)에서 출생하였다. 그의 집안은 의사와 종교인이 많았으며, 바젤에서 명망 있는 집안에 속했다. 융의 할아버지는 의사였으며, 바젤대학교(University of Basel) 의과대학 학장을 지냈다. 외할아버지는 바젤지역의 개신교목사협회 회장을 지냈다.

그의 부친은 스위스 개신교 교회의 목사였고, 경제적으로는 어려운 형편이었다. 어머니는 독실한 기독교 신자로 건강이 좋지 않았다. 어머니가 요양원에 자주 입원해서 융은 어려서부터 홀로 시간을 보내는 일이 많았다. 1895년 아버지가 사망한 이후, 어머니의 병세가 호전되면서 어머니의 관심과 영향 속에서 성장하였다. 하지만 가정 형편이 어려워 자신이 생계와 학업을 병행해야만 했다.

청년기에는 바젤 후마니스티셰스 김나지움에서 그리스어와 라틴어를 공부하였다. 이 시기에 아버지가 정신병원 상담목사로 활동하면서 정신분석에 관심을 가지게 되었다. 1895년 바젤대학교 자연과학부에 입학하여 해부학, 생물학 등 의학공부에 필요한 과정을 배웠으며, 정신의학을 전공분야로 선택했다. 그가 정신의학을 선택하는 데 가장 큰 영향을 미쳤던 것은 에빙(Kraft-Ebbing)의 저서들이라고 회고했다. 1900년 12월 졸업한 후, 취리히대학교(The University of Zurich) 부속 부르크횔츨리정신병원(Burghölzli Asylum)의 블로일러(Eugen Bleuler, 1857~1939) 교수를 보조하는 보조의사이자 연구원이 되었다. 이 시기에 활발하게 정신의학을 연구하였다. 한편, 1903년 스위스에서도 손꼽히는 시계제조업체의 딸로 IWC 상속녀인 엠마 라우셴바흐와 결혼하였으며, 엠마는 그의 비서이자 연구를 돕는 내조자로 충실한 역할을 하였다.

1904년경 정신병 환자를 치료하기 위해서 정신분석의 유효성을 인식하고 단어를 통한 연상실험을 창시하였다. 그는 단어연상법으로 프로이트가 『꿈의 해석(*Die Traumdeutung*, 1900)』을 통해서 제기한 억압된 것, 즉 억압이론을 입증하고, 그것을 '콤플렉스(complex)' 라고 이름 붙였다. 1906년 조현병(정신분열병)의 증상을 이해하는 데 정신분석이 유효하다는 것을 증명하였다. 1907년 융은 오스트리아 빈에 살고 있는 프로이트를 찾아가 교류하면서 서로의 연구에 공감하며 친분을 나누게 되었고, 자신의 연구업적으로 프로이트의 두터운 신뢰와 인정을 받게 되었다. 이후 콤플렉스라는 개념은 정신분석학과 심리학에서 사용하게 되었고, 융과 부르크횔츨리 병원은 세계적인 명성을 얻기 시작했다.

1908년 4월 오스트리아의 잘츠부르크(Salzburg)에서 개최된 최초의 국제정신분석학회 제창자가 되었으며, 이 회의에서 발행하기로 결정한 기관지 『정신분석학 · 정신병리학 연구연보』의 편자로 뽑혔다. 1909년에는 미국 보스턴 클라크대학교(Clark University)의 초청을 받아 프로이트와 함께 미국을 여행하였다. 그러나 그후 그는 '리비도(libido, 성 본능 · 성 충동)'의 개념을 성적이 아닌 일반적인 에너지라고 하였기 때문에 프로이트와 의견이 대립되어, 1914년에 정신분석학회를 탈퇴하고, 그 이후 자신의 심리학('분석심리학'이라 일컬음)을 수립하는 데 노력하였다.

그의 심리학은 신비적인 색채를 지니고 있는 데다 난해하였기 때문에 심리학 일반에 대해서는 영향을 끼치지 못하였으나, 인간의 유형을 '외향형'과 '내향형'으로 나눈 유형론(typology)은 그의 큰 공적이다. 융은 1961년 6월 6일 색전증(embolism)으로 자택에서 사망했다. 융의 묘비에 "부르든 부르지 않든, 신은 존재할 것이다."라고 적힌 문구는 언젠가 그가 인터뷰에서 한 말을 상기시킨다. "신을 믿느냐"는 질문을 받자, 융은 이렇게 대답했다 "나는 그분을 믿는 게 아니라, 그분을 압니다."

융은 개인의 인생은 무의식의 자기실현의 역사이고, 무의식에 있는 모든 것은 표현되려고 노력하며, 성격은 무의식의 조건에서 발현되기를 갈망한다고 보았다. 또한 융은 언제나 '마음과 영혼의 의사'로서 무의식의 자기실현을 몸소 실천하였고, 20세기 유럽이 낳은 정신과학자 중에서 동양사상을 누구보다도 깊이 이해함으로써

『심리유형론』
(2016년 출판)

동서에 다리를 놓았으며, 인류가 무엇을 보고 어떻게 살아야 할 것인가를 제시하였다(김종운, 2013: 169).

융은 이미지로서 나타난 집합적 무의식의 내용을 이해하거나, 그것에 접근하기 위해 옛날 이야기, 신화학, 문화인류학, 종교학 등을 학제적으로 연구하였다. 특히, 연금술은 융이 생각하는 개성화에 있어서 중요한 모델이 되었다. 나중에 융과의 작업이 제시하고 있는 바와 같이, 정치도 집합적 무의식의 작용으로서 고찰의 시정에 포함시킨 것이다. 또한 역으로 융 심리학은 신화학이나 종교학 분야의 연구에 큰 영향을 미쳤다(정서영 외, 2017a: 139).

대표적인 저서로는 『변용의 상징(*Symbols of Transformation*, 1914~1952)』, 『심리유형론(*Psychological Types*, 1921)』, 『심리학과 연금술(*Psychology and Alchemy*, 1944~1951)』 등이 있다.

6. 애커먼 : 역동적 가족치료

애커먼(Nathan Ward Ackerman, 1908~1971)은 미국 정신과 의사이자 정신분석학자로서 가족치료의 창시자이다. 애커먼은 러시아 베사라비아(Bessarabia)에서 약사였던 아버지 데이비드 애커먼(David Ackerman)과 어머니 베르타 그린버그 애커먼(Bertha Greenberg Ackerman) 사이에서 태어났다. 애커먼 가족은 1912

년 미국으로 건너와 1920년에 귀화하였다. 그는 뉴욕공립학교를 다녔고, 1929년 컬럼비아대학교(Columbia University)에서 인문학을 전공한 뒤, 1933년 동 대학교에서 의학박사학위를 취득하였다. 이후 1933년부터 1934년까지 뉴욕에 있는 몬테피오레(Montefiore) 병원과 1935년 메닝거(Meininger) 클리닉 및 캔자스(Kansas)의 토피카(Topica)에 있는 요양소 등에서 인턴생활을 하다가 1937년에는 메닝거 아동지도클리닉의 정신과장이 되었다. 애커먼은 1937년 10월에 그웬돌린 힐(Gwendolyn Hill)과 결혼하여 슬하에 두 딸을 두었다. 이후 14년 동안 애커먼은 뉴욕에 있는 유대인 후원회(Jewish Board of Guardians)의 정신과 주임의사로도 일하였다. 이 기간에 그는 뉴욕에 있는 여러 기관에서 다양한 직위를 가지고 일하였다. 애커먼은 1930년대 초 일어났던 아동지도운동에서 큰 역할을 하였다. 소아정신과 의사로서 그 운동에 참여하였던 애커먼의 관심사는 처음에는 아동이었으나, 한 가족이 사회적 · 정서적 단위로 아동에게 영향을 미친다는 것을 점차 깨닫게 되면서 가족 전체를 만나는 실험을 시작하였다(김영철 외, 2021: 129).

나단 애커먼

제2차 세계 대전 중에는 적십자재활클리닉에서 정신과 의사로 활동하면서, 1944년 막스 호르크하이머(Max Horkheimer)가 최초로 설립한 과학연구 분과에서 고문으로 일하기도 하였다. 전쟁이 끝난 뒤에는 컬럼비아대학교 정신과 임상교수를 맡았으며, 이후 컬럼비아대학교 부설 뉴욕사회복지학부(New York School of Social Work)에서 강의를 하였다. 그뿐만 아니라, 1944년부터 1948년까지 방문간호서비스(Visiting Nurse Service)와 지역사회봉사회

(Com-munity Service Society 에서도 강의를 하였다. 또한 애커먼은 툴란(Tulan)대학교, 노스캐롤라이나(North Carolina)대학교 등 여러 대학교의 정신과 초빙교수로도 활동하였다. 1952년에는 워싱턴 D.C.에서 열린 백악관 주재 아동에 관한 회의(White House Conference on Children)의 회원이 되었다. 그는 1950년에 마리 야호다(Marie Jahoda)와 함께 반유대주의에 대한 저서를 공동 집필하기도 하였다.

1955년에는 미국 교정정신의학협회(American Orthopsychiatric Association)에서 주최하는 가족치료 분야의 발전을 꾀하기 위한 회의에서 가족진단에 대한 회의를 최초로 조직했으며, 1957년에는 가족정신건강클리닉(Family Mental Health Clinic)을 뉴욕에서 창립하였고, 1958년에는 『가족생활의 정신역동(*The Psycho Dynamics of Family Life*)』이라는 가족관계 치료에 관한 저서를 최초로 출판하였다. I960년대에 뉴욕시에 가족연구소(Family Institute)를 창설하여 가족치료 초기에 미국 동부의 가족치료 훈련과 치료센터를 이끄는 등 활발한 활동을 펼치다가 1971년 사망하였다. 그의 사후, 가족연구소는 애커먼연구소(Ackerman Institute)로 개명되었다. 이로써 애커먼은 개인의 심리내적 지향과 무의식적 동기를 중시하는 정신분석적 입장과 가족과정이나 대인관계를 강조하는 체계론적 입장을 통합하려는 노력을 기울인 가족치료의 선구자 중 한 사람으로 꼽힌다.

애커먼은 미국 유대인회(American Jewish Committee)의 지원을 받아, 반유대주의와 정서장애에 대한 정신분석적 해석을 시도하여 그 현상을 분석하고, 가능한 해결책을 제시하기도 하였다. 그는 정신분석 훈련을 받은 정신과 의사였지만, 가족치료의 심리사회적 접근방법의 중요성에 대해서 일찍부터 감지하고 있었다. 따라서,

가족치료의 할아버지라고 불릴 만큼 가족치료에서는 가장 중요한 인물 중 한 사람으로 평가받고 있다. 처음에 그는 정신과 의사가 어린이를 다루고 사회사업가가 그 어머니를 만나는 아동지도의 모델을 따랐다. 그러다가 1940년대 중반에는 부모와 자녀를 함께 만나는 시도를 하였다. 애커먼은 가족의 전반적인 조직을 이해하는 탁월한 능력으로 가족구성원의 행동적인 상호작용 속에 숨어 있는 각각의 마음과 정신을 볼 수 있었다. 이 같은 자신의 강점을 이용하여 그는 가족의 방어 작용을 벗겨 내고 가족구성원의 감정을 표현할 수 있도록 해 주는 혁신적인 개입양식을 활용하였다.

다양한 경험을 바탕으로 실직자들의 정신건강 문제를 다루면서, 애커먼은 환경과 정신이 모두 정서적 문제에 영향을 줄 수 있다는 확신을 갖게 되었다. 또한 바울비(J. Bowlby)의 실험을 활용해서 가족 면담을 하는 중에도 이를 아동지도치료에서의 주요 치료형식으로 인식하였다. 그의 가족 면담은 부모-자녀 2세대에 관한 메타세대로서 조부모를 함께 연관시켰다.

가족을 진단 및 치료의 단위로 보고, 가족을 연구하기 위해 가정방문도 하였다. 애커먼은 정신적 내계, 대인관계, 가족체계를 세 가지 요소로 두고, 의사들에게 가족원조가 필요하다고 강하게 주장하였다. 그는 사회적 역할 개념을 중요시했지만, 그가 말하는 사회적 역할이란 행위자의 인격적응단위로 보고, 실천적으로는 사회적 자기의 개념과 같은 의미로 보았다.

애커먼은 자신의 아이디어와 이론적 접근법을 다른 전문가들과 공유하면서 1938년에는 『가족의 일치(*The Unity of the Family*)』, 『가족 진단: 미취학 아동에 대한 접근방식(*Family Diagnosis: An Approach to the Preschool Child*)』 등을 출판하기도 했는데, 이 저서들은 가족치료 운동에 큰 영향을 미쳤다. 그는 잭슨(Don D.

Jackson), 헤일리(Jay Douglas Haley, 1923~2007) 등과 더불어 최초의 가족치료 저널인 『가족과정(*Family Process*)』를 만들기도 했다. 이는 오늘날까지 이 분야의 사상을 이끄는 선도적인 역할을 하는 저널로 자리 잡고 있다. 애커먼은 체계이론에서 비롯된 당시로서는 상당히 진보적인 사상을 접목시켜 개인심리치료에서의 통찰을 끌어내고, 이에 대한 통합을 시도한 최초의 전문가 중 한 사람으로 손꼽힌다. 가족치료에 정신역동적 입장을 접근시킨 것은 그의 가장 큰 공헌으로 인정받고 있다.

대표적 저서로는 야호다와 함께 쓴 『반유대주의와 정서적 장애: 정신분석적 해석(*Anti-Semitism and Emotional Disorder: A Psychoanalytic Interpretation,* 1956)』, 『가족생활의 정신역동: 가족관계의 진단 및 치료(*The psychodynamics of family life: Diagnosis and treatment of family relationships*, 1958)』, 『문제가족치료(*Treating the Troubled Family*, 1966)』를 출판하였고, 이외에도 비트먼, 셔먼(Beatman, Frances L., & Sherman)과 공동 집필한 『가족치료의 기반 탐색(*Exploring the Base of Family Therapy*, 1967)』, 라코스(Marcille H. Lakos)와 공동 집필한 『가족치료의 기반 탐색(*The Treatment of A Child and Family*, 2011)』 등이 있으며, 전문 저널에 100편이 넘는 논문을 실었다.

『심리유형론』
(2016년 출판)

7. 설리번 : 대인관계이론

설리번(Harry Stack Sullivan, 1892~1949)은 대인관계이론을 발전시킨 미국의 정신과 의사이다. 설리번은 아일랜드 이민자의 자손으로 영국 노르위치(Norwich)에서 태어났다. 시카고의 의학전문학교를 졸업하여 의사가 된 이후에는 화이트(Michael White, 1948~2008)에게 정신분석을 배웠다. 그는 미국 정신과 의사로 정신분석 훈련을 받기는 했지만, 조현병(정신분열병) 환자를 치료하면서 정통파와는 다른 인간성 존중, 대화적 관계를 중시하는 심리치료를 개척하고, 후에 미국에서 집단심리치료, 가족치료가 발전하는 기반을 닦는 데 기여하였다.

해리 설리번

설리번은 1920년대에 조현증 환자의 연구에서 폭넓게 끌어낸 통찰을 바탕으로 자신의 대인관계 정신분석을 발전시켰다. 이 시대 사람들처럼 설리번도 프로이트의 정신분석에 별로 매력을 느끼지 못하고 있었고, 설리번의 통찰은 대부분 그 자신의 관찰에서 비롯되었다. 그의 이론과 경험은 정신분석과 많은 유사점을 가지고 있지만 프로이트의 그것과는 달랐다.

설리번의 조현증 환자 연구는, 조현증의 증상들은 의미가 없다고 단언했던 독일 정신의학자 크레펠린(Emil Kraepelin, 1856~1926)이 표현한 전통 정신병리학의 방법을 받아들이지 않고, 반대로 조현증 증상들이 의미 있다고 생각하였다. 설리번에게는 성격(personality)이 사람 안에 있는 것이 아니라, 오히려 개인간 상호작용과 다른 사람과의 대인관계에서 계속적으로 펼쳐지는 어떤 것으로 설명하였다.

프로이트처럼 설리번은 환자를 돕기 위해 치료관계를 사용했는데, 프로이트가 리비도적 에너지를 자유롭게 만드는 방법으로 사용한 반면, 설리번은 환자가 자신과 다른 사람 사이에서 일어난 대인관계 과정을 깨닫게 하는 방법을 사용하였다.

이 기초적인 전제들에서, 설리번은 시대를 앞서 나가 불안, 동기, 자기의 구조에 대한 세련된 이론을 개발하였다. 크게 인정을 받지는 못했지만, 그는 오늘날 정신분석치료의 이론과 경험의 거의 모든 분야에 깊게 영향을 미쳤다. 정신분석학자들은 설리번의 이론을 발전시켰고, 설리번의 이론을 치료상황에 실제적으로 적용하는 방법을 발전시켰다.

설리번의 연구는 또한 영국의 정신과 의사이며 반정신의학의 대표적 제창자인 랭(Ronald David Laing, 1927~1989)과 같은 현대 심리학자들에게 중대한 영향을 미쳤다. 랭의 연구에서 입증되었듯이, 설리번의 이론은 특히 정신분석치료에서 실존주의-현상학적인 경향과 인본주의 경향의 이론과 실제에도 잘 맞는다. 최근 수십 년 동안의 자기심리학 운동에서도 그 영향력을 행사하였다.

『정신의학의 대인관계이론』
(2010년 출판, 중국어판)

대표적 저서로는 『현대 정신의학의 개념(*Concepts of modern psychiatry*, 1940)』, 『정신의학의 대인관계이론(*The interpersonal theory of psychiatry*, 1953)』, 『개인정신병리(*Personal psychopathology*, 1972)』 등이 있다.

8. 페어베언 : 대상관계론

페어베언(William Ronald Dodds Fairbairn, 1889~1964)은 영국의 의사이자 정신분석학자이다. 페어베언은 영국의 에든버러(Edinburgh)에서 엄격한 개신교 중산층 가정에서 스코틀랜드의 학자적 전통을 지닌 집안에서 독자로 태어났다. 에든버러대학교(University of Edinburgh)에서 윤리학을, 에든버러 · 키엘 · 스트라스부르크 · 맨체스터 등에서는 신학과 고대 그리스철학을 수학하였다. 제1차 세계 대전 중에는 팔레스타인 진영의 장군(General Allenby) 휘하에 있었고, 전쟁이 끝난 뒤 의학과 심리치료를 공부하겠다는 결심을 하여 의대 수련을 계속해서 받으면서 심리학과 임상분석을 가르쳤다. 또한 의학도로서 코넬(E. H. Connell)과 함께 분석을 시작하였다. 정식 교육은 받지 않았지만, 페어베언은 1925년에 정신분석에 관한 업무를 시작하였고, 1927년에는 석사학위를 받았다. 1926년에 결혼을 했는데, 그때부터는 임상작업에 대한 글을 쓰기 시작하였다.

윌리엄 페어베언

1927년부터 1935년까지 에든버러대학교에서 심리학을 가르쳤고, 아동 및 청소년 클리닉(Clinic of Children and Juveniles)을 열어 비행청소년 및 성적 피학대 청소년을 치 료하였다. 1931년에는 영국 정신분석학회 준회원이 되었다가, 1939년에 정회원이 되었다. 페어베언은 에든버러대학교에 있는 동안 약간은 독자적인 노선을 걸었지만, 영국 대상관계이론에 막대한 영향을 미친 인물이기도 하다. 그는 독립집단(Independent Group)이라 불리던 중간집단(Middle Group)에 대한 이론을 만든 사람 중 한 명이다. 제2차 세계 대전이 발발 후 응급의료서비스(Emergency Medical Service) 창구를 만들어 봉사하기도 하였다. 페어베언은 알코올중독 등으로 곤란을 겪던 첫 번째 부인이 1952년에 사망한 뒤 1959년에 자신의 비서였던 매킨토시(M. Mackintosh)와 재혼하였다.

힘든 사생활과는 달리, 그는 1930년대와 1940년대에 자신의 임상경험과 정신분석에 관한 새로운 견해를 열정적으로 발표하며 활동을 계속하였다. 1964년 사망한 페어베언은 생물학적 모델을 심리학적인 것으로 옮겨와서, 초기의 단일자아(unitary ego)는 유전적으로 대상관계를 향해 연동된 것이라는 주장을 하였다. 페어베언의 모델에서는 에너지가 구조에서 불가분의 관계에 있고, 욕동(drive)은 인간 환경 내에서 통합, 개성화, 인식 등에 대한 노력으로 정의되어 있다. 그는 실제 환경적 좌절에 근거한 정신병리학 이론을 발달시켜, 유아가 부모의 나쁜 면을 내면화하고 그와 동일시하여 그 관계, 기억, 환상, 애착 등이 억압된다고 하였다. 이와 같은 그의 학문적 업적은 영국뿐만 아니라, 미국에서도 인정받았는데, 당대 정신분석의 이론적 한계를 지적하고 심리역동에 관한 새로운 관점을 제시하면서 대상관계이론의 토대를 마련하였다.

『정신분석적 성격 연구』
(1994년 출판)

페어베언은 클라인(M. Klein)의 이론을 기반으로 하면서도 정신분석이 지니고 있는 본능에 관한 시각을 비판하면서 정신분석적 대상관계(psychoanalytic object relations theory)를 발전시켜 나갔다. 또한 클라인과는 지속적으로 학문적인 교류를 유지하였다.

페어베언의 이론은 그에게서 직접 분석

을 받은 건트립(H. Guntrip)이 더욱 정교하게 확립하여 이어졌다. 대상관계이론의 가장 중요한 인물 중 한 사람이라 할 수 있는 페어베언은 영국은 물론 전 세계적으로 여전히 큰 영향을 미치고 있는 인물이라 할 수 있다.

대표적 저서로는 『정신분석적 성격 연구(*Psychoanalytic Studies of the Personality*, 1952)』『성격대상 이론(*An object-relations theory of personality*, 1954)』, 『본능에서 자아로(*From Instinct to Self, 1994*)』 등이 있다.

9. 보스조르메니-나지 : 맥락적 가족치료

보스조르메니-나지(Ivan Krasner Boszormenyi-Nagy, 1920~2007)는 정신분석적 지향을 가진 가족치료자 중에서 가족발달의 윤리적 차원을 강조한 사람이다. 그가 주창한 맥락적 가족치료는 '관계윤리(relational ethics)'와 다세대적 신화 그리고 과거로부터의 영향이 어떻게 현재 가족구성원의 기능에 영향을 미치는지에 초점을 맞추었다. 그는 가족이 과거 세대에 뿌리를 둔 의무인 '보이지 않는 충성심(invisible loyalty)'과 미해결된 정서적 계산서를 갖고 있다고 본다. 맥락적 가족치료 는 역기능적 가족이 '가족구성원장(family ledger, 다세대적 손익계산서)'의 손익계산을 통해 정서적 균형을 맞추고, 공평성과 상호작용에 대한 책임감을 서로 발전시킬 때 치료목표가 실현된다는 가정을 하고 있다.

맥락적 가족치료는 페어베언의 역동가족론에 대상관계이론과 윤리적 관점을 추가한 설리번의 대인관계 정신분석의 영향을 받았다. 이러한 영향을 받은 맥락적 가족치료의 골자는 가족구성원은 효과적으로 기능하기 위해서 서로의 행동에 대해서 윤리적으로 책임이 있으며, 권리와 은혜에 대한 균형을 배워야 한다는 것이다. 맥락적 가족치료에서 개인과 가족의 기능을 이해하는 핵심은 세대 간에 전수되어 온 가족 내 관계 맺는 유형이다. 신뢰(trust)는 관계의 근본적 자산으로서 가족구성원이 충성심이나 교환관계의 보상에 대해 행동하는 것에 따라 소멸되거나 축적된다. 맥락적 가족치료에서는 증상행동이나 가족병리에 초점을 두기보다 관계적 자원이 되는 신뢰가 변화의 원동력이라고 본다. 즉, 가족구성원 간에 타당한 주장과 상호의무에 대한 문제를 대화할 수 있도록 허용하는 신뢰의 구축이 중요한 것이다.

보스조르메니-나지는 크레이스너(Barbara R. Krasner)와 함께 쓴 『주고받기의 사이: 상황에 맞는 치료에 대한 임상가이드(*Between give and take: A clinical guide to contextual therapy*, 1986)』에서, 맥락적 가족치료의 근본 목표는 가족구성원의 관계 맺는 능력, 즉 가족구성원 간의 교환관계와 정서적 가족구성원장의 균형을 다시 맞추는 능력을 향상시키는 것이라고 주장한다. 즉, 가족이 잘 기능하게 되면, 협상을 통해 불균형을 깨뜨리고 균형을 맞추어 가는 능력, 그리고 상호작용하는 과정에서 공평성과 책임감을 유지하는 능력을 갖추게 된다. 비유적으로 볼 때, 각 개인은 가족 내 관계에 얼마나 투자했고, 그러한 투자에 대해 공평하게 돌려받았는지에 대한 정리되지 않은 계산서(가족구성원장)를 갖고 있다. 관계의 문제는 공평성이 너무 늦거나 양적으로 만족되지 않을 때 발생한다. 이러한 관점에서 보면, 어떤 개인의 역기능

『정신분석적 성격 연구』
(1994년 출판)

적 문제도 문제의 역사(가족구성원장)를 보지 않거나 정리되지 않은 계산을 검토하지 않으면 완전히 이해될 수 없다. 이런 시각에서 가족구성원의 증상 발생은 너무 커진 불공평감의 축적을 반영한다(Boszormenyi-Nagy & Krasner, 1986). 맥락적 가족치료자들이 볼 때, 증상행동은 가족의 이익을 위해 자아발달을 희생시킨 증거이거나, 가족과정에서 강요된 '보이지 않는 충성심'의 증거이다.

보스조르메니-나지는 가족구성원의 증상을 이와 같이 재정의함으로써 가족들에게 그들의 갈등을 다른 시각에서 다루고, 서로에 대해 더 공평하고 윤리적으로 책임감을 갖도록 돕고자 하였다. 전반적으로 가족구성원들은 다세대적 맥락에서 살펴지고, 서로 신뢰의 방향으로 움직이도록 이끌어진다. 맥락적 가족치료자들은 개인의 자유를 허용하고 대인 간 관계의 균형을 맞추는 것이 이러한 신뢰를 구축하는 기본 토대라고 보았다.

Chapter 7

프로이트 이후

07
프로이트 이후

1. 정신분석의 현대적 동향

프로이드가 사망한 이후로 정신분석이론에는 많은 변화가 일어났다. 20세기 중반에 이르러서는 병리적인 발달과정뿐만 아니라, 정상적인 발달과정, 특히 신생아의 발달에 많은 관심이 모아졌는데, 무엇보다도 말러(M. Mahler) 등의 연구는 정신분석이론을 발전시키는 데 큰 공헌을 하였다. 또한 정신분석의 임상 현장이 지난 30~40년 동안에 많은 변화를 보이고 있다. 프로이드 당시의 고전적인 신경증을 보이는 사람이 줄어들고 있는 반면, 자기애적 성격장애나 경계선적 성격장애와 같은 소위 구조적 결함을 가진 내담자가 부쩍 늘어나고 있는 추세이다.

이러한 연구와 임상 장면에서의 새로운 발견에 힘입어 현대의 정신분석은 크게 세 방향으로 학파를 형성하면서 발전해 가고 있다.

첫 번째 흐름은, 전통적인 프로이드의 이론에 가까이 위치하고 있으면서도 자아(ego)의 자율적 기능을 보다 강조하는 '자아심리학(ego psychology)'이다. 이 자아심리학을 발전시킨 주요 인물은 하르트만(Heinz Hartmann)과 그 동료들인데, 이들은 자아를 그 나름의 발달과정을 가지며, 성적 혹은 공격적 추동과 무관한 고유한 활동력을 지닌 적응기관으로 본다. 치료적인 면에서 이들은 내담자의 자율성을 키우도록 돕는 상담자의 역할을 강조하였다.

현대 정신분석의 두 번째 흐름은, 고전적 정신분석의 비정통학파였던 클라인(Melanie C. Klein) 등에 의해 영국에서 주로 발전된 '대상관계이론(object relation theory)'이다. 여기서 '대상'은 사물을 의미하는 것이 아니라, '사람'을 의미한다. 전통적인 정신분석이론이 개인 내적 심리과정을 중시하는 것에 비해서, 대상관계이론은 '대상관계', 즉 타인과의 관계가 심리적으로 내면화된 것을 중시한다. 이 이론은 생애 초기(특히, 오이디푸스기 이전)의 관계가 한 개인의 건강한 발달에 결정적으로 중요한 영향을 미친다는 것을 강조한다.

정신분석의 세 번째 주된 흐름은, 코훗(Heinz Kohut)에 의해 미국에서 발전된 '자기심리학(self psychology)'이다. 대상관계이론이 자기와 대상의 관계가 심리적으로 내면화된 것을 강조하는 것에 비하여, 자기심리학은 개인이 자존감과 가치감올 유지하는 데 외적인 관계가 얼마나 큰 영향을 미치는지를 더 강조한다. 이 이론은 인간이 심리적 안녕감을 유지하기 위해서 다른 사람으로부터의 격려, 지지, 사랑과 같은 반응을 얼마나 절실하게 필요로 하는지를 보여준다. 이 이론은 상담자의 공감적 반응을 매우 중시하는데, 그러한 점에서 로저스의 인간중심상담과의 유사성이 지적되기도 한다(이장호 외, 2019: 33-34).

위의 세 흐름은 서로 배타적이기보다는 보완적인 것이라고 말할 수 있다. 정신분석적으로 상담하는 많은 상담자들은 어느 하나의 학파를 절대적으로 신봉하기보다는 각 이론적 입장을 절충하면서 내담자의 문제에 맞추어 융통성 있게 대처하는 경향을 보이고 있다.

2. 신정신분석학파 : 프로이트와의 결별

프로이트를 추종하던 많은 사람들이 프로이트와 결별하고 자기 나름대로의 이론적인 입장을 발전시켜 나갔다.

대표적인 인물로는 융(Carl Gustav Jung, 1875~1961), 아들러(Alfred W. Adler, 1870~1937), 랭크(Otto Rank, 1884~1939), 호나이(Karen Horney, 1885~1952), 프롬(Erich Seligmann Fromm, 1900~1980), 설리번(Harry Stack Sullivan, 1892~1949) 등이 꼽힌다.

이들 중 융의 입장은 분석심리학, 아들러의 이론은 개인심리학, 설리반의 방식은 대인관계론적 심리치료라 불리며, '신정신분석학파' 라는 범주에서 제외되는 경우도 있다. 그러나 넓은 의미에서는 이들도 신정신분석학파라고 할 수 있다.

이들 모두는 프로이트의 생물학적이고 결정론적인 관점에 반대하며, 사회문화적인 요인을 강조한다는 공통점을 지닌다. 여기서는 프로이트로부터의 이탈이 가장 두드러진 아들러의 입장과, 프로이트에 대해 비판적이긴 하지만, 여전히 '정신분석' 이라는 이름 안에서 활동하였던 호나이의 입장, 그리고 특히 면접기법의 발달에 큰 공헌을 하였던 설리반의 입장을 살펴보고자 한다(이장호 외, 2019: 30-33).

아들러

최근 많은 관심을 모으고 있는 아들러의 개인심리학은 프로이트의 견해와 매우 대조적인 면들이 많다. 개인심리학에서 강조되는 개념들로는 열등감, 보상, 목적, 생활방식, 사회적 관심 등이 있다. 아들러에 따르면, 인간은 본질상 사회적 소속을 원하고 타인에 대한 관심을 가지고 있다. 동시에, 인간은 우월감이라는 목표에 도달하려고 하고, 이 과정에서 그 자신의 생활방식을 발전시킨다. 아들러는 초기에는 인간의 열등감과 그에 따른 보상적 욕구에 초점을 맞추었지만, 후기에는 사회적 환경에 대한 적응에 있어서 개인의 창조적인 측면을 더 강조하였다. 치료면에서 개인심리학은 개인의 생활방식과 목표를 다루면서, 개인이 자신을 이해하고 또 자신의 인생에 대해 보다 더 현실적이고 공동체적인 견해를 갖도록 돕고자 한다.

아들러는 프로이트보다 인간에 대해 더 낙관적이었다. 그는 유아기의 심리성적 발달, 거세불안, 오이디푸스 컴플렉스 등 프로이트가 중시한 많은 요소들에 대해서 거의 관심을 두지 않았다. 아들러와 프로이트의 주요한 이론적 차이점은 다음과 같다.

첫째, 프로이트가 자신의 이론의 토대를 생물학적인 것에 둔 반면, 아들러의 이론은 일종의 사회심리학적인 기초를 가진다. 그는 생물학적인 본능보다는 사회적 관심을 더욱 중요시하였다.

둘째, 프로이트는 성격형성에서 인과론 혹은 결정론을 강조하였지만, 아들러는 목적론을 강조하였다.

셋째, 프로이트의 이론은 환원주의적이라고 할 수 있다. 즉, 인간을 원초아 · 자아 · 초자아, 의식 대 무의식, 성 본능 대 죽음의 본능과 같은 서로 상반되는 부분들로 나누어서 보았다. 그러나 아들러의 이론은 총체주의적이다. 개인은 통일된 존재이기 때문에 나누어질 수 없으며, 기억 · 정서 · 행동과 같은 '부분'들은 전체 개인을 위해 활용될 뿐이다.

넷째, 프로이트에게 있어 인간에 대한 연구는 주로 개인 내적, 심리 내적인 것에 집중되어 있지만, 아들러는 인간을 사회적인 존재로 보고 인간은 오직 대인관계를 통해서만 이해될 수 있다고 생각하였다.

다섯째, 프로이트는 신경증이 주로 성적인 원인을 갖는다고 보았으나, 아들러는 신경증을 학습의 실패이며, 왜곡된 지각의 산물이라고 보았다.

여섯째, 프로이트에게 있어서는 정신 내적인 조화를 이루는 것이 상담 혹은 심리치료의 이상적인 목표이다. 즉, '원초아이던 것이 자아가 되게' 하여 확장된 자아를 중심으로 심리구조가 조화를 이루도록 하는 것이 상담의 목표이다. 반면, 아들러에게 있어서 이상적 목표는 개인의 확장, 자기실현 및 사회적 관심의 고양이라고 할 수 있다.

아들러는 신프로이트학파뿐만 아니라, 엘리스(Albert Ellis)와 같은 인지치료 이론가들과, 매슬로우(A. Maslow), 메이(Rollo May) 등 인본주의 및 실존주의 학자들에게도 많은 영향을 끼쳤다.

호나이

신프로이트학파 내의 또 다른 중요한 인물로 호나이(Karen Honey)가 있다. 호나이는 신정신분석학파 중 프로이트의 입장에 비교적 가까운 편이면서, 현대인의 신경증적인 특성과 행동을 쉽게 묘사하고 설명하여 일반 식자층으로부터도 많은 주목을 받았다. 호나이는 본능적 추동을 강조하는 프로이트에 대해서 비판적이었고, 성격의 구조에 대해서도 부정적이었지만, 아들러와는 달리 자신을 정신분석가로 인정하였다. 호나이는 무의식적 동기와 심리적 결정론이라는 정신분석의 기본적인 견해를 수용하였다.

호나이의 중요한 개념 중에는 기본적 불안(basic anxiety)이 있는데, 이것은 잠재적으로 적대적인 세계 내에서 아동이 가지는 무력감 및 소외감과 관련된다. 불안감을 가진 아동은 이러한 고통스러운 상태를 경감시키기 위해 여러 가지 방어나 대응방략을 발전시키려고 한다. 호나이는 신경증 환자들이 보이는 여러 종류의 신경증적 요구들에 대하여 기술한 바 있는데, 힘과 완전과 명성과 애정에 대한 집착 등을 말하였다. 이런 요구들은 불안에 대응하려는 방략으로 볼 수 있지만, 결코 충분하게 만족되지 않는 것들이어서 갈등과 불안은 여전히 지속되게 마련이다. 호나이는 이러한 신경증적 요구들을 세 개의 범주로 나누었다.

그것들은 각각 ① 사람들을 향한 움직임(moving toward people), ② 사람들로부터 멀어지려는 움직임(moving away from people), ③ 사람들에 대항하는 움직임(moving against people)으로 명명되었다.

호나이는 치료기법을 체계적으로 제시하지는 않았지만, 신경증을 극복하기 위해서는 자신의 비현실적인 요구들의 이유를 깨닫고, 그것들을 점차로 포기하면서 보다 현실적인 관점을 수용해야 한다고 보았다.

설리반

설리반은 대인관계의 맥락에서 성격과 심리치료를 설명하였다. 그래서 그의 이론은 정신의학의 대인관계이론으로 불린다. 설리반은 주로 정신분열증 환자들을 대상으로 한 폭넓은 임상경험을 통하여 자신의 이론을 이끌어 내었다.

설리반은 성격을 대인관계적인 상호작용으로부터 도출되는 추상적인 개념으로 보았다. 그는 성격을 '한 인간의 생활을 특징짓는 반복적인 대인관계 상황의 비교적 지속적인 양상'이라고 정의하였다. 그는 사람은 자신의 대인관계 양상을 자각하는 정도만큼 건강하다고 생각하였으며, 심리치료의 핵심은 문제가 되는 대인관계방식을 내담자가 자각하도록 돕는 데 있다고 보았다.

상담을 할 때, 내담자는 자신의 경험을 매우 추상적이고 막연한 용어로 표현하는 경향이 있는바, 치료자는 이를 가능한 한 구체적인 대인관계의 맥락에서 파악하려고 노력해야 한다.

내담자는 불안을 감소시키고 안전감을 유지하기 위한 방략들(security operations)을 자신도 의식하지 못하는 채 사용하며, 생애 초기의 건강하지 못했던 관계 때문에 현재의 인간관계를 왜곡해서 해석하는 '병렬적 왜곡(paratactic distortions)'을 나타내 보이기 쉽다. 치료자와 내담자는 내담자의 구체적 경험을 함께 검토하면서 대인관계에 반영되는 이런 자각되지 못한 행동들에 관한 가설을 확인(consensual validation)하고, 보다 바람직한 새로운 대인관계 방식을 모색하게 된다.

설리반은 신프로이트학파의 다른 인물들보다 실제적인 면접기법에 많은 관심을 기울이고 또 저술도 하였다. 그의 여러 개념과 면접기법에 관해서는 설리반(Sullivan, 1954), 채프만(Chapman, 1978) 등을 참고할 수 있다.

Chapter 8

평가

08
평가

심리학의 이론들 가운데 정신분석이론과 같이 그토록 맹렬하고 또 빈번히 신랄한 비평의 대상이 되었던 이론은 달리 또 없을 것이다. 모든 방향과 상상될 수 있는 이유에서 프로이트와 그의 이론은 공격을 받았으며, 수모를 당하였고, 그 위에 조롱과 터무니없는 오해를 사기도 하였다.

근대과학에 있어서 이론과 이론가가 공히 그토록 신랄한 비방을 받았던 분야로서 유일하게 견줄 수 있는 경우는 찰스 다윈(Charles Robert Darwin, 1809~1882)의 예를 들 수 있는데, 그의 진화론은 빅토리아(Victoria) 왕조시대 영국 온 국민에게 커다란 충격을 주었다.

프로이트가 가장 사람들의 눈살을 찌푸리게 한 문제점들은 탐욕적이고도 파괴적인 소망들을 영아의 속성으로 돌렸다는 점과, 근친상간과 동성애를 모든 인간의 특징으로 돌렸다는 점, 그리고 인간의 행위를 성적 동기화의 견지에서 설명하였다는 점으로 이루어졌다. '점잖은' 사람들은 프로이트의 인간에 대한 관념에 의하여 격분하였으며, 프로이트를 건달이나 탕아라고 불렀다.

대부분의 비난은 지나치게 긴장한 사람들이 분노하고 떠들었던 것처럼 심하지는 않았으며, 상당수의 비평은 프로이트의 사상에 따른 발전이 거두어짐으로써 시대에 뒤떨어지고 말았다. 그리고 지금도 볼 수 있지만, 비평의 상당수는 정신분석의 해석 착오와 왜곡에 근거하였다. 더욱이 적절한 태도로 정신분석에 관한 비평을 재검토한다는 것은 많은 연구를 필요로 한다.

비평의 한 형태는 프로이트가 그의 가설을 유효하다고 인정하게 된 실험적 절차에 엄중한 과오가 있다고 주장한다. 이 비평은 프로이트가 제어할 수 없었던 상황하에서 그의 관찰을 이룩했다고 지적하였다.

프로이트는 치료를 하는 시간에 그와 그의 환자가 이야기하였고 행했던 것에 관하여 축어적으로 계속 기록하지는 않았으나, 몇 시간 후에 기록된 필기에서 관찰하였음을 시인하였다. 그러한 필기들이 실제로 발생하였던 일의 진행에 관하여 대단히 충실하게 반영되었다고 말하기는 불가능하나, 증언의 신빙성에 의거한 실험에서 판단할 때 여러 종류의 왜곡과 누락이 있었던 것 같진 않다.

의미심장한 자료는 기억하게 되고 사소한 사건들은 잊혔다는 프로이트의 가정은 결코 증명된 적이 없으며, 또 영원히 증명될 수 있을 것 같지가 않다.

프로이트 방법에 관한 비평들은 또한 환자가 말한 바를 어떤 형태의 외부적 증거에 의하여 확증하여 보려는 노력도 없이 액면 그대로 받아들였던 프로이트의 태도에 이의를 제기하였다. 그들은 프로이트가 마땅히 환자의 친척과 아는 사람들에게서, 여러 서류에서, 실험을 한 자료에서, 그리고 의학적 정보에서 증거들을 확보하여야 했다고 말한다.

그러나 프로이트는 인간행위를 이해함에 있어서 중요한 것은, 자유연상법과 꿈의 해석에서 얻어질 수 있었던 무의식에 관한 철저한 지식이었다고 주장을 하였다.

불완전한 기록과 완전하지 못한 것이 무엇이었는지 확실히 할 수 있다면, 프로이트는 추론을 끌어내는 작업을 실행하였을 것이며,

좀처럼 명백하게 할 수 없었던 일련의 논증에 의하여 결론에 도달할 수 있었을 것이다. 프로이트의 저서 중에서 발견하는 대부분은 그의 사상의 최종적 결과, 즉 여러 결론들이 근거로 삼아야 했던 근원적인 자료들과 그의 분석방법에 관한 설명, 그리고 질적으로나 양적으로 그의 경험적 발견의 아무런 계통적인 진술도 없는 결론이다.

독자가 프로이트의 귀납적 · 연역적 실험의 실용성에 믿음을 가져야 하느냐 하는 것은 스스로 결정하여야 할 것이다. 결과적으로, 그 누구이든 원래의 계획에 따라 진행하고 있다고 어떠한 확신을 가지고서 프로이트가 조사 연구한 것의 어떠한 부분을 암송한다는 것은 실제적으로 불가능하다.

이는 다른 연구원들이 아주 상이한 결론에 도달하게 되었던 이유와 표면으로 같은 현상에 관하여 그토록 많은 해석이 붙게 된 까닭을 설명하는 데 도움이 될 것이다.

프로이트는 그의 여러 관찰에 관한 통계학적 의의와 신빙성을 가늠하는 데에 불가능하게 만든 그의 경험적 자료들을 양적화하는 어떠한 행위도 삼갔다. 예를 들어, 그는 많은 환자들에게서 과대망상증과 동성애 사이, 구순적 단계에 있어서의 히스테리아와 고착(fixation) 사이, 소망과 공포증 사이, 그리고 원시적 장면과 성인의 불안정 사이에서 연상을 발견하였다.

얼마나 많은 특이한 형태의 증세들을 프로이트는 연구하였으며, 또 그러한 증세들이 어떤 계급과 배경에서 비롯된 것일까? 프로이트는 그의 판단의 신빙성을 확립하기 위하여 다른 유능한 정신분석가의 해설을 상대로 그의 해석을 대조하여 본 적이 있을까? 이러한, 또 상당수의 유사한 본연의 힘에 관한 여러 의문들이 양적으로 방향이 정해진 심리학자를 괴롭히고 있다.

프로이트는 그의 자료를 작성함에 있어서 과학적 보고서의 형식으로 충만한 재래의 관습에 따르는 것을 싫어하였다. 그러한 그의 태도는 정신분석의 과학적 위치에 관한 많은 의문들에 대하여 문을 열어놓게 되었다. 즉, 프로이트는 그의 환자들에게서 그가 찾고자 하던 바를 독파하였을까?

그의 추론은 그의 손에 들어온 자료들보다 더욱 그의 선입관에 의해서 인도된 것일까?

그도 다만 그의 가설과 일치되었던 증거들만을 선택하였으며, 부정적인 경우의 증거는 무시하였을까?

그에게 치료받은 환자들의 자유연상은 진정으로 자유롭게 털어놓은 것일까, 아니면 환자가 듣고자 하는 바를 프로이트에게 이야기해 주었던 것이었을까?

프로이트는 비교적으로 적은 숫자인 비정형의 환자들이 구두로 표명한 발언들로부터 이끌어낸 추론에 의거하여 모든 사람들에게 적용된다고 제멋대로 주장을 내리고 인성에 관한 정교한 이론을 세우게 되었던 것일까?

프로이트는 그의 과장된 사색을 뒷받침할 수 있는 확고부동의 증거를 진실로 얼마나 많이 갖추고 있었을까?

보기보다는 중대한 결과를 가져오는 주관주의(subjectivism)의 영향에 대하여 그가 고용한 안전장치들은 어떠한 것들일까? 이 같은 종류의 질문들이 정신분석학적 이론의 실용성에 의문을 제기하였다. 탁월한 정신분석자인 로렌스 쿠비에(Lawrence Kubie)는 정신분석의 범위를 다음과 같이 기본적 과학으로써 개괄하였다.

일반적으로 그 범위는, 분석과정의 기본적 설계가 본질적인 과학적 실용성을 지니고 있다고 말함으로써 개괄될 수 있을 것이다. 그러나 기본적 관찰을 기록하고 재생시키는 작업에 있어서의 어려운 점들, 기본적인 개념적 구조에서 유도함에 있어서의 잇따르게 되는 난점, 무의식에서 의식에 이르기까지의 의식에서 무의식에 이르는 순환관계(circular relationship)를 서로 구속받지 않은 편안한 마음으로 검토함에 있어서의 문제점들, 질적으로 다수의 변화성들을 사정함에 있어서의 난점, 그리고 최종적으로 그 가설의 정확성과 그 예측들의 실용성을 증대시키는 사물 및 감소시키는 사물들을 평가해야 하는 난점은 해결해야 할 것으로 남아 있는 기본적인 과학적 문제에 속한다.

또 다른 형태의 비평은 이론 그 자체를 공격하고, 이론의 많은 부분들이 경험적 결과들을 가진다는 것은, 가질 수도 없고 또 이루어질 수도 없는 것이기 때문에 어쨌든 한마디로 말해서 이론은 '나쁘다' 고 말한다.

그 실례로서, 죽음의 소망이란 공준(가정, postulation)에서 어떠한 경험적 명제를 끌어낸다는 것은 불가능하다. 이에 대한 이유는 죽음의 소망이 '극히 추상적인 어둠 속에 싸여서 남아 있고', 또 과학에 대하여 아무런 뜻이 없기 때문이라는 것이다.

어떤 사람은 죽음의 소망을 자살이나 흑은 사고와 같은 일정한 현상들을 설명하는 데에 사용할지도 모르지만, 사후의 설명은 거의 의미가 없다. 이는 경마장에서 말이 뛰고난 후, 그 말에 내기를 거는 것과 비슷하다.

다른 한편으로 훌륭한 이론은 이 이론을 사용하는 사람으로 하여금 무엇이 일어날 것인가에 대하여 미리 예언을 할 수 있도록 하는 것이다. 어떤 사람들은 유일한 죽음의 소망이라는 표제하에 분명히 연관성이 없는 한 무더기의 자료들을 모으고 조직화하는 것을 택할

지도 모른다.

그러나 이러한 종류의 선택은 조직하는 것에 흥미가 있음을 지적할 뿐이며, 그 표제의 진실을 지적하는 것은 아니다. 이러한 방향에서 사용된다는 것은 죽음의 소망이 의거한 표어에 불과할 뿐인 것 같다.

프로이트의 이론은 일군(一群)의 상관적인 법칙들을 공급함에 있어서 명백하게 불충분하다. 그러한 상관적인 법칙이란 일정한 그 결과들이 행하여진다면 일어나게 될 바에 관한 어떠한 확실한 가능성에 도달할 수 있는 법칙을 말한다.

외상성(trauma)의 경험, 범죄의식, 억압, 상징형성, 그리고 꿈을 해석하는 것 사이에 개재되어 있는 관계의 정확한 본질은 무엇일까? 초자아의 형성을 오이디푸스 콤플렉스(Oedipus complex)와 연결시키는 것은 무엇일까?

프로이트가 상상하여 그려내었고 헝클어진 거미줄 같은 개념이나 가정에 대하여 그와 같은 질문들과 또 다른 수천의 의문들이 아직도 해결되어야 할 상황에 놓여 있다.

이 이론은 집중(cathexes)과 반집중(anti-cathexes)의 상호작용을 양적으로 어떻게 측량하느냐의 풀기 어려운 문제에 대하여 침묵을 지키고 있다. 실제로 양에 있어서의 차이를 평가함에 있어 어떻게 해보라고 명기한 사항은 없으며, 가장 단순한 사항도 찾아볼 수 없다.

경험이 충격적인 것으로 밝혀지기 전에 그 경험은 얼마나 격렬해야 하는 것일까? 자아가 본능적인 충동에 의하여 겹쳐질 수 있기 전에, 그 자아는 얼마나 약해지는 것일까? 어떠한 방향으로 다양한 양이 이미 알려진 결과를 만드는 다른 하나의 질과 상호작용을 일으키게 되는 것일까? 그러나 모든 것은 최종적 분석에서 바로 그와 같이 명기된 사항에 아직도 의존하고 있다. 명기된 사항들이 결여되었을 때, 유도될 수 있는 법칙은 하나도 없을 것이다.

만약 그 누가 정신분석적 이론이 적어도 두 가지 중대한 과오를 범하고 있는데, 첫째로 정신분석적 이론이 '나쁜' 이론이고, 둘째로 과학적으로 상당히 우수한 절차에 의하여 실증되지 않았던-또한 많은 다른 비평가들이 인용했을지도 모른다는 사실을 염두에 두는-점 등을 인정한다면, 정신분석이론이 왜 모든 사람들에게 진지하게 받아들여졌으며, 어찌하여 오랜 세월 전에 정신분석이론이 망각의 지대로 추방당하지 않았을까 하는 의문이 일어나게 될 것이다. 우리들은 오늘날의 세계에서 정신분석적 이론의 지배적이고도 영향을 미치는 상태를 어떻게 설명해야 할까?

문제의 핵심은, 행위의 모든 이론들이 진정 빈약한 이론들이며, 이 모든 이론들이 과학적 증명의 방향에서 강구되어야 할 많은 것들이 남겨져 있다는 사실이다.

심리학이 정확한 과학으로 불릴 수 있을 때까지는 아직도 많은 시일과 가야 할 여정이 남아 있다. 결과적으로, 심리학자들은 형식적인 충분함과 실제적인 증거의 이유들에서 보다 다른 이유들을 위해서 그가 추구하고자 의도하는 이론을 반드시 선택해야 하는 것이다.

정신분석이론이 제의해야 할 것은 무엇일까? 어떤 사람들은 프로이트가 그의 이념을 투사하려고 사용한 같은 언어를 좋아한다. 그들은 프로이트가 현묘한 개념을 훌륭하게 나타내기 위하여 문학적 및 신화적 암시를 하는 재치 있는 수법과 어려운 문제를 독자들에게 설명해 주기 위해서 어구를 교묘히 돌리거나 수식어를 창안하는 그의 재능에 매료되었다.

그의 서술은 과학자들 가운데서 보기 드문, 손에 땀을 쥐게 하는 문학적 소질을 지니고 있다. 프로이트의 문제는 그가 표명한 이념들이 지니고 있는 흥분에 견주어질 수 있다. 많은 사람들은 프로이트의 개념이 매혹적이며 깊이 감동을 주는 것임을 발견한다. 물론 성(性)은 과학적인 작업에서 논의되었을 때라 하더라도 사람의 마음을 흩뜨리는 화제이며, 감동적인 가치를 지니고 있다(예, Kinsey 보고서).

공격성과 파괴성은 성(性)과 거의 비슷하게 사람을 열중하게 하는 면이 있다. 따라서, 프로이트의 저서에 사람들이 매혹된다는 사실은 자연스런 현상에 불과한 것이다. 그러나 훌륭한 문학적인 문체와 사람을 흥분시키는 주제가 프로이트가 세우게 된 위대한 평가에 대한 중요한 이유들은 아니다.

문체의 훌륭함에 있다기보다는 오히려 프로이트의 이념이 도전적이고, 인간에 대한 그의 개념이 모두 폭이 넓고 깊이가 있으며, 그의 이론이 우리의 시대에 적절하기 때문이다.

프로이트는 엄밀히 과학자가 아니었을지도 모르며, 역시 이론가도 아니었을는지 모른다. 그러나 그는 참을성이 많으며, 투시할 능력이 있는 관찰자였을 뿐만 아니라, 끈기가 있고 교양이 있으며 용감하고 독창적인 사상가였다.

그의 이론이 누리고 있는 모든 장점들보다 훌륭한 점은, 한편으로 현상의 세계에서 삶을 영위하며, 한편으로 거짓으로 꾸며진 세계에서 살고 있는 개인—감동과 내면적 모순에 괴로움을 당하면서도 합리적인 사고와 행동의 능력을 갖추고 있으며, 그가 거의 모르다시피 하는 세력과 그가 미칠 수 없는 피안의 열망에 움직이는 철두철미한 개인—을 직시하려고 노력하였던 사실을 내세울 수 있다.

그러므로 프로이트의 어찌할 바를 모르다가도 머리가 명석해지고, 좌절을 당하다가 만족감을 얻으며 희망에 가득 차서 가슴을 불태우다가 절망의 구렁 속에 빠지기도 하고, 또 이기적이면서도 이타적이 되는 복합적인 인간을 직시하려고 노력하였던 사실을 크게 평가해 주어야 할 것이다. 많은 사람들에게 있어서 인간 프로이트의 이와 같은 모습은 본질적인 유용성을 갖추고 있다(유상우, 2016: 213-221).

참고문헌

1. 국내문헌

강갑원(2006). 『상담이론과 실제』. 서울: 교육과학사.

강갑원(2015). 『상담심리학』. 파주. 경기: 양서원.

강기정 외(2020). 『인간행동과 사회환경』. 고양. 경기: 공동체.

강상경(2018). 『인간행동과 사회환경』. 서울: 학지사.

강진령(2013a). 『상담과 심리치료』. 파주. 경기: 양서원.

강진령(2013b). 『집단상담과 치료』. 서울: 학지사.

권석만(2018). 『현대 심리치료와 상담이론』. 서울: 학지사.

김계현 외(2016). 『상담심리학의 기초』. 서울: 학지사.

김규수 외(2010). 『가족치료 이론과 실제』. 파주. 경기:

김보기 외(2017a). 『인간행동과 사회환경』. 경기: 양서원.

김보기 외(2017b). 『상담이론과 실제』. 경기: 양서원.

김보기 외(2017c). 『인간행동이해를 위한 심리학』. 경기: 양서원.

김보기 외(2019b). 『인간행동과 사회환경』. 경기: 양성원.

김보기 외(2021). 『가족상담 및 가족치료』. 서울: 조은.

김영철 외(2021). 『정신건강론』. 서울: 조은.

김영철 외(2022a). 『인간행동과 사회환경』. 서울: 박영스토리.

김영철 외(2022b). 『사회복지실천론』. 서울: 박영스토리.

김영철 외(2022c). 『장애인복지론』. 서울: 박영스토

김용태(2019). 『가족치료이론』. 서울: 학지사.

김종운(2013). 『상담심리학의 이론과 실제』. 서울: 동문사.

김춘경 외(2016). 『상담의 이론과 실제』. 서울: 학지사.

김충기·강봉규(2003). 『현대상담이론과 실제』. 서울: 교육과학사.

김충기·장선철(2008). 『진로상담』. 서울: 태영출판사.

노안영(2018). 『상담심리학의 이론과 실제』 . 서울: 학지사.
박희숙·강민희(2017).『인간행동과 사회환경』. 서울: 창지사.
서혜석 외(2014).『인간행동과 사회환경』. 서울: 청목출판사.
설영환(1999).『프로이트 심리학 해설』. 서울: 선영사.
손병덕 외(2019).『인강행동과 사회환경』. 서울: 학지사.
송정아 외(2000).『가족치료 이론과 기법』. 춘천. 강원:
안명희 외(2016).『정신분석과 정신분석적 치료』. 서울: 박영스토리.
유상우(2014).『프로이트 심리학 입문』. 서울: 홍신문화사.
유성이(2017).『인간행동과 사회환경』. 서울: 동문사.
윤가현 외(2019).『심리학의 이해』. 서울: 학지사.
이장호 외(2019).『상담심리학』. 서울: 박영스토리.
이장호(2009).『상담심리학의 기초』. 서울: 학지사.
이희세 외(2017).『가족치료 및 상담 』. 고양. 경기:
임상록 외(2012).『상담의 이론과 실제』. 서울: 파란마음.
정서영 외(2017a).『인간행동과 사회환경』. 파주. 경기: 양서원.
정서영 외(2017b).『상담이론과 실제』. 파주. 경기: 양서원.
정서영 외(2018).『상담심리학』. 경기: 양성원.
정유진 외(2021).『상담심리학 이론과 실제』. 경기: 공동체.
최규련(2020).『가족상담 및 가족치료』. 고양. 경기:
최연실 외(2020).『가족상담 및 치료』. 서울: 한국방송통신대학교출
한국심리학회(2004).『심리학용어사전』. 한국심리학회.
한미희(2013).『상담이론과 실제』. 천안. 충남: 남서울대학교출판국.
현정환(2016, 2019).『상담심리학』. 경기: 양서원.

2. 외국문헌

Ackerman, N. W. & Ackerman, M. J.(1950). Anti-Semitism and Emotional Disorder: A Psychoanalytic Interpretation. New York: Haper & Brothers.

Ackerman, N. W.(1958, 1994). The Psychodymmics of Family Life. Jason Aronson, Inc.

Ackerman, N. W.(1966). Treating the Troubled Family. New York: Basic Books.

Ackerman, N. W., & Franklin, P. F.(1975). Familiendynamik und die Umkehrbarkeit von Wahnbildung: Eine Fallstudie in Familien-therapie. In I. Boszormenyi-Nagy, L. Framo (Hg). Familientherapie: Theorie und Praxis, 2. Teil (S 9-52). Reinbek, Rowohlt.

Ackerman, N. W., Beatman, F. L., & Sherman, S. N.(Eds.)(1967, 2021). Expanding theory and practice in family therapy. New York: Family Service Association of America.

Arlow, J. A.(1989). Psychoanalysis. In R. J. Corsini (Ed.). Current psychotherapies. Itasca. IL: Peacock : 19-64.

Baker, E. L.(1985). Psychoanalysis and psychoanalytic psychotherapy. In J. L. Lynn & J. R. Garske (Eds.), Contemporary psychotherapies. Columbus. OH : Merrill/Prentice Hall : 19-67.

Boszormenyi-Nagy, I. K.(2014). Between give and take: A clinical guide to contextual therapy. Routledge.

Boszormenyi-Nagy, I. K.(2014). Family Therapy and Disturbed Families. Science and Behavior Books.

Boszormenyi-Nagy, I. K.(2014). Invisible Loyalties. Routledge.

Boszormenyi-Nagy, I. K., & Framo, J. L.(2013). Intensive Family Therapy: Theoretical And Practical Aspects (1st Edition, Kindle Edition). Routledge.

Brammer, L. et al.(1960, 1989). Therapeutic Psychology: Fundamentals of counseling and psychotherapy (5th ed.). Prentice Hall College Div.

Chapman, A. H.(1978, 1995). The treatment techniques of Harry Stack Sullivan. Jason Aronson Inc.

Clack, B.(2013). Freud on the Couch: A Critical Introduction to the Father of Psychoanalysis (Kindle Edition). Oneworld Publications

Corey, G.(2007). Student Manual for Corey's Theory and Practice of Group Counseling. Brooks Cole.

Corey, G.(2020). Theory and Practice of Counseling and Psychotherapy (10th edition). Cengage Learning.

Corsini, R. J. & Wedding, D.(1995). Current psychotherapies (5th ed.). Itasca, IL: Peacock.

Craik, F. I. M., & Lockhart, R. S.(1972). Levels of processing A framework for memory research. Journal of Verbal Learning and Verbal Behavio. 11: 671−684.

Craik, F. I. M., & Tulving, E.(1975). Depth of processing and the retention of words in episodic memory. Journal of Experimental Psychology: General. 104: 268−294.

Crain, W.(2017). Theories of Development: Concepts and Applications. (6th New edition). New York: Routledge.

Fairbairn, W. R. D.(1952, 2013). Psychoanalytic Studies of the Personality (1st Edition, Kindle Edition). Routledge.

Fairbairn, W. R. D.(1954). An object−relations theory of personality. New York: Basic Books.

Fairbairn, W. R. D.(1994). From Instinct to Self: Selected Papers. Maryland: Jason Aronson.

Freud, A.(1936, 1992). The ego and the mechanisms of defense. Routledge.

Freud, A.(1943). Infants without families: The case for and against residential nurseries. London: G. Allen & Unwin.

Freud, A.(1965, 2018). Normality and pathology in childhood: Assessments of development (1st Edition, Kindle Edition). Routledge.

Freud, A.(1966−1980). The Writings of Anna Freud (8 Volumes). New York: Indiana University of Pennsylvania.

Freud, A.(1968). Indications for child analysis and other papers, 1945~1956. International Universities Press.

Freud, A.(1968). The writings of Freud, A. New York: International Universities Press.

Freud, A.(1974). The Writings of Anna Freud, Volume I, 1922−1935: Introduction to psychoanalysis; Lectures for child analysts and teachers. New York: International Universities Press.

Freud, A., & Burlingham, D.(1942). Young children in wartime: A year's work in a residential nursery. London: G. Allen & Unwin.

Freud, S.(1900, 2021). Die Traumdeutung (German Edition). Neopubli GmbH.

Freud, S.(1905, 2021). Three essays on the theory of sexuality. Modern Library.

Freud, S.(1914). An outline of psychoanalysis. New York: Norton & Company.

Freud, S.(1923, 2018). The Ego and the Id. Dover Publications.

Freud, S.(1924a, 1989). The dissolution of the Oedipus complex. In P. Gay (Ed.). The Freud reader. New York: W. W. Norton (Original work published in 1924): 661−666.

Freud, S.(1924b, 1959). The passing of the Oedipus complex (J. Riviere, trans.). Collected Papers (Vol. 2). New York: Basic Books.

Freud, S.(1925, 1961). Some psychological consequences of the anatomical distinction between the sexes. In J. Strachey (Ed., & trans.). The Standard Edition of the Complete Psychological Works of Sigmund Freud (Vol. 19). London: Hogarth Press.

Freud, S.(1927). The Future of an Illusion. Garden City. NY: Doubleday Anchor Books.

Freud, S.(1943). A general introduction to psychoanalysis (J. Riviere Ed., &

Trans.). New York: Garden City Publishing Co.
Freud, S.(1949, 1977). Three essays on the theory of sexuality. In A. Richards (Ed.), On sexuality: Three essays on the theory of sexuality and other works. London and Harmondsworth: Penguin Books: 31–170.
Freud, S.(1964). Why War? In J. Strachey (Ed.). Standard Edition of the Complete Psychological Works of Sigmund Freud (Vol. 22). London: Hogarth Press.
Freud, S.(1964). Why War? In J. Strachey(Ed.), Standard Edition of the Complete Psychological Works of Sigmund Freud (Vol. 22). London: Hogarth Press.
Freud, S.(1966). Introductory Lectures on Psychoanalysis. N.Y.: Norton.
Garfield, S. L.(1980). Psychotherapy: An eclectic approach. New York: Wiley.
Garfield, S. L.(1995). Psychotherapy: An eclectic–integrative approach. N.Y.: John Wiley and Son.
Garfield, S. L.(1989). The practice of the brief psychotherapy. New York: Prentice–Hall.
Goldenberg, L. et al.(1985, 2016). Family Therapy: An Overview (9th Edition). Cengage Learning.
Guntrip, Y. H.(1957). Psychotherapy and religion . Harper.
Guntrip, Y. H.(1973). Psychoanalytic Theory, Therapy, And The Self . Basic Books.
Guntrip, Y. H.(2018). Personality Structure and Human Interaction: The Developing Synthesis of Psychodynamic Theory (1st Edition, Kindle Edition). Routledge.
Hall, C. M.(1954, 2021). A Primer of Freudian Psychology. Hassell Street Press.
Hall, C. M.(1991). The Bowen family theory and its uses. Northvale, NJ:

Jason Aronsor. Inc.

Hjelle, L. A., & Ziegler, D. J.(1992). Personality theories. N.Y.: McGraw-Hill, INC.

Klein, M. C.(2017). Psychoanalysis of Children (New Ed edition). Andesite Press.

Nelson, J. C.(1983). Family Treatment: an instruction approach . N.J.: Prentice Hall. Inc.

Nelson-Jones, R.(2014). Nelson-Jones' Theory and Practice of Counselling and Psychotherapy (Sixth Edition, Kindle Edition). SAGE Publications Ltd.

Neukrug, E. S.(2010). Counseling Theory and Practice. Brooks Cole.

Nichols, M. P.(2020). The Essentials of Family Therapy (6th Edition). Pearson.

Nichols, M. P., & Davis, S.(2016). Family Therapy: Concepts and Methods (11th Edition). Pearson.

Nichols, W. C., & Everett, C. A.(1986). Systemic family therapy: An integrative approach. NY: Guilford Press

Sacks, O.(1985). The man who mistook his wife for a hat. New York. NY: Summit Books.

Safran, J. D., & Segal, Z. V.(1990). Interpersonal process in cognitive therapy. New York: Basic Books.

Saks, E.(2008). The center cannot hold: My journey through madness (Reprint edition). Hachette Books.

Sandler, J. et al.(1972). Frame of reference in psychoanalytic psychology: II. The historical context and phases in the development of psychoanalysis. British Journal of Medical Psychology, 45 : 133-142.

Shertzer, B. & Stone, S. C.(1968). Fundamentals of Counseling. Boston: Houghton Mifflin Company.

Shertzer, B. & Stone, S. C.(1981). Fundamentals of guidance. Boston

Houghton Mifflin.
Stern, D. N.(1997). Unformulated experience. Hillsdale, N.J.: Analytic Press.
Stern, D. N.(2000). The interpersonal world of the infant: A view from psychoanalysis and developmental psychology. New York, N.Y.: Basic Books.
Stern, D. N.(2010). Partners in thought: Working with unformulated experience, dissociation, and enactment. New York, N.Y.: Routledge.
Sullivan, H. S., & Chrzanowski, G.(1977). Interpersonal approach to psychoanalysis. New York: Gardner Press.
Sullivan, H. S., & Mullahy, P.(1973). The beginnings of modern American psychiatry: The ideas of Harry Stack Sullivan. Boston: Houghton Mifflin.
Sullivan, S. H.(1940). Concepts of modern psychiatry. New York: Norton.
Sullivan, S. H.(1947). Therapeutic investigation in schizophrenia. Psychiatry, 10 : 121-125.
Sullivan, S. H.(1953, 2013). The interpersonal theory of psychiatry (1st Edition, Kindle Edition) New York: Routledge.
Sullivan, S. H.(1954). The psychiatric interview. New York: Norton.
Sullivan, S. H.(1956). Clinical studies in psychiatry. New York: Norton.
Sullivan, S. H.(1962). Schizophrenia as a human process (ed. by H. S. Perry). New York: Norton.
Sullivan, S. H.(1964). The fusion of psychiatry and social science (ed. by H. S. Perry). New York: Norton.
Sullivan, S. H.(1972). Personal psychopathology. New York: Norton.
Sweeny, T. J.(2015). Adlerian counseling: A practical approach for a new decade (5th ed.). Routledge.
Thomas, M.(1992). An introduction to marital and family therapy. NY: Merrill.

Wolberg, L. R.(1995). The Technique of Psychotherapy (4th ed). Jason Aronson, Inc.

Wolpe J.(1973). The practice of behavior therapy (2nd ed.). N.Y.: Pergamon Press,

저자소개

박계자 박사 (Park Kye Ja, Ph. D.)

- 시인, 작사가, 시낭송가, 상담사, 미술심리치료사
- 중앙신학대학원대학교 사회복지학석사
- 온석대학원대학교 상담학 박사
- WAAC 문학 박사(Doctor of Literature)
- 평생교육원 상담학 교수
- 고구려대학교 사회복지학 교수
- 열린상담학회 연구원 원장
- 당진시 재활심리치료 전문강사
- (사)한국문인협회 회원
- 한겨레역사문학회 부회장

- 논문 : A Phenomenological Study on Self-reflection by Korean Writers Work Activity.
  한국 문인의 작품활동이 자아 성찰에 미치는 현상학적 연구(박사학위 논문)

- 시집 : 월하의 초상화

- 가곡 작사곡 – 「님1」
  「포옹1」
  「꽃사랑」
  「엄마 할미꽃」 외

김화인 박사 (Kim Hwa In, Ph. D.)

- 목사, 시인, 작사가, 중독상담사, 사회복지사, 약물예방교육강사
- 한국방송통신대학교 법학사
- 필콜동양의과대학 졸업(필리핀)
- 한성대학교 행정대학원 마약학 석사
- WAAC 문학박사(Doctor of Literature)
- ACADCI 중독상담학 박사(Doctor of Biblical Addictions Counseling)
- 중앙신학대학원대학교 상담학 박사
- 서울수색청년회의소(JCI) 20대 회장
- (사)한국문인협회 정책개발위원
- 국제PEN 한국지부 이사
- 서울중구문인협회 초대회장
- 세계십자가선교회(알콜마약중독자) 전문상담사
- 소망교도소(공감인성 시치료) 전문강사
- 온석대학원대학교 상담학 교수
- 한국유니온신학교 상담학 교수
- 열린교회 담임목사
- 한겨레역사문학회 발행인
- 저서 : 『파동에너지와 차크라』

  『경도인지장애 예방과 치유』

프로이트
정신분석 상담과 심리치료

인쇄일 2022년 7월 1일
발행일 2022년 7월 5일

저 자 박계자 · 김화인

발행인 김화인
발행처 조 은
편집인 김진순
주소 서울시 중구 을지로20길 12 대성빌딩 405호(인현동)
전화 (02)2273-2408
팩스 (02)2272-1391
출판등록 1995년 7월 5일 신고번호 제1995-000098호
ISBN 979-11-91735-39-0
정가 20,000원